KB058688

다 리듬
때문이었어

다 ^{리듬}
때문이었어

삶을 바꾸는
리 듬 의   힘

김성은 지음

21세기북스

그건 다 리듬 때문이었어!

지금껏 원인을 알 수 없던 실패의 경험, 설명 안 되는 성공의 비법이 모두 리듬 때문이었다는 사실을 깨닫는 데 30년이 걸렸다.

　스물두 살, 젊다고 하기엔 너무 어린 철부지 아줌마가(나는 그때 이미 아줌마였다) 첫 사회생활을 시작한 곳은 독일이었다. 10년을 독일 사람들과 싸우며 살았다. 내가 독일어에 서툴기 때문에 무시당하는 게 아닐까 싶어 독일어를 정말 열심히 배웠다. 그런데 언어를 극복한 후에도 나는 늘 그들에게 당하고(?) 있었다. 생긴 게 달라서 일어나는 부당함이라 생각했다. 대놓고 드러내진 않지만 일상에 숨겨진 인종차별이라 여겼다. 이런 일에 지쳐갈 즈음 다행히 한국으로 귀국했다.

한국말은 누구보다 잘하고 생긴 것도 남들과 다르지 않으니, 이제는 그런 문제가 생기지 않으리라 기대했다. 그런데… 이번엔 내 안에 살고 있던 독일년(?)이 문제였다. 한국의 실정이 자꾸 독일과 비교되면서, 이런 방식으로 사회가 돌아간다는 게 희한하다며 좌충우돌 싸우고 다녔다. 그래서 나는 내가 원래 쌈닭(?)인 줄 알았다.

독일 생활 내내, 관공서 업무는 내가 도맡아 처리했다. 나보다 독일어를 훨씬 유창하게 하는 남편이 가면 제대로 되는 일이 없는데, 내가 가면 일사천리로 해결되다 보니 그렇게 했다. 논리적으로 설명이 안 되는 상황이었지만, 어쨌든 나로선 기분 좋은 일이니 이유야 어찌 됐든 상관없었다. 독일 친구들이 하던 아르바이트에 내가 대타로 한 번 가고 나면 정식으로 내 일이 되곤 했다. 주로 소규모 파티에서 피아노 연주를 하는 일이었다. 피아노만 치지 않고 가끔 노래도 한두 곡 불렀는데 그게 먹히는 듯했다.

예나 지금이나 스스로 자랑스럽게 여기는 일이 하나 더 있다. 나는 아이들과 잘 논다. 아가들이 나를 보며 방긋방긋 웃으면 시간 가는 줄 모르고 함께 논다. '발달음악'이라는 영역을 연구하게 된 것도 아이들과의 시간이 행복해서였다.

독일 생활 초창기에는 내 생각과 의견을 제대로 이야기하지 못하고 쭈뼛거려서 생기는 문제들이 다반사였다. 그때의 나처럼 자존감 낮고 자신감 없는 사람과의 소통은 정말 어렵다. 조금만 일이 순조롭게 진행되지 않으면 매사 부정적으로 해석을 하기 때문이다. 반대로, 독일어가 조금 된다 싶은 순간부터는 기죽지 않으려고 안간힘을 쓴다는 것이 상대방에게 거부감을 주었다. 결국 사회가 잘못된 것도, 상대가 나쁜 것도 아니었다. 내 리듬이 문제였다.

하지만 나의 리듬은 다행히 문제만 만들지는 않았다. 지금의 내가 있기까지 크고 작은 일에 나의 리듬은 긍정적인 영향을 끼쳤다. 그리고 가장 소중한 일은, 나와 긴 시간 동안 좋은 관계를 맺고 있는 사람들이 나의 리듬을 좋아해주었다는 사실이다. 내가 괜찮은 사람이거나 잘해서가 아니라 그들이 나의 리듬을 이해해주고, 잘 받아주고, 내게 좋은 리듬으로 되돌려주었기에 가능한 일이다. 나의 가장 가까운 사람들, 가족, 친구, 동료들에게 감사 인사를 드린다.

감사합니다. 정말 고맙습니다.
땡큐(Thank you)! 당케쇤(Danke Schön)!

2017년 봄
김성은

◆

1장의 제목이 '솔로(Solo)'인 것은 이 책을 읽는 독자 한 사람, 한 사람이 귀하고 소중하기 때문이다. 개개인의 특성은 모든 관계의 시작이 되고, 개인의 특성이 모여 크고 작은 집단의 특성이 된다. 우리는 너무 개성을 살리지 못하며 살고 있다. 예부터 내려온 존중과 처신에 관한 행동 양식이 남의 시선을 의식하며 비슷비슷한 사람으로 살아야 할 것처럼 우리를 가둔다. '모난 돌이 정 맞는다'며 조금만 튀는 짓을 해도 자꾸 말린다.

요즘 젊은이들은 이 틀을 깨려고 부단히도 노력하지만 기성세대의 눈이 이를 곱게 봐주지 않는 것 같아 불편하다(나도 우리 아들 수염이 영 못마땅하지만 꾸욱 참고 있다). 어떻게 하면 개성을 살리면서 사회와 잘 융화되는 사람으로 살아갈 수 있을지 고민이 많으리라 짐작된다. 그래서 '리듬'이다.

한 사람 한 사람 저마다 자신만의 리듬이 있다는 이야기를 하기 위해 체형, 걸음걸이, 행동 패턴, 표정, 어투, 문장 등 한 개인이 표출하는 리듬의 다양한 방식들을 살펴볼 예정이다.

또 다른 사람의 리듬을 살펴보고, 분석하고, 이해할 수 있기 위해 리듬과 음악의 특징들에 대해 알아본다. 리듬작동(Rhythm Operation), 리듬동화 현상(Rhythm Synchronization), 리듬교란(Rhythm Mismatching), 즉흥연주(Improvisation)가 그것들이다.

리듬을 몸에 익히고, 리듬을 알아가는 과정을 통해 독자 개개인이 매력적인 사람이 되기를 바란다. 우리가 앞으로 살아갈 세상은 실력도, 능력도 중요하지만 무엇보다 매력이 중요한 시대이기 때문이다. 리듬을 통해 유니크한 자신만의 매력을 찾기 바란다.

01

◇◇◇◇◇◇◇◇◇

솔로 Solo
나다운 리듬을 찾는 법

일상의 패턴을 바꾸면
인생의 리듬이 바뀐다

아침엔 우유 한 잔

점심엔 FAST FOOD

쫓기는 사람처럼

시곗바늘 보면서

거리를 가득 메운 자동차 경적 소리

어깨를 늘어뜨린 학생들

THIS IS THE CITY LIFE

모두가 똑같은 얼굴을 하고

손을 내밀어 악수하지만

가슴속에는 모두 다른 마음

각자 걸어가고 있는 거야

― 넥스트 〈도시인〉 중에서

신해철이 부른 넥스트의 1집 곡 〈도시인〉 중 일부다. 이 노래가 처음 발표되었을 때 그야말로 신선한 충격을 받았다. 노랫말 때문이다. 평범한 사람들의 아주 흔한 일상을 나열했을 뿐인데 그 사소한 것들이 가사가 되어 멋진 노래가 된 것이다. 그날이 그날인, 지루하기 짝이 없는 나날을 보내던 사람들이 '새로운 인류'로 재탄생되는 경험을 했다. 그들의 이름은 도! 시! 인!

스스로를 도시인이라 칭하기 시작하면서부터 모든 게 달라졌다. 매일 마시던 우유는 바쁜 아침 빈속을 달래주는 도시인의 음료가 되었고, 매일 먹는 패스트푸드는 시간을 쪼개 열심히 사는 도시인의 대표 식사가 되었다. 이름 하나 붙여줬을 뿐인데 뭔가 폼 나는 라이프 스타일처럼 보인다. '내가 바로 도시인이다!'라는 정체성이 만들어졌기 때문이다.

모든 사람은 저마다 리듬을 가지고 살아간다. 일상의 리듬이 있고, 생체리듬도 있다. 이런 리듬을 갖고 살아간다는 사실 자체를 느끼지 못할 정도로 우리는 매일 똑같은 리듬으로 살아가고 있다. 가끔 그 리듬이 깨지면 그제야 깨닫는다. 그동안 특별히 신경 쓰지 않아도 얼마나 그 리듬대로 일사불란하게 돌아가고 있었는지.

한 사람, 한 사람의 생김새가 다르듯 모든 사람은 자신만의 리듬을 가지고 있다. 단지 그것을 리듬이라고 명명하지 않아서 그렇게 인지하지 못했을 뿐이다. 이제부터 우리는 그것을 세련되게 부르기로 한다. 바로 일! 상! 리! 듬! 이렇게 이름을 붙여주고 나면 매일매일 별생각 없이 돌아가던 일상이 굉장히 의미 있는 일련의 행위로 감지될 것이다.

몸의 리듬이 생활의 리듬을 만든다

우리 집 작은아들의 아침 시간 '일상리듬'은 이렇다. 고3인 아이는 등교 시간보다 두 시간 먼저 일어난다. 눈을 뜨자마자 식사하는 습관이 있어서 나는 아침상을 차린 후 바로 아들을 깨운다. 다음 날 아침에 뭘 먹고 싶은지는 전날 자기 전에 미리 확인해둔다. 그날그날 먹고 싶은 메뉴가 다르기 때문이다. 어떤 날은 따끈한 국에 계란말이 같은 한식, 어떤 날은 햄치즈 프렌치토스트, 또 어떤 날은 닭죽…(고3 엄마 코스프레를 하기에 아주 적당한 수준의 부담이다).

아들은 식사를 마치고, 디저트로 요플레에 바나나를 뚝뚝 떼어 넣고 먹은 후, 신문을 읽으며 커피를 마신다. 이때 반드시 서서 읽는다. 졸린 학생들을 위해 교실 뒤편에 마련해놓은 스탠딩 책상을 집에도 하나 사뒀다. 거기 서서 읽는다. 그러면 화장실 가고 싶은 신호가 잘 온다고 한다. 사실 그 전까지의 모든 과정은 바로 이 '화장실 리듬'을 위해 진행되는 것들이다. 그렇게 기분 좋게 볼일을 보고 샤워를 해야 상쾌한 하루가 시작된단다.

나름 체계적인 일상리듬으로만 봐서는 가히 상위 1퍼센트지만 사실 공부 실력은 아주 평범하다. 그래도 기특하고 대견하다. 아침에 깨울 때 이름 한 번만 부르면 벌떡 일어나는 착한 아들이고, 잘

자고 잘 먹고 잘 싸는(!) 건강한 아들이고, 나름대로 자기관리를 위해 규칙을 만들고 그 규칙을 잘 지키는 실천력 있는 아들이다. 그래서 당장은 좋은 성적이 아니더라도, 앞으로 큰 걱정 안 해도 될 것 같은 믿음이 생긴다.

24시간 단위로 반복되는 하루하루가 모여 우리의 삶이 이루어진다. 우리 몸은 이 24시간을, 혹은 하루를 어떻게 인식하고 있을까? 몸이 시간을 감지하는 예를 생각해보면 바로 떠오르는 것이 있다. 배꼽시계.

배꼽시계가 가장 정확하게 작동하는 때는 사실 점심시간이다. 아침 식사를 했건 하지 않았건 12시가 가까워지면 귀신같이 배가 고프다. 11시쯤부터 점심으로 뭘 먹을지 고민하기 시작한다. 아침에는 전날 저녁 식사의 양과 시간에 따라 어떤 날은 배가 일찍 고프기도 하고, 그렇지 않기도 한다. 입이 깔깔하고 입맛이 없으면 내장 기관에서 보내는 허기가 제대로 전해지기 힘든 모양이다. 또 저녁 식사 시간보다는 오후 간식 시간의 배꼽시계가 더 잘 작동한다. 오후 3~4시가 되면 피로감이 몰려온다. 이때 커피 한 잔과 함께 달달한 걸 먹어주면 늦은 오후의 남은 일과를 해낼 새로운 힘이 생긴다.

이렇듯 우리는 시계를 보지 않고도 일정 시간이 되면 배가 고파져 식사 시간이 되었음을 알 수 있다. 몸이 밥때를 기억하는 것이다. 인간이 언제부터 하루 세 끼를 먹었는지에는 여러 가지 설이 있다. 산업혁명 이후 합리적인 노동 시간의 확보를 위해 점심 식사를 하기 시작했다는 것이 가장 그럴듯한 설명이다. 그러니까 그 이전의 인간은 하루 두 끼만 먹었다는 거다. 다시 말해 하루에 두 끼를 먹건 세 끼를 먹건, 인체가 음식물을 섭취해야 한다는 신호를 보내는 배꼽시계의 작동은 규칙적인 습관에 의한 것이다.

수면 시간도 습관에 의해 작동한다. 매일 아침 7시에 일어나는 사람은 주말에 늦잠을 자보려고 해도 7시면 눈이 떠진다. 다시 눈을 감고 잠을 청해도 한 시간 더 자는 게 고작이다. 주말 늦잠을 오후 늦게까지 잘 수 있는 사람은 수면 시간의 일정한 패턴이 없다는 뜻이다. 주중에도 새벽까지 스마트폰을 들여다보고 있다면 수면리듬이 망가져 있을 확률이 높다. 이렇듯 우리의 몸은 반복되는 습관을 통해 식사리듬과 수면리듬을 갖게 된다. 원칙적으로는 그렇다. 그런데 이 원칙과 상관없는 수면리듬을 경험한 적이 있다.

우리 부부는 독일 유학 시절, 독일을 방문하신 부모님과 스칸디나비아반도로 여행을 떠났다. 캠핑카를 빌려 신나게 달리다가 배가 고파지면 부모님이 싸 오신 밑반찬에 된장찌개를 끓여 밥을 해 먹고, 경치 좋은 곳에 무작정 차를 세워두고 잠을 잤다. 20일 후 렌터카 업체에 차를 반납하기만 하면 되는 자유로운 여행이었다.

그런데 그게 생각보다 녹록지 않았다. 지도에서만 봤던 스칸디나비아반도는 생각보다 훨씬 넓었고, 도시와 도시 사이의 광활한 자연을 돌아보는 여행이다 보니 가도 가도 끝이 없는 길을 온종일 달려야 했다. 열흘 동안 북으로, 북으로 가다가 나머지 열흘은 남으로, 남으로 되돌아와야 하니 보고 싶은 곳을 다 보려면 늘 달려야 했다.

먹고, 자고, 달리기만 하는 20일간의 여행에서 가장 문제가 된 것은 수면 시간이었다. 밤 늦게 자고 아침 8시쯤 일어나던 딸과 사위, 밤 10시면 주무시고 아침 6시에 일어나시는 부모님 간의 단순한 수면 패턴의 차이가 아니었다. 생각지도 못한 문제가 생긴 것이다.

위도가 높은 스칸디나비아반도의 여름은 책에서나 보던 백야가 있는 곳이었다. 해가 떠 있는 시간이 북으로 갈수록 길어졌다. 노르웨이 북쪽을 여행할 때는 자정이 다 돼서야 해가 지고, 새벽 3시면 다시 동이 터오기 시작했다. 해가 있거나 없거나 잠을 잘 수 있는 젊은이와 해가 뜨면 절로 눈이 뜨이는 어르신들의 동거는 생각보다 심각했다.

평생을 근면성실하게 살아오신 아버지는 독특한 생체리듬이 몸에 배어 있으셨다. 해가 뜨면 일어나고 해가 저물면 일과를 마무리하는, 소위 '농부의 리듬'을 갖고 계셨던 것이다. 잠 많은 사위를 대신해서 운전대를 잡으신 아버지는 해가 질 때까지 지치지 않고 북으로, 북으로 진군하셨다. 시간이 늦었으니 그만 차를 세우고 잠자리를 찾아보자는 우리의 조심스러운 제안에 아버지는 매번 씩씩하게 대답하셨다.

"아직 해가 있잖아!"

인간의 신체가 일정한 리듬을 갖게 되는 것이 단지 습관 때문만은 아니라는 것을 그때 알았다. 우리 아버지처럼 심한 경우는 아니더라도 햇살에 의한 수면 패턴의 변화는 누구나 느껴본 적이 있을 것이다. 비 오는 날 아침엔 찌뿌둥하니 잠이 잘 안 깬다든지, 해가 일찍 뜨고 늦게 지는 여름의 수면 시간과 해가 늦게 뜨고 일찍지는 겨울의 수면 시간이 다름을 알고 있다. 한겨울 아침, 따뜻한이불 안에 더 웅크리고 싶은 것이 추위 때문만은 아니라는 이야기다. 창밖의 햇살이 우리를 이불 밖으로 나오게 할 만큼 충분하지 않기 때문이다. 우리는 자연의 일부다. 그렇기에 우리의 리듬 역시 일조량과 날씨, 기온, 습도 등 자연 환경의 영향을 받는다.

인간의 리듬은 굉장히 민감하다. 여행을 가면 일상리듬이 깨진다. 어떤 이는 여행을 통해 흐트러지는 리듬을 설렘으로 받아들이기도 하고, 어떤 이는 불편해하기도 한다. 예민한 사람일수록 그렇다. 잠을 설치는 사람, 화장실을 잘 못 가는 사람, 먹은 게 자꾸 체하거나 설사하는 사람. 이런 사람과 함께 여행하면 동행자도 많이불편하다. 성격이 유별나서 그렇다는 생각이 들기도 한다(상대적으로 나는 좀 무딘 편이고, 남편은 무지 예민해서 더 그렇게 생각했던 것 같다). 그러나 이러한 차이가 단순히 성격 문제가 아니라, 몸에 밴 일상리듬의 유연성 때문이라는 것을 알았으니 이제 대처 방안도 달라질수 있다.

우리 몸의 리듬은 여러 가지 요소들에 민감하게 반응하며, 유연하게 대처한다. 낯설고 불편한 시간과 공간 속에서 몸은 부지런히 새로운 리듬을 찾아낸다. 여행이 그래서 좋은 것이기도 하고, 그래서 불편한 것이기도 하다. '집 나가면 개고생'이라는 말이 달리 생긴 게 아니다.

언젠가 남편 친구 부부와 일본 온천 여행을 갔을 때, 그 부부의 가방 사이즈에 놀랐던 기억이 있다. 수면리듬이 예민한 남편을 위해 베개를 챙겨 오느라 가방이 커졌다는 변명 아닌 변명을 들었다. 거기다 베개 말고도 다양한 수면 용품들이 들어 있었다. 참 지혜로운 아내라고 생각했다. 왜 잠을 못 자느냐고 타박하는 대신 커다란 짐 가방을 챙겼으니 말이다. 나도 다음에는 남편 베개를 챙겨줘볼까 싶다.

하루를 깨우는 나만의 리듬을 만들자

그렇다면 나의 일상리듬은 어떤 패턴일까? 이제 각자의 일상리듬을 한번 작성해보자(팁 박스 참고). 이것을 정리해보면 자신도 못 느꼈던 규칙적인 일상이 한눈에 보일 수도 있고, 규칙이라고 할 만한 게 거의 없는 불규칙한 일상임을 깨닫게 될 수도 있다. 그럼으로써 좀 더 리드미컬한 아침 시간을 위해 안 먹던 아침을 챙겨 먹기 시작할 수도 있다. 또 매일 마시던 커피가 하루의 중요한 리프레시 도구라는 것도 새삼 느낄 수 있을 것이다.

이러한 일상리듬은 아주 사소해 보이지만 그 영향력은 굉장히 크다. 아침 시간의 일상리듬은 하루를 견뎌내는 힘의 원천이 되기도 한다. 이 일상리듬을 의식적으로 행하느냐, 무의식적으로 행하느냐에 따라 그 기능의 힘도 달라진다. 사소한 행위에 리듬이라는 이름을 붙이는 것만으로도 하루하루가 달라질 것이다. 개념이 있어야 현상이 제대로 보이기 때문이다.

그동안 '리듬'을 음악 용어로만 생각했던 독자들은 일상의 다양한 일들을 리듬으로 해석하는 일이 낯설게 느껴질 수도 있다. 리듬에 대한 정의부터 다시 한번 되짚어보고자 한다.

- **리듬은 움직이는 모든 것에 있다.** '리듬(rhythm)'이라는 말은 '흐름' 또는 '움직임'이란 뜻의 그리스어 '리트모스(rhythmos)'에서 유래했다. 어원에서 알 수 있듯 넓은 의미의 리듬은 단지 음악에 국한된 것이 아니라, 인간의 육체적 활동을 비롯한 사회적 현상, 자연의 운동 등 모든 '질서 있는 움직임'을 두루 포괄한다.
- **리듬은 본능이다.** 인간이 리듬을 감지하는 것은 본능이며, 따라서 이것은 동물에게도 나타난다. 이 리듬 감지를 통해 미적 쾌감을 느끼기도 하고 감정적 안정감을 찾기도 한다.
- **리듬은 시간의 흐름을 동반한다.** 리듬이 음악적 용어로 가장 많이 알려지게 된 것은 음악이 대표적인 '시간예술'이기 때문이다.
- **리듬은 패턴(pattern)을 이룬다.** 음악을 예로 들면, 음의 길이가

길고 짧은 것의 조합이 하나의 패턴을 이룬다.

- **리듬은 반복된다.** 여러 가지 음의 조합으로 이루어진 패턴이 규칙적으로 반복되고, 이러한 반복은 다시 규칙이 된다. 리듬의 규칙성은 안정감을 준다. 우리의 일상도 리듬이 될 수 있는 것은 패턴이 반복되기 때문이다.

- **리듬은 변화한다.** 예외 없는 규칙이 없듯, 반복되는 리듬에 변화하는 리듬이 더해진다. 리듬의 변화는 역동성을 느끼게 한다.

- **리듬은 다른 요소들과 함께 조화를 이룬다.** 리듬 하나만으로는 아름다운 음악이 되기 어렵다. 음악이 음악다우려면 리듬 외에 멜로디도 필요하고 화음도 필요하다. 혹, 멜로디와 화음이 없다면 두세 가지의 리듬이 조화를 이루어야 음악이라 할 수 있다(그 예로 사물놀이가 있다). 우리의 삶도 하나의 리듬으로는 아름답다고 하기 어렵다. 그래서 함께하는 삶이 아름다운 것이다.

TIP

일주일간의 생활 습관을 기록해보면 일정한 패턴이 보인다. 개선하고 싶은 습관도 함께 체크해보면서 일상리듬을 더 활기차게 꾸려보자.

날짜	5/1 (월)	5/2 (화)	5/3 (수)	5/4 (목)	5/5 (금)
기상 시간	06:40				
컨디션	숙면, 쾌변, 감기 기운, 체중 체크				
아침 식사	바나나 1개, 우유 1잔				
오전 업무	5월 주요 업무 체크				
오전 특이사항	이사님 컨디션 X				
점심 식사	구내식당 (소고기 뭇국, 계란찜, 콩나물)				
오후 업무	회의록 작성 후 메일 발송				
오전 특이사항	거래처 미팅				
저녁 식사	고교 동창 모임 파스타, 와인 1잔				
귀가	21:30				
저녁시간 활용	드라마 시청 (운동 못 감)				
취침 시간	24:20				

위기를 만드는 리듬,
기회를 만드는 리듬

~~~~~~~~~~

리듬은 몸을 움직이게 만드는 힘이다.

　버스를 운전하시는 분들을 크게 둘로 나눌 수 있다. 시내버스 운전기사와 고속버스 운전기사다. 그들의 버스에서 흘러나오는 음악을 듣다가 불현듯 발견한 사실이 있다.

　정거장마다 서는 시내버스 운전기사의 경우 일하는 시간대에 자신에게 익숙한 라디오 주파수를 맞춰놓는가 하면, 긴 시간 비슷한 풍경의 장거리 운전을 하는 운전기사의 경우 대개 빠른 리듬의 뽕짝 리믹스를 많이 듣는다. 한 턴의 배차 시간 감각이 중요한 시내버스 기사는 라디오 방송을 들으며 그 리듬을 인식하는 듯하다. 점심나절엔 배칠수가 나오고, 오후에 한 바퀴 돌 때는 지상렬이 나오는, 뭐 이런 식의 리듬이 가능하다. 반면 서너 시간 장거리 운전을 해야 하는 고속버스 기사는 자신의 리듬을 지루하지 않고 신명나게 유지하려는 노력이 보인다. 뽕짝의 리듬은 졸음운전을 하지 않기 위한 노하우인지도 모르겠다. 쿵짝쿵짝 4박자 속에 인생을 녹여 넣고, 온몸에 경쾌한 리듬을 넣고 달린다.

트로트 음악을 뜻하는 '뽕짝'은 단순히 리믹스(remix) 작업을 통해 신명나는 리듬을 덧입히는 데 그치지 않고, 우리나라 사람만이 공감하는 문화적 코드를 담고 있다. 촐랑거리듯 경쾌한 리듬에 희로애락이 모두 하나의 리듬으로 표현되다 보니 '인생 뭐 있나, 다 그런 거지, 좋은 게 좋은 거야, 심각할 거 없어' 등의 무언의 메시지가 단순하고도 강렬하게 전해진다. 노랫말의 내용과는 별개로 리듬 자체가 주는 메시지다.

버스나 트럭의 기어 변속기가 핸들 옆에 붙어 있던 시절, 출발 후 속도가 올라갈수록 기어를 변속하는 움직임이 이 4박자와 잘 맞아서 기사들이 뽕짝을 좋아한다는 설도 있다. 원인은 중요하지 않다. 일제강점기를 경험한 세대만 좋아할 것 같은 장르의 음악이 이제는 그 세대가 많지 않음에도 여전히 운전할 때 듣기 좋은 음악으로 떡하니 자리 잡고 있다는 사실이 중요하다. 경쾌한 리듬감이 운전의 지루함을 달래주기 때문일 것이다.

'아 다르고 어 다르다'라는 속담이 있다. 비슷한 뜻으로, '말 한 마디로 천 냥 빚을 갚는다'라는 속담도 있다. 같은 말이라도 사용하는 단어와 뉘앙스에 따라 상대가 받아들이는 느낌과 파생되는 결과가 하늘과 땅 차이라는 의미다. 바로 이 말 한마디로 몸을 움직이게할 수도, 멈추게 할 수도 있다. 우리네 일상에 늘 일어나는 일이다.

"김 대리는 이것도 하나 제대로 할 줄 모르나?"

이런 식의 대화 방식이 상대에게 어떤 대답을 이끌어낼지는 뻔하다. "죄송합니다"라며 고개 푹 숙이고 인정 아닌 인정을 하고 나면 그다음 할 말이 없다. 묵. 묵. 부. 답.

그러면 이 침묵에 또 화가 난다. 감정이 격해진 상태에서 시작된 대화는 항상 이런 식이다. 물론 원인 제공자는 김 대리일 것이다. 하지만 이런 일방적인 대화는 사실 의미가 없다. 이렇게 기죽은 김 대리가 다시 그 일을 제대로 해내긴 힘들기 때문이다. 그가 일을 제대로 못하는 것을 탓하기 위해 시작된 대화가 아니었을 텐데 말이다.

이때 중요한 것이 꾸중하는 상사와 의기소침해진 김 대리 간의 리듬이다. 사실 김 대리 스스로 잘못을 깨닫고 다시 제대로 일하게 하려면 어떻게 접근해야 할지, 그걸 상사가 몰라서 이런 식의 말이 나오는 게 아니다. 다만 너무 화가 나니까, 일을 다시 빨리 해야 하니까, 이번에는 정말 제대로(!) 잘(!)해야 하니까 등등, 급한 마음이 이런 어투를 만들어낸다. "김 대리는 이것도 하나 제대로 할 줄 모르나?"

화가 나 격앙된 톤과 빠른 속도의 말은 김 대리의 리듬을 모두

깨트려버리고 만다. 아마 그 전에 "김 대리!"라고 부르는 세 음절에 이미 김 대리 심장은 쿵 떨어져 내렸을 거다.

나는 아들 둘의 엄마다. 그러니까 남자 셋과 한집에 사는 유일한 여자다. 아들을 둘 이상 키우는 엄마들의 어투는 조금 남다르다. 늘 그런 건 아니고, 맘에 안 드는 상황이 벌어지면 바로 군대식 말투가 나온다. 평상시에는 아이들 이름에 "○○아~"를 붙여 나름 상냥하게 부르지만, 벗어놓은 옷이 뱀 허물같이 방바닥에 굴러다니거나 음식 부스러기가 동선을 따라 떨어져 있으면 그 소리가 바로 나온다. "김! ○! ○!"

성을 붙여 큰 소리로 아이의 이름 석 자를 외친다. 그럼 각자의 방에서 세 남자가 머리를 긁적이며 나온다. 이 부름에 해당되는 인물이 자신이 아니기를 바라면서. 이런 상황을 만든 데 남편도 예외는 아니니 결국 나는 세 남자의 상관이 된다.

김 대리나 우리 집 세 남자나, 이런 유의 세 음절 괴성에는 심장이 쪼그라든다. 일단 이렇게 시작된 이야기는 결국 허공을 향한 외침으로 끝난다. 나 화났고, 너 잘못했고, 일 망쳤고… 이런 비판으로 끝난다.

분위기를 급반전시키는 리듬의 주인

그런데 간혹 이런 상황을 잘 헤쳐 나오는 사람들이 있다. 대개 막내

들이 그런데, 우리 집은 오히려 큰아이가 분위기 전환을 잘 시킨다. "아놔, 누가 이렇게 해놨어~!"라고 너스레를 떨고는 엉덩이를 씰룩이며 얼른 치운다. 그러면 나머지 두 사람도 쑥덕쑥덕 내 흉을 보며 부지런히 움직인다.

물론 직장에서의 상하 관계는 이렇게 얼렁뚱땅 넘어가기 힘들다. 하지만 화가 난 상사의 리듬을 파악하고 조금만 변화시킬 수 있다면 상황이 더 나빠지는 것은 막을 수 있다. 최소한 묵묵부답은 하지 말아야 한다. 말만 뻔지르르 잘하는 부하 직원도 별로지만, 답답하게 아무 말 안 하는 부하 직원은 더 별로다.

리듬은 성격처럼 저마다 달리 가지고 있는 '나만의 박자'다. 각자 자신만의 리듬이 있는 것이다. 그래서 알아야 한다. 나는 어떤 리듬을 가진 사람인지. 자신의 리듬을 알고, 상대의 리듬을 파악하고, 서로의 리듬을 맞추고, 상대의 리듬을 변화시킬 수 있을 만큼 리듬 활용을 잘한다면 세상은 내 편이 된다.

누구나 안 좋은 상황에 화가 날 수는 있다. 그런데 어떤 상대는 그 화를 더 돋우고, 어떤 상대는 그 화를 누그러뜨린다. 화를 돋우는 대표적인 케이스가 김 대리식 묵묵부답이다. 이 침묵은 리듬의 흐름을 멈추게 한다. 그래서 더 화가 나는 거다. 이런 상황을 '**리듬경직**'이라 부르기로 한다.

리듬경직 현상은 마음도, 몸도, 심지어 뇌도 모두 경직시킨다. 더 이상 제대로 된 생각을 할 수 없게 만든다. 그래서 일이 커지고,

이런 관계는 악순환된다. 그렇다면 리듬경직을 완화시킬 수 있는 방법을 이야기해보자.

리듬이라는 개념을 나와 연결시켜 구체적으로 바라보는 것부터 시작할 수 있다. 막연한 것을 구분할 수 없을 땐, 간단한 기준표를 활용해볼 수 있다. 우선 몸에서부터 시작해보자. 신체적인 것, 본인이 갖고 있는 아주 분명한 조건들 말이다.

머리가 큰지 작은지, 통통한 체형인지 마른 체형인지, 키가 큰지 작은지, 동작의 속도가 느린지 빠른지, 동작이 큰지 작은지 등등. 이 중에서 내게 해당되는 조건을 나는 과연 다 알고 있을까? 생각보다 우리는 자신이 자연스럽게 가지고 있는 신체 조건의 특징들을 잘 모른다. '난 너무 뚱뚱해'라거나 '난 키가 작아' 같은 식으로 자신의 단점에 대해 단편적으로 생각하기는 하지만, 자신의 상태를 골고루 살펴보며 이런 신체를 갖고 있는 사람의 행동이 어떤 리듬으로 나타나게 될지 생각해보기는 쉽지 않다. 오래전부터 자연스럽게 존재해온 것이기 때문이다.

그렇기에 다양한 각도로 한번 체크해보는 것도 좋다(팁 박스 참고). 내가 만들어내는 리듬은 여기서부터 시작된다.

아침저녁으로 동네 산책을 나온 강아지들을 조금만 유심히 살펴보면 그 강아지의 리듬을 알 수 있다. 걸음걸이만 봐도 모든 강아지가 같은 리듬으로 걷고 있지 않다는 걸 발견할 수 있을 것이다. 이런 시선으로 길거리 사람들을 바라보기 시작하면 굉장히 재미있다. 그리고 이렇게 파악된 리듬패턴을 데이터로 모아 정리한다면 자신의 전문 분야나 대인관계에 적극 활용할 수도 있다.

흉내 낼 수 없는 나만의 리듬을 찾는 법

사람은 누구나 자신만의 리듬을 갖고 있다. 이것은 나아가 마음의 표현 방식으로, 혹은 예술 행위로 나타날 수 있다. 어쩌면 그보다 더 자연스럽게 메모 방식, 집안 청소 방식, 물건 배치 방식 등으로 표현된다.

음악을 들을 때의 버릇에서도 그것은 표출된다. 가만히 눈을 감고 듣는 사람, 손으로 지휘하듯 온몸으로 느끼는 사람, 검지로 톡톡톡 리듬을 맞추는 사람, 발을 까딱까딱하는 사람….

일본인들의 발걸음은 보폭이 좁으며, 총총총 얕고 바쁘게 뛰는 듯하다. 반면에 중국인들의 발걸음은 성큼성큼 거리낌이 없다. 이것을 민족적 특성이라는 말로 뭉뚱그려 이야기할 수도 있겠지만, 리듬적으로 설명한다면 또 다른 해석이 가능하다. 타인을 불편하게 하지 않으려 노력하는 작은 리듬과 타인을 의식하기보다 자신의 편안함이 우선되는 큰 리듬의 차이일 수도 있고, 작고 섬세한 일을 부지런히 행하는 리듬과 크고 넓은 시선으로 대의를 꿈꾸는 리듬의 차이일 수도 있다.

1961년 디즈니의 만화영화 〈101마리 달마시안〉 도입부에 주인공 '퐁고'가 창밖에 지나가는 여견들을 보며 여자친구를 찾는 장면이 나온다. 여견과 그녀들의 반려인들(이 영화는 철저하게 강아지 시점이다)은 서로 굉장히 비슷하다. 생김새는 물론이고 걸음걸이, 몸매, 자세 등이 아주 닮았다. 지나가는 사람을 보며 퐁고 정도의 분석이 가능하다면 세상을 살아가는 데 큰 도움이 될 것이다.

리듬이라는 기준을 가지고 사람들을 가만히 들여다보면 각자의 매력을 찾을 수 있다. 몸이 없이 태어나는 사람은 없으니, 리듬 없이 태어난 사람 또한 있을 수 없다. 만약 아직 자신의 리듬 특징이 어떤지 잘 모르겠다면 그건 아마 리듬에 대해 관심 있게 살펴볼 기회가 없었기 때문일 것이다. 혹 관심이 있었으나 자신의 리듬을 찾지 못했다면, 소속된 사회로부터 리듬을 마음껏 발휘하지 못하도록 억압받았거나, 성장 과정에서 리듬을 발휘할 기회를 얻지 못했기 때문일 것이다. 이제 내 안에 숨어 있는 나만의 리듬을 찾아보자.

한때 성격 유형 검사를 통해 관계를 설명하고 이해하는 것이 유행한 적이 있다. 일단 서로에 대해 그런 식의 관심을 가져본 적 없던 많은 사람들이 서로의 다름을 인정하는 좋은 기회가 되었고, 그로 인해 갈등 상황의 해결 방식도 달라지는 경험을 할 수 있었다.

그 성격 유형이라는 것이 대개 8~9가지로 나뉘는데, 그것을 들여다보면 사회적으로 유리할 것 같은 유형과 불리할 것 같은 유형이 있는 듯했다. 특히 대한민국의 학습 환경에서 유리하게 작용하는 성격 유형이 있어 보였다. 공부도 잘하고 대학 진학도 잘할 확률이 높아 보이는 유형이다. 그러다 보니 부작용이 생기기도 했다. 아이의 성격 유형을 알게 된 후 학습에 유리한 유형의 성격으로 변화시키려는 엄마들이 생겼기 때문이다. 우뇌형이니 좌뇌형이니 하며 아이가 갖고 있지 않은 능력을 노력하면 가질 수 있을 것 같은 착각을 하게 했다.

자신의 신체 유형에 따라 다른 리듬을 갖게 된다는 사실을 쓰려니, 이 또한 성격 유형처럼 특정 체형으로 바꾸고 싶어할까 봐 조심스럽다. 예를 들면 키 크고 날씬하고 동작이 크지도 작지도 않으며 보통 속도의 리듬을 가진 사람이 사회적으로 인정받을 확률이 높아 보일지도 모른다. 반면 키가 작거나 뚱뚱하거나 너무 작은, 혹은 너무 빠른 동작의 리듬을 가진 사람들은 불리하다고 생각할까 봐 걱정이다. 자신의 신체적 조건이 자연스럽게 만들어내는 리듬에 대해 깨어 있자는 취지 정도로만 활용했으면 좋겠다.

좋은 리듬 조건이나 나쁜 리듬 조건이라고 규정할 수 있는 기준은 없다. 같은 리듬도 환경과 관계에 따라 어떤 때는 긍정적으로, 또 어떤 때는 부정적으로 작용하기 때문이다. 예를 들면 이런 식이다. 활동적인 7세 남자아이는 운동 능력이 발달해서 바깥 놀이 시간에는 두각을 나타낸다. 하지만 실내 학습 시간에는 이 활동적인 리듬으로 인해 산만하고 집중력 약한 아이로 보인다. 아이가 갖고 있는 리듬과 능력은 같지만, 환경과 상황에 따라 달리 보이는 것이다.

　신체적 조건에 따른 리듬을 말할 때 가장 좋은 예가 흑인의 리듬감이다. 그들은 슬렁슬렁 과하지 않은 움직임 속에서 어마어마한 리듬감과 에너지가 표현되는 몸을 타고났다. 그들의 그런 에너지가 어디서 시작되는지 알아보기 위해 세종대 무용과 대학원생을 대상으로 하는 아프리칸 댄스 워크숍에 참석한 적이 있다. 강사는 아프리카에 가서 직접 그들의 댄스를 익히고 연구하고 왔다는 보통 키의 30대 여성이었다. 그녀는 실습을 하기에 앞서 이런 설명을 덧붙였다.

　"여러분, 아프리칸 댄스를 추시려면 여러분의 몸을 다르게 상상하셔야 해요. 이제 우리 엉덩이는 여기가 아니고 여기예요!"라고 말하며 허리 측면에서 엉덩이 위쪽으로 약간 볼록하게 나온 '뒷구리 살'을 찰싹 소리가 나게 쳤다. 그때부터 그녀가 엉덩이를 흔들라고 하면 다들 열심히 뒷구리를 흔들어댔다. 확실히 이전의 엉덩이 춤과는 차원이 다른 동작이 나왔다.

　그때 깨달았다. 흑인의 리듬감 넘치는 춤의 근원이 엉덩이 근육의 크기와 위치에 있었다는 것을. 가늘고 긴 검은 다리 위에 탄탄하게 자리 잡은 그들의 엉덩이만이 표현 가능한 리듬이 있다는 것을. 흑인들에게서 느껴지는 우월한 음악성(리듬감)은 음악적인 문제가 아니고, 훈련이나 문화의 문제도 아니며, 그들의 신체적 특성이 큰 역할을 한다는 것을 말이다.

스스로 음악성이 없다고 생각하는가? 자신의 신체적 특징 중 어떤 면이 비음악적인지, 리듬감이 없게 느껴지게 하는지 자세히 살펴보자. 분명한 것은 누구에게나 자신만의 리듬이 존재한다는 사실이다. 다른 사람은 흉내 낼 수 없는 나만의 독특한 리듬이 내 몸 구석구석에서 꿈틀대고 있는 걸 발견할 수 있을 것이다.

좋아하는 음악을 틀어놓고, 엉덩이춤이나 어깨춤이 절로 나올 만한 기분 좋은 일이 있을 때 자신의 몸놀림, 즉 자신의 리듬을 거울로 살펴보자. '멋진' '귀여운' '씩씩한' '유연한' 같은, 마음에 드는 어떤 형용사와 어울리는 자신을 발견하게 될 것이다. 혹 부정적인 의미의 형용사가 떠올랐다면 비슷한 의미의 긍정적 형용사로 바꾸면 된다.

다음 표현들은 모두 동전의 양면처럼 비슷한 모습을 하고 있다. 같은 동작도 표현하기에 따라 다르게 느껴질 수 있다. 중요한 것은 그 동작을 취하고 있는 사람이 스스로 어떻게 생각하고 있는지를 상대방이 바로 눈치챌 수 있다는 사실이다.

- 열심히 움직이지만 어딘가 어색하다 = 멋지다
- 움직임이 작고 몸도 왜소하다. 누가 보고 웃을까 걱정이다 = 귀엽다
- 유연성이 떨어져 뻣뻣하고 건조하다 = 씩씩하다
- 힘이 없이 휘청거린다 = 유연하다

'나의 리듬은 어떤 것일까?'

이런 생각만으로도 자신의 리듬을 제대로 표현하는 방법을 알게 된다. 다른 이의 리듬이 부러울 수도 있다. 그러나 그 리듬을 흉내 내봐도 그처럼 멋있어지지 않는다. 그와 나는 다른 신체 구조를 가지고 있기 때문이다. '어깨 펴고 고개는 들고 시선을 약간 높이 하고'와 같은 자세와 행동이 자신감을 표현한다고 해서 따라 해봤던 경험이 있을 것이다. 그러나 그것만으로 자신감이 나타나진 않는다는 사실도 잘 알고 있을 것이다.

각자 신체가 다르게 생긴 만큼 자신감의 표현 방식도 달라질 수밖에 없다. 좁은 어깨를 가진 사람과 넓은 어깨를 가진 사람이 같은 동작을 했을 때 느낌이 다르다. 목에서 어깨로 떨어지는 선의 각도가 가파른 사람과 어깨선이 수평에 가까운 사람이 같은 자세를 취한다 해도 다른 리듬이 표현되는 것은 너무나도 당연한 일이다.

그래서 리듬은 흉내 낼 일도 아니고, 부러워할 일도 아니며, 부끄러울 일은 더더욱 아니다. 그저 나의 몸을 잘 알고, 나와 잘 어울리는 리듬을 찾고, 나다운 표현 방식을 익히는 과정이 필요할 뿐이다.

앞서 상사에게 혼나던 김 대리는 자신의 몸이 표현하는 리듬을 제대로 알고 있었을까? 어깨는 처지고 고개도 떨군 채 굳은 표정으로 아무 말도 안 하고 있었으니, 듣기 싫은 소리를 더 오래 듣게 되는 거다. 그럴 때 김 대리는 어떤 리듬이라도 만들어냈어야 한다.

상사의 고함이 허공에만 떠돌지 않도록 자신의 리듬과 연결시켰어야 한다. 왜냐하면 시간이 흐르고 있었기 때문이다. 리듬은 시간과 함께 항상 흘러야 한다. 멈추지 말아야 한다. 멈추면 그건 사고다. 급정거한 자동차처럼 리듬경직은 사고다.

시간이 흐른다.
리듬이 흐른다.
음악이 흐른다.
물이 흐른다.
세상의 흐르는 모든 것들은 순리대로 움직인다.

Führung der Musik(음악의 흐름)

독일에서 지휘 공부를 하며 가장 많이 들었던 용어 중 하나다. 음과 음 사이의 시간을 어떻게 처리하느냐에 따라 음악의 흐름이 달라진다. 음과 음이 촘촘하고 유려하게 연결될 수도 있고, 듬성듬성 끊어질 듯 연결되어 애간장을 녹이기도 하고, 부드럽고 섬세하며 세련된 연결도 있다. 우리말로는 '흐름'이라고 하는 것이 가장 적합한 'Führung'은 본래 동사 'führen'의 명사형으로 '운전하다'라는 뜻이다. 즉, 음악을 운전하는 힘을 말한다. 같은 템포라도 무게감 있고 둔한 흐름이 있을 수 있고, 가볍고 편안한 흐름도 있을 수 있다. 결국 음악의 다이내믹(dynamic, 역동성)을 완성하는 고차원의 테크닉으로 'Führung'이 존재하는 것이다. 어떤 'Führung'으로 연주할 것인지 결정하고 표현해내는 게 바로 지휘자의 능력이다.

신체리듬 체크표

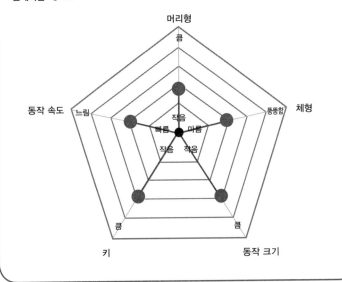

거울에 비친 표정은
진짜 내 얼굴이 아니다

~~~~~~~~~~~~

어린아이들이 떼쓰고 고집을 부릴 때, 한 번쯤은 이런 말을 해 본 적이 있을 것이다.

"자꾸 말 안 들으면 무서운 아저씨가 잡아간다!"

사람을 알아보고 낯가림을 하는 아이에게 이 협박(?)은 의외로 잘 통한다. 무서운 아저씨는 호랑이일 수도 있고, 귀신이나 망태 할 아버지일 수도 있다. 도대체 망태 할아버지가 누군지도 모르는 아 이들은 일단 울음을 그치고 본다.

할머니를 잡아먹고 침대에 누워 빨간 모자 소녀를 기다리던 늑 대 이야기, '떡 하나 주면 안 잡아먹지' 하며 산 고개를 넘어 남매가 기다리는 집으로 가던 엄마를 잡아먹고는 남매마저 해치려던 호랑 이 이야기, 아기 돼지 삼형제의 집을 날려버린 늑대 이야기.

이 동화들의 공통점은 몸집이 크고 이빨이 무섭게 난 동물이 나를 해칠지도 모른다는 두려움을 준다는 사실이다. 이런 두려움은 호랑이나 늑대를 실제로 보지 않고도 생긴다. 그렇다면 아이들에게 이런 두려움을 갖게 한 실체는 과연 뭘까?

그림책에 등장한 늑대와 호랑이가 단지 무서워 보여서 그렇다고 설명한다면 어딘가 석연치 않다. 늑대가 귀엽게 묘사된 책도 있으니까. 이야기 속에서 동물이 자꾸 사람들을 잡아먹어서라면 '은혜 갚은 호랑이'와 '할머니를 잡아먹은 호랑이' 사이에서 아이들은 혼란스러울 것이다.

그렇다면 정답은? 다 '엄마' 때문이다(그 이유는 차츰 설명하겠다).

어린아이들은 보통 남자 어른보다는 여자 어른을 잘 따른다. 신기한 건 강아지들도 그렇다는 사실이다. 어린아이들이나 강아지가 호감을 갖는 조건은 무엇일까? 체구가 크지 않아 몸의 움직임이 강하지 않고, 목소리와 억양이 자신에게 호의적이라는 느낌을 주는 사람이다. 실제로 유괴범들은 아이들이 호감을 느낄 정도로 친절하거나 호남형인 경우가 많다. 심지어 그들이 부탁을 하며 다가왔을 때 "도와주고 싶었다"고 말하는 경우를 종종 볼 수 있다. 호감 가던 사람이 나쁜 사람이었다는 말이다.

'잘생긴 사람은 호감이 가고, 호감 가는 사람은 좋은 사람이다'라고 생각하거나, '못생긴 사람은 비호감이고, 비호감인 사람은 나쁜 사람이다'라고 생각하는 우리의 무의식에 반하는 사례. 선입견과 고정관념이 우리의 일상에 무의식적으로 작용하고 있는 좋은 예이기도 하다.

자, 그렇다면 호감 가는 사람과 비호감인 사람의 차이는 어디서 올까?

꼭 있다! 무서운 아저씨

어느 날 집 근처에서 한 아저씨와 마주친다. 표정이 영 칙칙하다. 미간엔 주름이 잡혀 있고, 입은 앙다물어 입꼬리가 처져 있다. 눈을 마주쳐도 미소는 기대할 수 없다. 더 인상 쓰지 않는 게 다행이다. 운동을 열심히 한 몸 같지는 않은데, 온몸에 힘이 잔뜩 들어가 있다. 키는 우리나라 남성 평균 정도로 보이지만 몸집이 크다. 인사를 건네도 시큰둥하다. 알고 보니 며칠 전 옆집에 이사 온 아저씨란다. 만약 이웃에 이런 사람이 이사를 온다면 우리는 대번에 그를 비호감의 반열에 올릴 것이다. 그와 친하게 지낼 생각도 전혀 들지 않는다. 친한 친구와 그를 소개팅시켜준다는 건 상상조차 할 수 없다. 원수 같은 친구라면 또 모르지만. 그를 저녁 식사에 초대할 가능성 역시 0퍼센트다.

그런데 어느 날 이 무뚝뚝한 아저씨의 반전 매력 발견. 불편한 몸으로 계단을 오르는 할머니를 부축하고, 장바구니도 대신 들어드리는 모습이라니. 폭설이 내린 어느 새벽에는 가장 먼저 골목길 눈을 치우고 모래도 솔솔 뿌린다. 얌전히, 꼼꼼히 모래를 뿌리는 그의 뒷모습이 내가 알던 그 옆집 아저씨와 동일 인물이라는 게 믿기지 않는다. 비호감 리스트에 있던 옆집 아저씨를 호감 리스트로 급변 경한다.

이제 그는 말수는 적지만 인간적이고 신뢰감 가는 이웃이 된다. 인사를 대충 받아도 수줍음이 많아서일 거라고 이해하게 된다. 친절한 표정과 말투를 가진 멀끔한 신사의 친절보다 훨씬 매력적이다. 그래서 여자들은 나쁜 남자한테 잘 넘어가는 거다. 아흔아홉 번 나빴던 남자가 한 번 좋은 남자로 변하면 홀딱 반한다.

호감과 비호감에 대해 생각하면 할수록 정의 내리기 힘들다는 생각이 든다. 그래도 한번 정리해보자면 첫째, 우리가 어떤 사람을 만나서 그에게 호감을 갖거나 비호감을 느끼게 되는 일들이 어느 한순간에 일어나는 것이 아니라는 거다. 그런데 사람들은 자꾸 프로필 사진이나 첫인상으로 그를 파악하려 한다. 짧은 시간에 파악하려면 적어도 몇 가지 기본 체크가 필요하다. 바로 그의 표정과 움직임이 어떤 조건에서 어떻게 변화하는지를 알아내는 것이다.

첫인상이 좋은 사람 가운데 늘 같은 표정을 짓고 있어 묘하게 기분 나쁜 경험을 할 때가 있다. 서비스업에 오래 종사하면서 사람들에게 좋은 인상을 주는 표정이 습관이 된 사람이다. 그런 사람과 이야기를 나누다 보면 함께 대화를 하는 건지, ARS의 녹음된 말을 듣는 건지 헷갈릴 정도다.

정말 좋은 표정은 나와의 대화 내용과 어울리는 표정이다. 내가 슬픈 이야기를 하면 슬픈 표정으로, 놀라운 이야기를 하면 두 눈을 크게 뜨고 귀 기울여 들어주는 표정으로 반응해야 좋은 표정인거다. 우리의 만남은 사진 속 한 장면 같아선 안 된다. 결국 표정이라는 것도 시간의 흐름과 맥락에서 변화되어야 한다는 이야기다. **표정리듬**, 즉 자연스러운 호흡과 리듬이 느껴지는 대화 속의 표정이 필요하다. 상황과 맥락이 존재하는 표정이어야 한다. 그래서 표정도 리듬이다.

둘째, 호감 또는 비호감을 정의 내릴 때 선입견이나 고정관념에 끼워 맞추지 말아야 한다. 사람들은 나이가 들어가면서 세상을 읽어내는 자기만의 기준을 만든다. 물론 자신의 경험에 입각한, 나름 합리적인 이유가 있는 기준들이다. 그러나 모든 것에는 예외가 존재한다. 우선 아주 간단한 원리로 이렇게 분류해본다.

① 잘생기고 친절한 사람
② 잘생겼지만 불친절한 사람
③ 못생기고 불친절한 사람
④ 못생겼지만 친절한 사람

잘생긴 사람은 무조건 호감형이고 그렇지 않은 사람은 비호감형이라면, 잘생기지 않은 그 많은 사람들은 모두 불행해진다. 다행히도 우리가 사는 세상은 그런 이분법이 불가능하다.

그동안 1번과 3번으로 사람을 양분하지는 않았나 다시 한 번 생각해보자. 옆집 아저씨의 친절한 행동을 보고 난 후에야, 처음에 그를 비호감 리스트에 올려놓았던 이유가 그의 외모 때문이었다는 사실을 되돌아보게 된다. 단순히 외모지상주의가 만든 사회적 현상이라고 말하고 싶지는 않다. 그래서 리듬 이야기를 이렇게 구구절절 하고 있는 거다.

관계를 배우는 리듬의 기술

우리는 표정을 '순간 포착 이미지'로 착각하고 살아왔다. 우리가 거울을 보며 뭘 하는지 생각해보자. 화장을 고치고, 치아 사이를 확인하고, 예쁜 표정 연습하고···. 그러니까 거울 속의 내 표정은 진짜 내 얼굴이 아니다. 진짜 내 얼굴은 끊임없이 변한다. 거울 보고 예쁜 표정 연습하고, 동안처럼 나오게 애쓰며 셀카 찍을 시간에 좋아하는 사람들과 즐거운 대화를 많이 나눠야 한다. 이야기 주제에 따라 내 표정이 정말 다양하고 적절하게 변화 가능한지 연습하는 게 훨씬 필요하다.

대기업에 입사하기 위해 성형하고 포토샵 잘하는 사진관을 찾을 일이 아니라는 거다. 물론 대기업도 입사 원서 속의 사진이나 면접장의 첫인상보다는 지원자의 다양한 표정을 알 수 있을 만한 시간적 여유를 가져야 한다. 그래서 동영상 자기소개나 2박 3일 면접이 진행되고 있는 거다. 이런 건 학원에서 가르쳐줄 수가 없다.

이걸 가르쳐주는 사람이 바로 엄마다.

호랑이와 늑대가 무서운 동물이라는 걸 엄마 때문에 알게 된다고 했던 이유가 여기에 있다. 엄마가 책을 읽거나 이야기를 들려줄 때의 목소리, 그때 짓는 표정, 몸짓, 이런 것들을 통해 아이는 호랑이나 늑대가 어떤 존재인지 파악하게 된다. 엄마의 말투와 표정으로 표현되는 그 리듬이 아이가 세상을 배워가는 첫 번째 창인 것이다.

관계에서도 마찬가지다. 퇴근하는 아빠를 맞이하는 엄마의 리듬이 아빠의 존재를 결정한다. 사랑해야 할 존재인지, 경계해야 할 존재인지 말이다. 부부 관계가 아이의 성격과 성장에 미치는 영향에 대해 강조하면서, 보이지 않는 정서적·심리적 부분만 이야기해서는 안 된다는 거다. 엄마의 어투, 표정, 몸짓. 바로 그 리듬이 결정한다. 좀 덜 사랑스러운 남편이라도 사랑스러운 존재로 느껴지게 만드는 리듬을 억지로라도 시도해봄 직하다. 신기하고 놀라운 것은, 그게 아이를 위한 아내의 거짓 리듬인지 뻔히 아는 남편도 그런 아내가 사랑스러워 보인다는 거다.

표정리듬: 표정은 순간 포착된 스틸 컷이 아니다. 전후 상황과 맥락이 존재하고, 사람과 사람 사이의 관계를 담고 있다. 이 두 가지 전제 조건을 포함시킨 표정을 일컫는 용어로 '표정리듬'이라는 표현을 쓰고자 한다. 우리는 일상 속에서 끊임없이 다른 사람의 표정리듬을 읽으려는 노력을 하며 살고 있다. 왜냐하면 리듬을 읽고 그 리듬에 반응하는 것은 본능이기 때문이다. 다른 사람을 신경 쓰지 않는다고 말하는 사람일수록 이러한 더듬이가 발달되어 있을 확률이 높다. 맥락과 상대에 따라 끊임없이 변화하는 자신이 피곤해 입력되는 정보를 일부러 제한하려는 자구책일지도 모른다.

- **호감형 표정:** 웃는 표정, 밝은 표정 등
- **비호감형 표정:** 찡그린 표정, 어두운 표정 등
- **호감형 표정리듬:** 이야기의 맥락과 상대방과의 관계에 따라 적절하게 변화하는 표정
- **비호감형 표정리듬:** 이야기의 맥락과 상대방과의 관계에 따른 변화가 일어나지 않는 표정 혹은 오랜 시간 같은 표정
- **표정과 표정리듬의 차이:** 표정은 스틸 컷, 표정리듬은 맥락과 상호작용이 전제된 표정

표정의 변화가 너무 느리면 고지식한 사람 혹은 지루한 사람처럼 느껴지고, 표정의 변화가 너무 빠르면 경박하거나 조울증이 있는 사람처럼 보인다. 표정의 변화가 다양한 것은 좋지만, 변화의 템포는 상황에 맞게 적절해야 한다. 따라서 살아 있는 표정, 대화 내용과 어울리는 표정, 듣는 이의 마음을 움직일 수 있는 표정을 가지려면 표정리듬에 대한 인식이 필요하다.

말 속에 담긴
리듬 에너지

～～～～～～～

"아빠 때문에 무너졌잖아!!!"

저녁 식사 준비를 하고 있는데 아빠와 놀던 아이의 울먹이는 소리가 들린다. 블록 놀이를 하다가 열심히 쌓아올린 성이 무너져 내린 모양이다.

큰아들이 말을 하기 시작했을 때, 어디서 배웠는지 '～때문에'를 무턱대고 쓰는 말버릇을 갖고 있었다. 무슨 일이 생기면 인과관계를 무시하고 '누구 때문에, 무엇 때문에'라는 말이 먼저 튀어나왔다.

문제가 생기면 원인을 밖에서 찾는 아이로 자라는 게 아닌가 염려가 된 나는, 어느 날 이 부정적인 표현을 고쳐줘야겠다고 마음먹었다. 아이를 붙잡고 '때문에'는 남을 탓하는 말이라는 것, 남 탓을 하는 습관은 좋지 않다는 것, '때문에'와 반대되는 말로 '덕분에'라는 말이 있다는 것을 설명해주었다.

두 눈에 눈물이 방울방울 맺힌 채 내 이야기를 한참 듣고 있던 아이는 그 설명이 어려웠는지 "'때문에'는 나쁜 말이고, '덕분에'는 좋은 말이지요?"라며 정리해서 반문했다. 나는 아이가 제대로 알아들은 것 같아 맞다고 칭찬해주었다. '때문에'가 갖고 있는 부정적인 느낌과 '덕분에'가 갖고 있는 긍정적인 느낌을 알아들은 것 같았다. 그리고 다행히도 그 이후로 '때문에'를 사용하는 빈도가 훨씬 줄어들었다. 그러던 어느 날,

"돌 덕분에 넘어졌잖아앙!"

돌부리에 걸려 넘어져 울음을 터뜨린 아이가 아픈 무릎을 만지며 하는 말이 어찌나 귀엽던지, 박장대소하는 엄마를 원망스레 쳐다보던 아이의 눈을 잊을 수 없다.

아이들은 이런 수많은 시행착오를 통해 언어를 배운다. 언어의 문법적 규칙은 물론이고 맥락에 맞는 어휘, 그리고 언어가 가진 정서적 의미를 배워나간다. 말이 정서를 따라오는 건지, 정서가 말을 따라오는 건지에 대한 질문은 마치 닭이 먼저인지, 알이 먼저인지 묻는 것과 같다.

스트레스란 말만 써도 스트레스를 받는다

긍정적 어휘를 많이 사용하면 긍정적 정서를 갖게 될까? 얼마 전

말과 정서의 상관관계를 알아볼 수 있는 흥미로운 연구 결과가 발표되었다. 한국 사람이 하루 중 가장 많이 사용하는 단어가 '스트레스'라는 결과였다. 요즘 우리나라 사람들이 느끼는 일상의 피로도가 어느 정도인지 가늠해볼 수 있는 대목이다.

부정적인 정서는 부정적인 어휘로부터 시작된다. '스트레스'라는 말을 듣는 순간 모두가 스트레스를 받기 시작한다. 스트레스를 최소화할 수 있는 방법을 알려주기 위해 스트레스라는 단어를 자꾸 사용하면 그 자체가 스트레스가 된다. 바로 지금처럼. 몇 줄 안 되는 문장에 의도적으로 5회나 써봤다.

심리적으로 지치고 힘들 때 산책을 해보세요
스트레스 받을 땐 산책을 해보세요

두 문장의 차이가 느껴지는가? 이미 스트레스라는 말이 우리 뇌에 얼마나 큰 스트레스로 작용하는지 말이다. 이렇듯 부정적인 어휘들이 우리의 정서를 갉아먹고 있다는 생각을 하게 되면 어휘 선택에 좀 더 신중을 기하게 된다.

이유가 뭘까? 어휘 스스로 갖고 있는 리듬 때문이다. 어휘의 어원이나 생성 과정을 살펴보면, 발음이 갖는 뉘앙스를 무시할 수 없다는 것을 알게 된다. 예를 들면 동서고금을 막론하고 욕을 할 때는 'sss~' 하고 바람 새는 소리를 내거나 쌍시옷이나 쌍기역 등의 된소리가 포함된다. 어쩌면 스트레스(stress)라는 영문 글자의 첫 부분인 'st∼'라는 소리와 끝부분의 '∼ss'라는 소리의 부정적 뉘앙스가 이미 우리를 힘들게 하는지도 모르겠다. 이러한 뉘앙스가 바로 언어의 리듬이다.

언어의 고유한 리듬이 갖고 있는 힘에 대해 어렴풋한 느낌 말고 구체적으로 알아볼 필요가 있다. 우리가 평소 아주 자연스러운 상태에서 어떤 어휘를 쓰고 있는지 확인이 필요하다. 사람들이 아침에 눈을 떠서 일과를 마치고 잠들 때까지 사용하는 단어는 얼마나 될까?

성인 여성이 하루 동안 사용하는 단어는 평균 6,000∼8,000개, 성인 남성은 2,000∼4,000개 정도라고 한다. 물론 이 같은 통계는 그 수를 도출해내는 과정의 기준에 따라 얼마든지 달라질 수 있다. 다만 누구나 예측 가능하듯 남성보다는 여성이 좀 더 다양한 단어를 사용한다는 것은 증명이 된 셈이다.

2015년 한림대 언어청각학부 배소영 교수팀은 어린 자녀와 부모의 언어 노출과 상호작용에 대한 연구 결과를 발표했다. 1년 6개월 동안 특수 녹음 장치를 이용해 99쌍의 엄마와 아이를 연구했다. 그중 많은 단어를 들려준 엄마는 하루 평균 2만 개 이상, 적은 단어를 들려준 엄마는 2,500개 정도였다. 열 배가량 차이가 나는 수치다.

그 결과 엄마와 아기의 상호작용 횟수는 사용한 단어 수와 비례했다고 한다. 더불어, 책을 많이 읽어주게 되면 전달하는 단어

수만 늘어날 뿐 상호작용으로 연결되기는 힘들다는 것도 연구 결과로 나타났다. 그러니까 아이의 언어 발달을 위해서는 책을 많이 읽어주는 것보다 다양한 이야깃거리로 상호작용을 하는 게 더 좋다는 것이다.

"오늘 저녁 반찬으로 불고기를 할까 하는데 당신 생각은 어때?"라는 아내의 질문에 남편의 대답은 다양할 수 있다. "아무거나, 마음대로 해"라고 대답하는 남편은 참 성의 없다. "그래, 나쁘지 않네"라고 한다면 이걸 어떻게 받아들여야 할까? 만약 밝은 목소리로 "우와, 맛있겠다!"라고 대답해준다면, 아내는 정말 신나서 불고기를 재우고 구워 상을 차릴 것이다.

앞서 언어의 소리가 갖고 있는 뉘앙스에 대해 설명했다. 그것이 바로 언어리듬이라는 이야기도 했다. 우리가 하루에 사용하는 단어의 수가 한정적이라면 언어의 리듬이라도 긍정적인 것을 많이 사용하면 좋겠다. '나쁘지 않다'는 두 번의 부정적인 표현을 통해 결국 긍정적인 메시지를 전달하는 것이니, 마음 따로 리듬 따로인 안타까운 예다.

스스로의 언어 습관을 되돌아보며 언어리듬을 파악해야 하는 이유는 또 있다. 우리는 어떤 표정을 지을지, 어떤 억양으로 어떤 말을 할지 매 순간 판단하고 선택한다. 아주 순간적으로, 생각해볼 겨를도 없이 이루어지는 선택이기 때문에 자신의 의지나 결정이 작용했다는 것을 인식하기 어렵다.

나와 가까운 사람이 자꾸 짜증을 낸다면 내가 보내는 정보가 혹 그 사람을 언짢게 하는 것은 아닌지 되돌아보아야 한다. 몸이 안 좋아서 자기도 모르는 사이 미간을 찌푸리고 출근한 날은 이상하게도 보는 사람마다 나를 더 화나게 만든다. 반면 누군가 기분 좋게 하루를 열어주는 날은 모두가 그 기운으로 기분 좋은 하루를 맞이한다.

자, 이제 내가 자주 사용하는 단어들을 한번 생각해보자. 긍정적 에너지가 넘치는 단어를 선호하는지, 부정적 기운이 스물스물 퍼지는 단어를 나도 모르게 쓰고 있지는 않은지 기록해보면 좋을 것 같다. 혹은 만날 때마다 기분 좋은 사람이 주로 사용하는 언어의 리듬은 무엇이었는지 파악해보는 것도 괜찮다.

혹시 이렇게 건조한 단어들이 내 언어의 대부분을 차지하고 있는 건 아닌지 살펴볼 일이다.

나는 / 너는 / 했다 / 간다 / 온다 / 그저 그렇다 / 여기 / 거기 / 식사 / 연락 / 피곤

리듬 있는 말이 주는 유쾌한 에너지

말이 음악과 다른 점 중 하나는 자극이 주어졌을 때 본능이 반응하는 정도가 약하다는 것이다. 단어를 습득하는 것은 학습을 통하지 않고서는 알기 힘든 영역이다. 우리는 엄마 혹은 가족, 친구, 학교

와 독서, 텔레비전 등 모든 매체의 자극을 통해 단어를 습득하게 된다. 우리가 더 많은 단어를 말할 수 있는 것은 더 많은 표현을 하고자 하는 욕구에서 비롯된 관심과 깨우침의 결과다.

그런데 우리는 몇 가지 단어만으로도 의사소통이 가능한데, 왜 좀 더 많은 단어를 사용하려고 하는 걸까? 한정된 어휘를 사용할 때와 어휘 영역이 확장되었을 때 경험할 수 있는 폭이 다르다는 걸 알기 때문이다.

다양한 어휘 사용은 사고의 전환과 환기를 일으킨다. 꽃이라고 다 같은 꽃이 아닌 것처럼, 철쭉이 피었다고, 목련이 졌다고, 개나리가 피었다고 말할 때 각각의 꽃의 색감과 향기가 저마다 떠오른다. 하나의 꽃 이름이 입에서 나오는 순간, 눈과 코가 함께 작동되는 공감각적인 리듬이 깨어난다.

말을 의사 전달의 도구라고만 생각하는 사람과, 말이 마음과 느낌을 전달하고 공유하는 정서 전달의 도구라고 생각하는 사람에게 언어는 완전히 다른 의미로 존재한다. 언어의 리듬이 따뜻하게 살아 숨 쉬는 일상이 얼마나 행복할지는 더 이상 설명할 필요가 없다.

아이들은 언어리듬을 본능적으로 파악하고 잘 활용한다. 말 속에 숨어 있는 놀이를 찾아내기도 한다. 외국어를 전혀 배운 적 없는 아이가 어디서 얼핏 듣고서 억양을 흉내 내는 모습을 흔히 볼 수 있다. 일종의 리듬 발견이다. 아이들은 뜻 모를 영어, 일본어, 중국어, 프랑스어 소리를 곧잘 만들어낸다.

한때 이런 유머가 유행했던 적이 있다. '잘 모르겠다'는 뜻의 각국 언어를 묻는 난센스 퀴즈다.

한국어: 잘 모르겠다

일본어: 아리까리

프랑스어: 알쏭달쏭

독일어: 애매모호

아프리카 원주민어: 깅가밍가

중국어: 갸우뚱

아기가 처음 배우는 단어들은 주로 기억하기 쉽고, 반복적이며 재미있는 발음이 특징이다. '맘마, 찌찌, 까까, 응아, 쉬야, 멍멍이'. 발음이 서툰 아이들이 자신의 귀에 들리는 대로 흉내 내기에 적절한 발음이기 때문이다. 그 연령대에 어울리는 자연스러운 언어리듬이다. 이런 유의 베이비 단어들은 신기하게도 세계 공통이다. 엄마를 뜻하는 각국 언어의 발음이 모두 'm'으로 이루어져 있다는 것은 아기가 처음으로 발음하기 쉬운 순음(脣音)을 사용하기 때문이다. 그래서 다른 언어의 베이비 단어를 살펴보는 것은 재밌으면서도 중요하다. 독일어로 '응아'는 '카카', '쉬야'는 '피피'다. 한국 아기들은 '코' 자고, 독일 아기들은 '넨네' 한다.

말을 어느 정도 배운 아이들이 꼭 한 번 격하게 좋아하는 단어들이 있다. '똥, 방구, 코딱지' 같은 것들이다. 아이들은 이 단어에 왜 매력을 느끼는 걸까? 사실 이 말들은 지금처럼 활자로 적혀 있을 때보다 소리 내어 말할 때 묘한 쾌감이 있다. 아이들이 "똥"을 좋아하고 "방구"를 좋아하고 "코딱지"를 좋아하는 이유는 그 말을 하고 나서의 발랄한 분위기 때문이다. 차마 말하기 부끄러운 것들을 입 밖에 내고는 상대의 반응을 보며 까르르 웃는다. 그 유쾌한 리듬을 아이들은 좋아한다. 엄마, 아빠, 형 그리고 친구와 자꾸 웃고 싶은 거다. 아이들은 언어의 리듬과 언어의 유희를 제대로 알고 있다.

〈산 샘물〉이란 동시를 읽어보면 언어의 리듬감이 생동감 있게 잘 나타나 있다. '바위 틈새 속에서/쉬지 않고 송송송/맑은 물이 고여선/넘쳐흘러 졸졸졸.'

'송송송' '졸졸졸'. 참 예쁜 리듬이다. 세상의 모든 이치에 나름의 리듬이 피어나고 있음을 확인시켜주는 것 같다. 말이 중요한 것은 그것이 갖고 있는 리듬이 아이들에게 세계를 보는 눈이 되어주기 때문이다. 무언가 아이들을 위해 '송송송' '졸졸졸' 끊임없이 무한대로 공급되는 행복한 소리가 들린다.

리듬이 살아 있는 단어로, 아이들이 좋아하는 접속조사가 하나 있다. 둘 이상의 사물을 나열하는 '~랑'이다.

"엄마랑 아빠랑 민준이랑 같이 놀아요!"
"뽀로로랑 크롱이랑 패티랑 루피랑 에디랑 모두 다 친구지요?"

초등학교 선생님이 교탁 앞에 서서 "김민준, 이보람, 송아람, 김태주"라고 단절되고 딱딱한 리듬으로 아침 출석을 부르는 것과, 아이들 사이사이를 걸어 다니며 "민준이랑 보람이랑 아람이랑 태주랑 모두 다 왔구나"라며 어깨를 토닥이며 불러주는 것은 다르다.

우리는 이제 두 경우의 리듬 차이를 정확히 알 수 있다. 그리고 그 리듬이 어떤 힘을 가지고 있는지도 알게 되었다. 리듬은 그 사람의 표정을 만들고, 성격의 토대가 되고, 상대와의 다리가 된다. 언어의 경쾌함이 유쾌한 생각을 하게 하고, 언어의 유연함이 부드러운 대인관계를 맺게 한다. 말 한마디가 주변의 리듬을 결정 짓는다.

언어의 리듬을 어린 시절부터 느끼고 활용할 수 있는 방법으로 동시를 암송하고, 동요를 부르는 것을 권한다. 특히 동시를 가사로 한 동요를 부르는 것은 언어리듬을 익히기에 최적이다. 어릴 적 자주 부르던 〈반달〉이라는 동요를 부르며 동심으로 되돌아가보자. 짝꿍과 손바닥 맞추며 노래하던 동작도 기억난다면 옆자리 동료와 오랜만에 한번 시도해보자. "푸른 하늘 은하수 하얀 쪽배에~ 계수나무 한 나무 토끼 한 마리~"

긍정 어휘와 부정 어휘의 리듬 비교

긍정 어휘	부정 어휘
좋아	싫어
응	아니야
네	안 해
신난다	재미없어
우와	우씨
예뻐	미워
맞아	몰라

〈푸른 하늘 은하수〉

문장의 리듬이
생각의 리듬을 키운다

〰〰〰〰〰〰

우리말이고 외국어고 언어 영역은 말하기, 듣기, 읽기, 쓰기로 나뉘어 있다. 언어를 구성하는 요소를 이렇게 크게 넷으로 나눈 것은 참 합리적이다. 넷 중 둘은 나를 밖으로 표현하는 것이고, 나머지 둘은 세상을 받아들이는 것이다.

상호작용의 밸런스를 잘 유지해야 하는 이유가 여기에도 존재한다. 나를 나타내느라 상대의 표현을 놓치지 말아야 하고, 받아들이기에 치중하느라 내가 어떤 사람인지, 무슨 생각을 하는지 표현하지 못한다면 그 또한 옳지 않다. 누군가와 이야기하다가 불편한 경우는 대부분 이 균형이 깨졌을 때다. 일방적으로 혼자서 떠드는 사람과 만나 줄곧 듣기만 하고 돌아오는 길에는 '그래, 너 잘났다'고 생각하게 되고, 나만 이야기하고 돌아오는 길에는 혹 실수한 말은 없는지 자꾸 떠올려보게 된다. 여하튼 합리적인 상호작용을 위해서는 각자의 표현 방식과 양이 적절해야 한다.

의사소통의 도구인 언어의 양이 적절했는데도 기분 나쁜 경우가 있다. 말투 때문이다. 같은 한국말로 같은 의미를 전달하는데도 다양한 말투를 사용할 수 있다는 것은 놀라운 일이다. 말투에는 말을 하는 사람의 정서가 녹아 있다.

"이거 먹어."
"이거나 먹어."
"먹든지 말든지."
"한번 먹어봐!"
"맛있어서 나눠 먹고 싶어."

한 사람의 말투는 짧은 시간 동안 형성된 것이 아닌 만큼 쉽게 바꿀 수 없다. 그래서 우리는 말투를 통해 그 사람의 성격을 판단할 때도 있다.

딱딱하고 무미건조한 말투를 가진 사람과 대화를 하게 되면 평소보다 조심스러워진다. 이런 사람들은 상대방에게도 자신에게도 엄격하고 예의를 중시하는 경우가 많고, 표정의 변화도 거의 없다. 표정과 언어로 전달되는 리듬이 강하고 경직되어 있다 보니 상대를 긴장시킨다.

반면 말의 높낮이가 자유로워 노래하듯이 말하는 사람을 만나면, 대화의 내용과 상관없이 즐거운 에너지를 듬뿍 받게 된다. 말투야말로 리듬의 총집합이다. 스스로의 말투를 인지하고 살펴봐야 하는 이유가 여기에 있다.

타인의 말투를 장시간 흉내 내거나 새로운 말투를 만들어내는 것은 굉장히 어려운 일이다. 오랜 시간 다양한 원인에 의해 축적된 결과물이기 때문이다. 타고난 성격, 살아온 환경, 가족 관계, 직업적 특성, 자주 만나는 사람들의 분위기, 타인과 대화하는 빈도, 즐겨 듣는 음악, 몸을 움직이는 정도 등 모든 것들의 조합이 바로 '언어리듬'이다.

그 옛날 표어들이 아직도 기억나는 이유

언어에 리듬이 있다는 말에는 누구나 동의한다. 하지만 언어의 리듬에 관한 이야기를 떠올리면 '말하기'와 '듣기'에 국한된 것처럼 여겨진다. 그런데 조금 찬찬히 생각해보면 언어의 리듬이 '말하기'에만 있지 않다는 것을 깨닫게 된다. '쓰기'의 영역, 즉 '활자'에도 리듬이 있다.

활자는 종이 위에 움직이지 않고 있는데 무슨 리듬인가 싶을 수도 있지만, 활자는 궁극적으로 읽는다는 행위가 동반되는 것이고 글을 읽는 활동에는 시간이 필요하다. 그래서 리듬의 대전제인 시간의 흐름을 포함하고 있기 때문에 활자도 살아 숨 쉰다('리듬은 시간의 흐름을 동반한다' 21쪽 참고). 소리 내어 읽는 음독의 경우는 물론이고, 눈으로만 읽는 묵독에도 리듬이 작용한다.

'이런들 어떠하리 저런들 어떠하리'로 시작되는 이방원의 회유에 '이 몸이 죽고 죽어 일백 번 고쳐 죽어'로 정몽주가 고려에 대한 충성을 답했다는 시조가 좋은 예다. 바로 이 두 시조에서처럼 우리는 3·4조 혹은 4·4조의 음률에 익숙하다.

활자인들 / 어떠하리 / 말투인들 / 어떠하리
리듬찾는 / 고갯길이 / 재밌으면 / 그만이지

어린 시절, 이런 식의 '시조 흉내 내기'를 한 번쯤은 해봤을 것이다. 거창한 시상이 없어도 평범한 일상을 음률에 맞추어 일정한 리듬으로 표현하면 제법 그럴듯하게 들린다. 이때 신기하게도 소리 내어 읽거나 노래하지 않고 문장을 눈으로 읽기만 해도 마음속에 리듬이 만들어지는 것을 경험할 수 있다. 위의 두 줄을 읽는 동안 독자들은 자기도 모르게 몸을 좌우로 흔들거나 고개를 끄덕거리며 읽었을 것이다.

우리말은 이처럼 각운을 맞추고 리듬을 맞추기에 적합한 언어다. 한국어로 말할 수 있다면, 간단한 문장에 리듬으로 활력을 넣어 쓸 수 있다.

초등학교(내게는 국민학교였지만) 시절, 무슨 날이 그리도 많았는지 과학의 날, 물의 날, 국군의 날(유엔의 날도 있었다) 등등, 이런 이름이 붙은 날이면 글짓기, 표어 만들기, 포스터 그리기 등의 교내 대회가 열렸다. 200자 원고지 석 장을 채우는 것이 부담스러웠던

나는 늘 표어 만들기를 선택했다.

대회가 끝나면 평소에는 사용하지 않는 커다란 종이(4절지)에 그려진 작품들이 교실 뒤편이나 복도에 전시되었다. 그때 전시된 표어들은 대부분 음률이 잘 맞춰져 있어 읽을 때 입에 딱 붙고, 읽고 나면 기억하기 쉬웠다. 돌이켜 보면 언어의 함축성과 시사성을 경험하는 훌륭한 활동이었다. 활자화된 언어의 리듬이 읽는 사람의 생각과 삶에 어떤 영향을 미칠까?

많이낳아 / 고생말고 / 적게낳아 / 잘키우자

아들딸 / 구별말고 / 둘만낳아 / 잘기르자

잘키운 / 딸하나 / 열아들 / 안부럽다

자녀는 / 평생선물 / 자녀끼리 / 평생친구

이집저집 / 아기웃음 / 행복퐁퐁 / 희망쑥쑥

산아 제한을 하던 시절에서 출산 장려를 하는 시대로의 변화가 그대로 드러나는 표어들이다. 그 당시 자녀를 많이 낳으려던 부부가 실제 이런 표어의 영향으로 덜 낳았는지는 알 수 없다. 또 요즘 새내기 부부들이 표어 덕분에 아이 낳을 용기가 생길지도 미지수다.

다만 이런 활자리듬이 우리의 눈앞에 자주 등장하면, 우리도 모르는 사이에 그 리듬이 머릿속을 맴돌게 된다. 한번 각인된 리듬은 뇌에서 다시 재생산된다. 반복한 리듬은 스스로 반복된다.

잘못된 띄어쓰기가 부르는 오해

졸음과 / 운전은 / 함께할수 / 없습니다 (3,3,4,4)

졸음운전 / 종착지는 / 이세상이 / 아닙니다 (4,4,4,4)

요즘 고속도로 운전을 하다 보면 곳곳에 이런 비슷한 내용의 표어가 걸려 있다. 살짝 졸음이 찾아오려던 순간, 깜짝 놀라 가슴을 쓸어내리게 된다. 본능적인 '주의 환기'를 일으킨다. 특히 집에 두고 온 토끼 같은 아이들이 하는 말처럼 보이는 "아빠, 졸리면 제발 쉬어 가세요!"라는 문구를 보면 아빠들이 정말 정신 번쩍 날 것 같다.

활자에 이런 힘이 있는 것은 그 문구를 쓴 사람이 정해놓은 리듬을 읽는 사람이 바로 느끼기 때문이다. 그렇기에 누가 읽어도 발견할 수 있는 리듬을 갖는 문구를 만드는 것이 관건이다.

활자가 갖는 리듬에도 유행이 있고 시대적인 흐름이 있다. 그것이 가장 빠르게 반영되는 영역이 광고 카피 아닐까 싶다. 최근의 광고 문구들은 1970~80년대의 웅변조의 거세고 당찬 문구들과 비교했을 때 굉장히 여성스럽고 섬세해졌다. 특별히 각운을 맞추지 않는다. 대신 공감을 이끌어낸다.

① 선영아 사랑해

② 선영아 16년이 지나도 사랑해
선영아 화장을 안 해도 사랑해
선영아 맨날 바빠도 사랑해
선영아 다이어트 안 해도 사랑해
선영아 결혼 안 해도 사랑해

이 나라는 선영이에게 덜 해로운 곳이 되었나요?

이전 세대가 거대 담론을 힘차게 말하는 표어를 즐겨 사용했다면, 이제는 개인의 깊숙한 곳을 훤히 들여다본 듯 마음에 훅 들어오는 문장들을 사용한다. 이것은 경직되어 있던 사회적 분위기가 자유로운 1990년대를 거쳐 개인의 감성이 중요시되는 2000년대로 변화된 과정과 무관하지 않을 것이다. 음률은 전보다 덜 발견되지만, 입에는 자연스레 붙는다. 간혹 입에 착착 감기는 것들도 있다.

어떤 글을 쓸 때 이미 그 글이 어떤 리듬으로 읽힐지 정해져 있다. 바꿔 말하면 어떤 글을 읽을 때 느끼는 리듬은 이미 그 글을 쓸 때 정해놓은 리듬이라는 것이다. 사실 활자리듬의 특성을 가장 직접적으로 경험할 수 있는 것은 바로 띄어쓰기다.

한번은 이런 일이 있었다. 지방에 일이 있어 갔다가 돌아오는 길에 발을 삐끗했다. 그저 계단을 조금 내려왔을 뿐인데 발목에 힘이 풀리면서 겹질렸다. 그냥 두면 며칠 고생할 것 같은데 다행히 서울로 올라갈 기차 시간이 조금 남아 있었다. 가까운 곳에 한의원이 있으면 침을 한 대 맞고 기차를 타면 좋겠다 생각하던 차에, 마침 눈에 띄는 반가운 간판을 보고 들어갔다.

병원 이름은 '행복한의원'. 그런데 이런, 침을 안 놓는단다. '무슨 한의원이 침도 안 놓지?'라며 속으로 투덜거리며 나오는데 간판을 다시 보니 한의원이 아니다.

행복한의원
행복 한의원
행복한 의원

발목이 아파 한의원에 가고 싶었던 내 무의식이 다섯 글자를 3+2(행복한 의원)가 아니라 2+3(행복 한의원)으로 나눠 읽은 탓이다. 이런 일은 우리 일상에서 생각보다 자주 일어난다.

오른쪽 사진은 어떤 사람이 운전을 하고 가다가 발견했다며 SNS에 올린 것이다. 이 사진의 댓글 중에 "난 음란마귀가 씌었나 봐~(부끄~~)"라는 게 있었는데, 나 역시 음탕한 상상력이 순간 작동했다. 분명히 도로표지판이고 광명이라는 지명과 함께 각각 16킬로미터와 6킬로미터의 거리가 표시되어 있는 걸로 봐서 내가 이해한 내용은 분명 아닐진대, 자꾸 그렇게 읽히니 그저 혼자 웃음이 나왔다.

비슷한 경우로 '유아인성생활수첩'도 있다. 젊은 배우 유아인이 내 또래 배우 김희애와 사랑을 나누는 드라마를 한창 보던 시절이라 더 착각했는지도 모른다. 극 중의 김희애가 피아니스트여서 더 심술이 났는지도 모르겠다. 같은 음악 하는 사람이 날씬하고 예쁜데다 젊은 제자와 사랑을 나눈다는 설정이 심히 못마땅하던 시절이다. 이만큼 이야기를 했는데도 아직도 음탕한 상상이 잘 안 되는 순수한 독자들을 위해 어쩔 수 없이 친절하게 띄어쓰기를 해드려야겠다(팁 박스 참고).

이제야 웃음이 나왔다면 정말 순수한 영혼을 가지고 있는 독자다. 여하튼 띄어쓰기의 위력에 대해서는 충분히 설명이 되었을 것 같다. 이처럼 띄어쓰기가 안 돼 있는 경우, 누구나 순간적으로 읽기 편한 글자 수로 적당히 분할한다. 이때 작동되는 분할법은 본능에 가깝다. 많이 사용하는 단어나 그 순간 눈에 확 띄는 단어가 있으면 그것을 중심으로 나머지를 나누게 된다. 그래서 방향을 알려주는 표지판을 보면서도 한 번 웃을 수 있는 상상력이 발휘되는 거다.

특히 사진 속의 표지판은 'ㅇ(이응)'이 너무 예쁘게 생겨서 '동'과 '흥'에 악센트를 넣어 읽고 싶어진다. 두 글자씩 읽는지, 세 글자씩 읽는지에 따라 순식간에 시사물이 에로물로 탈바꿈된다.

이는 1n2n3n(원앤 투앤 쓰리앤)의 리듬과 1nn2nn(원앤앤 투앤앤)의 리듬 차이다.

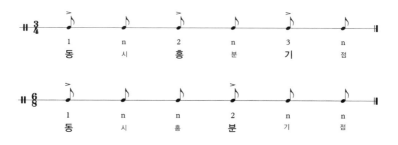

활자는 듣는 것이 아니라 읽는 것이기 때문에 띄어쓰기만으로도 확연한 의미의 변화가 만들어진다. 글자 색이나 자형을 다르게 해서 띄어쓰기 역할을 대신하지 않는다면 오독할 가능성은 늘 존재한다. 그렇기에 종이 위의 움직이지 않는 활자도 리듬을 가질 수 있다. 또한 글을 쓰는 사람이 종이 위의 활자에 리듬을 넣어줄 수도 있다.

'글을 쓴다'는 것은 나를 표현하는 일이다. 글을 쓴 사람의 리듬을 읽는 사람도 느낀다. 종이 위의 움직이지 않는 활자를 통해 글쓴

이의 리듬을 공유하고 거기에 반응하게 된다는 것이 재미있다.

어떤 글은 읽기 시작하면 지루한 줄 모르고 끝까지 단숨에 읽히는 반면, 어떤 글은 읽다가 이해가 안 되거나 딴생각이 치고 들어와 끝까지 읽기가 힘들다. 글의 리듬감을 느끼며 기분이 경쾌해지는 글도 있고, 흐름이 느려 꾸역꾸역 읽는다는 느낌이 드는 글도 있다. 글의 내용과는 무관하게 리듬만으로도 읽기 편한 글과 그렇지 못한 글은 분명히 나뉜다(이렇게 쓰고 있자니 이 글을 읽는 독자들이 어떤 리듬을 느끼고 있을지 조금 두려워진다).

문장의 길이가 생각의 길이다

요즘 젊은이들의 읽기 호흡이 짧아졌다는 말을 많이 한다. 이미지와 동영상 없이 오로지 글로만 전달되는 정보에 익숙지 않아 그럴 수도 있다. 시대의 흐름이니 자연스러운 현상으로 받아들일 수도 있겠지만, 그럼에도 불구하고 중요한 일은 여전히 글로써 확인한다.

내가 처음 음악원을 시작할 때 임대차계약서를 몇 번이나 반복해서 또박또박 읽었던 기억이 있다. 단순히 자주 사용하지 않는 단어들 때문만은 아니었다. 이해하지 못한 문구에 잘못 서명했다가 경제적 손해를 입을까 두려운 마음으로 읽다 보니 자꾸 되짚어보게 되었다. 어디 가서 기죽은 적 없는 40대 아줌마도 이런 상황은 두렵다.

시대가 바뀌어도 글로 이해하고 글로 확인해야 하는 일은 여전히 남아 있다는 생각이 글 읽는 호흡에 대한 생각으로 확대되었다.

호흡이 긴 글을 읽을 수 있으려면 호흡이 긴 글을 써봐야 한다. 내 글도 그다지 호흡이 긴 편은 아닌지라 선뜻 큰소리치기는 힘들지만, 그래도 이렇게나마 자꾸 글을 써보니 생각하는 방식도 조금씩 변한다는 것을 스스로 느낀다.

사실 솔직히 말하면 음악 하는 사람들은 글쓰기를 좋아하지 않는다. 남들이 갖고 있지 않은 표현 도구가 하나 더 있어서 그런가 보다. 말하고 연주하는 것으로도 충분히 생각을 전달할 수 있다며 글쓰기를 게을리했던 것 같다. 내 이야기다.

아기는 말을 배우는 과정에서, 말할 수 있는 만큼 생각도 자란다. 아기가 혼자 놀면서 중얼중얼하는 것은 생각이 밖으로 나타나는 것이다. 아기는 머리로 생각하는 것이 아니라 입으로 생각한다는 걸 알 수 있다. 그래서 혼자 놀이에서 말을 많이 하는 아이들이 상상력도 좋고, 상황 판단도 빠르다.

그러던 아이들이 차츰 자라면서 머리로만 생각할 수 있게 된다. 초등학교 아이들에게는 항상 글쓰기 숙제가 있다. 일기도 쓰라 하고, 독후감도 쓰라 한다. 이 시기의 아이들은 글 쓰는 만큼 생각하는 힘이 자란다. 아니, 성장하는 아이들뿐 아니라 성인도 글을 쓰면서 생각이 자란다.

말을 할 때 하는 생각과 글을 쓸 때 하는 생각은 분명 차이가 크다. 꾸준히 글쓰기를 하는 사람과 글쓰기를 전혀 하지 않는 사람은 생각하는 힘이 다를 수밖에 없다.

독일어를 배우기가 어려운 이유는 끝없이 꼬리에 꼬리를 물고
이어지는 복문 때문이다. 독일어는 끝까지 들어봐야 무슨 소리를
하는지 알 수 있다.

Ich war gestern spazieren, mit meiner besten Feundin, mit der
ich in Berlin zusammen studiert hatte.
나는 어제 산책을 갔었어, 내 제일 친한 친구랑, 베를린에서 같이 공
부했던.

"나는 어제 베를린에서 같이 공부했던 제일 친한 친구랑 산책
을 갔었어"라고 말할 것을, 꼬리를 달아가며 설명하는 방식이다.
그러다 보니 끝도 없이 설명할 수 있다.

우리말은 일단 말문을 열고 나면, 맨 마지막에 앞서 이야기했
던 주어와 짝을 이루어 마무리해야 한다. 그러니까 문장의 시작을
계속 신경 쓰며 말해야 한다. 반면 독일어는 그때그때 떠오르는 이
야기를 앞의 말과 잘 연결하기만 하면 된다. 바로바로 마무리하기
때문에 계속해서 연결이 가능하다.

그래서 우리말은 만연체로 말하기가 쉽지 않고, 독일어는 아주
길게 이야기할 수 있다. 긴 글은 그나마 생각하면서 쓸 수 있지만,
길게 말하려면 기억력이 아주 좋거나 고도의 기술이 필요하다. 반
면 독일어는 특별한 기술 없이도 꼬리에 꼬리를 연결해 길게 이야

기할 수 있다.

독일어의 복문 만들기 문법을 한창 배우던 유학 초기, 교포 2세 꼬마들이 복문으로 길게 길게 이야기하는 것을 보고 깜짝 놀랐던 기억이 있다. 독일어로는 아이들도 수준 높게 말할 수 있다. 독일어 실력이 부족한 내게 긴 복문은 수준이 아주 높아 보였다.

결국 그들은 생각도 그런 식으로 한다. 그래서 철학이 발달하고 토론을 즐겨 하는 모양이다. 그에 비하면 우리말은 비교적 단문으로 생각을 강력하게, 빨리 전달할 수 있다. 그래서 토론하면 자꾸 싸우게 되는지도 모른다.

어떤 언어가 사고에 더 도움이 된다거나 토론에 더 적합하다는 걸 말하고자 함이 아니다. 우리가 말하는 방식, 글 쓰는 방식에 따라 생각하는 방식도 성장하고 발달한다는 것이다. 그리고 그 안에는 항상 리듬이 존재한다는 것이다. 자신의 어법에, 그리고 글에 어떤 리듬이 있는지 관심을 갖자는 뜻이다.

말에도, 글에도, 그리고 생각에도 리듬이 있다. 내 생각의 리듬을 타보자. 생각에 리듬이 없다고 느껴지거나 생각이 막히거든 노래를 부르자. 혹은 춤을 추자. 생각에 리듬이 덧씌워지면서 생각을 이어갈 수 있을지도 모른다. 중얼중얼 웅얼웅얼, 노래도 아닌 것이 한탄도 아닌 것이 온종일 흥얼거리시던 할머니가 생각난다. 다림질하고 빨래를 개며 늘 흥얼거리셨다. 문득 그 시절 할머니가 무슨 생각을 하셨을지 궁금해진다.

띄어쓰기 때문에 생기는 오해

표기	행복한의원	동시흥분기점	유아인성생활수첩
오독	행복 한의원	동시 흥분 기점	유아인 성생활 수첩
본래 뜻	행복한 의원	동시흥 분기점	유아 인성 생활 수첩

리듬 있는 대화가
재미있다

～～～～～～

어떤 말은 한 번 들었을 뿐인데도 오래도록 기억된다. 실의에 빠졌을 때 들었던 위로와 응원의 말이 두고두고 가슴에 남아 힘이 되는 일을 살아가면서 한두 번쯤은 경험하게 된다. 또 어떤 말은 시간이 아무리 흘러도 가슴에 사무치게 아프다. 수백 번 다시 꺼내 들어도 닳지 않는 말. 말마다 가지고 있는 생명이 다르다.

모든 말에는 세계를 반영하는 리듬이 있다. 말을 하는 사람과 말을 듣는 사람, 공간, 시간, 목적, 당시의 상황, 모든 것을 포괄해 '말'이 입 밖으로 나온다. 그냥 말하는 것 같아도 말 안에는 말이 적절한 곳에 닿기 위한 암묵적인 리듬의 룰이 작용하는 것이다. 이 리듬이 적절하게 활용되는 모습을 살펴보면 '그냥 하는' 모든 말이 '그냥 듣기'에는 순간 자연스러운 것 같아 보여도 리듬이 살아 있는 말은 따로 있다는 걸 알게 된다. 부적절한 리듬의 말 혹은 리듬이 없는 말은 생명이 짧아 금방 사라지고 만다. 좋은 리듬의 예는 알아차리기 어렵지만 나쁜 리듬의 예는 쉽게 알 수 있다.

파티, 가족 식사, 회사, 집, 공식 행사 등 각 자리마다 장소에 어울리는 옷을 입는 것처럼 우리는 그 자리에 맞는 말을 한다. 회사 탕비실이나 화장실 같은 공간에서 친한 동료와 사적인 대화로 깔깔거리던 사람이 자리에 돌아와 업무적인 통화는 우아하고 상냥하게 받는 것은 이상한 일이 아니다. 본의 아니게 두 장면을 모두 보게 된 상사는 당황스럽기는 하지만, 그 직원을 이중인격이라거나 음흉하다고 흉보면 안 된다. 상황과 역할에 맞는 다양한 리듬을 적절히 활용하는 유연함이기 때문이다.

예능 프로그램의 진행자가 자신의 본래 성격이 부끄러움을 많이 타고 낯을 가린다고 해서 게스트를 어려워하며 대한다면 바로 아웃이다. 또 뉴스 아나운서가 전달해야 하는 내용과 상관없이 자신의 기분에 따라 말하는 톤이 바뀐다면 그가 전달하는 소식은 신뢰도가 떨어진다. 이런 경우 일관성이나 진정성으로 이들을 판단하려 하는 사람은 없다. 상황과 목적에 맞는 탄력적인 역할리듬을 잘 활용하고 있는가에 관한 문제다. 어떤 사람들과 어떤 장소에서 어떤 일을 위해 만나느냐에 따라 옷차림이 달라지듯이 역할리듬의 선택도 달라져야 한다. 우리는 주로 점잖은 자리에서 촐싹거리는 처신에 대해 안 좋은 인상을 갖는다. 그러나 반대의 경우도 불편하긴 마찬가지다. 집안의 어르신들을 모시고 식사하는 자리에서 자신의 사회적 위치가 높다 해서 무게를 잡고 있으면 두고두고 욕먹는다.

말하기 좋은 리듬은 따로 있다

앞 장에서 글의 호흡에 관한 이야기를 잠깐 했다. 글은 크게 둘로 나눌 수 있다. 눈으로만 읽는 글과 소리로 변환되는 글이다. 이 글을 누군가 소리 내어 읽어 말로 변환될 글이라고 생각하면 호흡이 달라진다.

아침에 뉴스로 떠오르는 인터넷 글들 중에 잘 읽히는 기사와 그렇지 않은 기사가 뒤섞여 있다. 여자 아나운서가 꾀꼬리 같은 목소리로 전달할 것을 떠올리며 쓴 기사와 그저 활자로만 존재할 것을 알고 쓴 기사는 같은 내용이라도 많이 다르다.

리듬의 룰을 알고 썼느냐, 모르고 썼느냐의 차이다. 발음하기 편안한 단어, 숨을 쉬는 시점, 자연스러운 흐름, 전달하려는 자와 전달 받을 자의 호흡을 정확히 알고 쓰인 글은 소리 내어 읽어보면 편안하다.

전문 아나운서가 되는 훈련 중에 일명 '다림질'이라 불리는 훈련이 있다. 말 그대로 억양을 다림질해서 펴는 훈련이다. 쉽게 말해서 개인이 평생 가지고 살아온 특유의 억양을 없애는 작업이다. 사실 일반적으로 말에는 전달하고자 하는 정보만 담겨 있는 것이 아니다. 말투에는 놀랍게도 화자의 개성, 화자의 기본 정서, 성격, 지금 현재의 마음, 말하는 내용에 대한 심경 등이 모두 담겨 있다. 그래서 한마디 말을 듣더라도 글자 이상의 의미까지 전달 받게 되는 것이다. '말 뒤에 말이 있다'는 속담처럼, 말에는 내뱉은 말과 말하지 않은 말까지 포함된다.

아나운서가 진행하는 뉴스는 가치중립적이어야 하고 감정적인 표현을 최소화해야 한다. 그렇기 때문에 이 '다림질' 훈련으로 억양을 통해 전달될 다른 요소들을 투명하게 만드는 것이 아닐까 싶다. 최근 아나운서가 뉴스를 진행하다가 눈시울을 붉히며 감동적으로 전달한 경우가 있기는 하지만, 몇 안 되는 베테랑 아나운서만 할 수 있는 일이다. '정보 전달자'의 역할은 정보를 받아들인 사람들이 스스로 생각하고 평가할 수 있도록 돕는 것이기 때문이다.

구연동화 선생님은 역할마다 변화무쌍한 어투를 구사한다. 목소리만으로도 지금 어떤 등장인물이 이야기를 하고 있는 것인지 정확히 구분할 수 있다. 아이들이 놀랍도록 집중해서 이야기에 빠져들 수 있는 것은 선생님의 다양한 목소리와 어투 때문이다. 만약 아나운서의 다림질된 톤으로 구연동화를 들려준다면 아이들은 뿔뿔이 흩어져 자신의 놀이로 돌아가버리고 말 것이다.

한때 개그 프로그램 중에 '김 여사'가 등장하는 코너가 있었다. 소위 교양 있는 중년 여성의 언어 패턴을 '김 여사'가 잘 표현해냈다. 김 여사의 황당한 허당 일상을 통해 교양 있는 척하는 삶의 덧없음을 보여줌으로써 인기를 차지했다. 어투는 수준이 높은 듯한데 행동은 그렇지 않으니 언행일치가 되지 않는 모습이 웃음을 자아냈다. 그렇다. 어투만으로 '수준 높은 말하기'라는 게 있을 수 없다.

그저 상황에 맞는 적절한 말하기가 있을 뿐이다.

일상적인 말의 리듬에 대해 이야기하자면 스타 작가 김수현의 드라마를 예로 들 수 있다. 채널을 돌리다가 갑자기 낯선 드라마를 본다. 드라마는 이미 중반까지 진행된 상황이고, 드라마에 대한 어떤 정보도 없다. 등장인물들의 어투에서 혹시 김수현 작가의 드라마가 아닐까 짐작한다. 대부분의 시청자는 알아차릴 수 있다. 무엇 때문일까?

나쁜 자식! 더러운 자식! 그래서 그렇게 내 신경을 긁고 오장을 뒤집었던 거야. 그래, 그래! 뭔지 모르게 불쾌해서 내가 결혼 때려치우라 난리쳤던 거야, 내가! 감이 있어서, 구린 냄새가 나서! 아니, 이렇게 옴팡 당할 수가 있는 거니? 우리가 저를 얼마나 여겨주고 잘해줬는데! 은혜를 원수로 갚아!

김수현 드라마 속 등장인물들은 대부분 말을 하는 속도가 매우 빠르고, 한번에 내뱉는 대사의 양이 상당하다. '더러운 자식, 구린 냄새, 옴팡'과 같이 사용하는 단어들은 매우 직설적이다. 작가는 비슷한 느낌의 어휘들 중에 그 감정을 가장 잘 전달할 수 있는 것을 선택하기 위해 오랜 시간 고심한다고 한다. 그래서 그런지 등장인물들의 한마디 한마디가 팍팍 꽂힌다.

작가들의 계산된 대사는 일상의 대화에서 만들어지는 리듬을 켜켜이 쌓아 감정선을 극대화할 수 있도록 구성한 것들이다. 그 짜

임새가 쫀쫀해서 보는 사람으로 하여금 더 긴장하게 하기도 하고, 느슨하고 부드러운 구도가 많은 생각을 하게 하기도 한다. 이렇듯 우리의 집중도를 쥐락펴락하는 능력은 시청률과 비례한다.

　　드라마의 전개는 시간의 흐름이다. 드라마 속 시간은 실제 삶의 시간을 압축해놓은 것이다. 한정된 시간 안에서 사건의 흐름과 갈등을 풀어내야 하기 때문에 철저하게 계산된 장면과 대사만이 필요하다. 의미 없는 대화는 없다. 하지만 우리네 일상사는 그렇지 않다. 열 마디 대화 중에 내 삶을 좌지우지할 만큼 중요한 말이 과연 몇이나 될까?

　　김수현의 드라마의 대사는 한 호흡으로 말해야 하는 대사의 양이 상당하다. 그렇지만 작가의 철저하게 계산된 대사는 말과 말 사이, 문장과 문장 사이에 저마다 의미 있는 긴장감을 내포하고 있다. 그 긴장감이 흥미를 유발시키고, 점차 상승되는 감정의 곡선과 따발총 같은 긴 대사가 밀착되어 집중도를 높인다. 만약 이 대사를 느리게 발화할 경우 그 느낌이 어떨지 상상조차 힘들다. 빠르고 힘차게 치고 나오는 어휘들이 절정으로 치달아 갈등을 터트린다. 보는 이들이 등장인물의 감정에 몰입하게 하는 힘이 여기에 있다. 이것이 진정한 '말의 맛', 즉 '말의 리듬'이다.

말의 리듬은 관계의 리듬이다

그렇다면 일상생활에서 대화가 잘되는 경우는 언제일까? 상대방의 의도를 알고 다음 화두를 던지는 상대, 상대가 하고 싶은 말을 할 수 있도록 자리를 펴주는 상대, 원하는 반응을 보여주는 상대를 만났을 때다. 위로, 공감, 농담 받아쳐주기, 집중하는 태도 등이 성공적인 대화를 만드는 방법의 몇 가지 요소라고 볼 수 있다.

말하자면 대화의 흐름을 아는 것이다. 상대방의 말에 반응한다는 것은 상대방의 표현에 집중하고 있다는 것이다. 화제 전환의 다음 단계로 함께 이동하는 것과 대화의 신호 감지 레이더를 끄지 않는 것을 잊지 말아야 한다.

친한 친구 사이는 갑자기 어떤 이야기를 시작해도 대화가 가능하다. 하지만 흥미로운 점은 아무리 오래전부터 친한 사이였어도 가끔 만나는 사이에는 할 말이 많지 않다는 것이다. 어디서부터 이야기를 시작해야 할지 알 수 없어진다. 서로 교차하고 있는 시간이 좁아졌기 때문에 할 수 있는 이야기가 없다. 어제 만난 친구를 오늘 또 만났을 때 할 수 있는 이야기가 가장 많다. 시간이 같이 흐르고 있기 때문이다. 드라마 안에서도 주인공과 주인공이 서로 만나지 않으면 어떤 사건도 벌어질 수 없다. 사랑도, 이별도, 만나서 서로의 흐름이 겹쳐져야 가능하다.

작가들의 계산된 대사에서 나오는 리듬과 우리가 평상시 말할 때 자연스럽게 나오는 리듬은 물론 다르다. 작가들은 이 리듬이 이야기 안에서 가장 자연스럽도록 방점을 찍어둔다.

그렇지만 일상생활에서의 대화 호흡은 처음부터 끝까지 모두 완벽히 '계산'된 형태로는 불가능하다. 보통 실생활에서 사용하는 가족들의 대화는 산발적이고, 화제가 빨리 전환되며, 말의 배열이 단순하다. 말이 길어질 경우 주제가 명확하지 않고, 풀어 써볼 경우 두서없이 중언부언하는 경우도 많다. 만약 녹음한 다음 그대로 받아 적어본다면 중언부언하고 횡설수설할 대화도, 당시에는 아무 문제가 없다. 대화가 자연스럽게 흘러가기 때문이다. 앞의 말과 다음 말이 이동을 함께 하기 때문에 대화의 이동 경로를 굳이 찾지 않아도 된다.

"어제 학교 앞 카레 집에서… 예전에 기억나? 옆집에 살던 202호 아저씨를 만난 거야."

"아, 그 집 카레 먹고 싶다."

"예전만 못하더라고. 돈가스가 더 맛있었어."

"예전에는 진짜 맛있었는데. 돈가스는 작년에 일본 여행 가서 먹었던 것보다 더 맛있는 걸 못 봤어."

"일본 어디 갔었어?"

이처럼 끝도 없이 이어지는 수다의 향연. 정작 하고 싶던 202호 아저씨 이야기는 온데간데없어졌으나, 둘에게는 아무 상관 없다. 일본 여행 이야기로 한참을 즐거울 테니 말이다.

머리가 좋은 친구라면 집에 돌아가 얼핏 기억이 난다. 아, 202호 아저씨 이야기! 그래서 하루 종일 수다 떨고 돌아와놓고는 옷 갈아 입고 바로 또 전화한다. 물론 이 전화 수다의 끝은 또 같을 거다.

"그래 그래, 이제 늦었으니까 끊고… 자세한 이야기는 만나서 하자!"

일상적인 말은 아무 계산과 계획 없이 이런 식으로 밤이 새도록 이어질 수 있다. 다만 이러한 일상의 대화를 흥미롭게 여길 수 있는 사람은 대화에 참여하는 사람들뿐이다. 끝없이 수다를 늘어놓기만 하는 장면을 그대로 찍어 텔레비전으로 방영한다면 누가 재미있게 볼까? 대화가 작품으로 만들어지는 과정에는 그 말이 필요한 전체 줄거리와 이야기를 투영하는 등장인물, 제한된 상영 시간 등이 필요하다. 제한된 흐름을 만들어 있을 법한 이야기로 공감을 얻으면서도 일상과는 사뭇 다른 특별함이 제작되는 것이다. 여기에는 대화를 아름답고 재미있게 보이도록 하는, 적절한 '거리'가 필요하다.

하루도 빠짐없이 말을 하고 살고 있지만 말을 교정하거나 공부하는 것을 경험해본 사람은 많지 않기 때문에, 말하는 호흡이 본능적으로 리드미컬한 사람과 그렇지 못한 사람이 있다. 말을 할 수 있다고 모두가 좋은 리듬을 갖고 있는 것은 아니다.

리드미컬한 대화 호흡은 적당한 속도와 전달력, 좋은 발음, 말과 맞는 감정의 온도가 함께 가는 경우에 가능하다. 여기에, 대화에 참여하는 사람들 모두가 관심 있는 화제를 가져올 경우 재미있고 원활한 소통이 이루어진다.

말을 내뱉는 순간 '아, 그렇게 말하지 말걸' 하고 후회해본 적이 있는가? 누구나 이런 경험이 있다. 말하는 순간 바로 상대의 반응을 통해 어투나 표현이 적절하지 못했음을 직감하는 경우다. 말의 리듬이 잘된 경우와 잘못된 경우를 스스로 되돌아보는 시간이 필요하다. 특히 말 때문에 상처 주는 일이 생기는 가까운 사이라면 반드시 필요하다. 나의 어떤 리듬이 상대를 화나게 하는지 파악하는 계기가 될 수 있다.

말의 리듬은 관계 속에서 생성된다. 같은 말을 혼자 중얼거렸다고 싸움이 되지는 않는다. 혼자 중얼거리는 척했을 뿐 상대가 듣기를 바랐을 때 싸움이 된다.

말의 리듬은 전후 맥락이 존재해야 생성된다. 같은 말이라도 이전의 상황과 조건에 따라 달리 들린다.

말의 리듬에는 반드시 정서가 반영된다. 그런 뜻으로 한 말이 아닌데 상대가 자꾸 달리 듣고 화를 낸다면 표현 방식을 바꿔봐야 한다. 배우들이 대본을 받고 활자로 된 대사를 목소리로 변환시키는 과정에서 다양한 방식으로 연습하듯이, 다양하게 소리내볼 필요가 있다. 닭살 돋는 상냥한 목소리를 내라는 게 아니다. 그저 끝이 올라간 게 나은지, 내려간 게 나은지, 빨리 한 게 나은지, 느리게 한 게 나은지. 그렇게 하다 보면 자신의 어투의 특징을 알게 되고 특히 상대가 싫어하는 부분을 찾을 수 있을지도 모른다. 말에 리들이 있다면 분명 변주가 가능하다. 이렇게 연습해보자.

모나리자
모**나**리자
모나**리**자
모나리**자**

　욕쟁이 할머니네 밥집은 늘 인산인해였다. 손님은 왕이라고 했
는데 이 할머니는 왕을 마구 무시했다. 내 밥을 먹으려면 그 정도
욕은 같이 먹어줘야 한다는 확고한 자신감이 할머니 특유의 리듬이
었다. 할머니의 이런 태도는 불쾌하기보다는 친근감으로 느껴지기
까지 했다. 타박은 오히려 정겨운 관심이었다. 이처럼 말의 리듬은
단순하지 않다. 관계의 리듬으로 확장된다. 말을 듣는 상대는 말의
리듬에 따라 둘의 관계를 느낀다는 거다. 그리고 말의 리듬에는 정
답이 없다. 욕을 먹고도 좋다고 배시시 웃을 수도 있고, 깍듯이 말
했는데도 싸우자 덤빌 수 있다. 그게 말의 리듬이다.
　그렇다면 나는 어떻게 말하는 사람일까? 우리는 자신의 목소
리를 들어볼 일이 많지 않다. 우연히 녹음된 나의 목소리를 들었을
때 대부분의 사람들은 놀라워한다. 내가 생각했던 나의 리듬과 발
화된 나의 리듬은 차이가 크기 때문이다.
　우리는 생각보다 더 빨리 말하거나, 훨씬 느리게 말하거나, 부
정확하게 말한다. 바보같이 말하기도 하고, 싸가지 없이 말하기도

한다. 거울에 비친 내 모습 이상으로 맘에 안 드는 목소리다. 남들은 매일 그런 내 말을 듣고 있는 거다. 이렇게 깨닫기 시작하면 좀 착하게 말하게 된다.

소통하려면 상대의
리듬을 읽어라

～～～～～～～

"쾅, 쾅, 쾅, 우당탕- 쿵탕!"

고3 아드님, 일어나서 왔다 갔다 하는 발자국 소리가 오늘따라 유난히 크다. 책가방 싸던 책도 자꾸 떨어진다. 심기가 불편하신 듯하여 고3 엄마, 괜스레 조심스럽다. 어제 먹다 남은 국을 주려던 계획을 급선회해 달걀말이도 하고 김도 꺼내고, 부산하게 아침 식탁을 차린다.

개인의 타고난 신체 조건에 따른 리듬이 고정적인 반면, 기분과 건강 상태에 따른 리듬은 매일매일 다를 수밖에 없다. 정서적·육체적 컨디션에 따라 변화무쌍하다.

피로가 누적되어 몸이 무거워지기도 하고, 감기에 걸리면 꼼짝도 안 하고 싶어지기도 하고, 못마땅한 상대와 일해야 하는 상황은 내내 짜증이 난다. 또 어떤 날은 특별한 이유 없이 아침부터 괜히 우울하고 기운이 없는 날도 있다. 횡단보도를 건너려고 할 때마다 늘 빨간불이 켜지고 별일 아닌 일로 동료들과 말다툼이 생긴다. 늘 먹던 걸 먹었는데 속이 더부룩하니 체기가 있다. 이런 날은 일과를 마치는 대로 서둘러 집으로 가는 게 좋다.

반대로 사소한 행운들이 함께하는 아주 기분 좋은 날도 있다. 다들 알 만한 유머를 했는데 반응이 좋고, 버스 환승 시간도 딱딱 들어맞는 날, 발걸음도 가볍고 기운이 솟는 건강한 리듬이 함께한다. 이런 날은 뭘 해도 잘될 것 같은 자신감이 생긴다. 이런 날 소개팅을 해야 한다.

이런 리듬은 어떻게 결정되는 걸까? 타고난 신체 조건에 따른 리듬을 노력해서 바꾼다는 것은 쉽지 않다. 반면 컨디션에 따른 리듬은 우리가 변화를 만들어낼 수 있는 영역이 존재한다. **리듬 오퍼레이션**(Rhythm Operation), 즉 **리듬작동**이다. 스스로의 리듬을 작동하는 기술이 있다는 이야기다. 자신의 컨디션 곡선을 유리하게 움직일 수 있다면 얼마나 유용할까?

리듬 오퍼레이션이 가능하려면 먼저 우리의 감정과 우리가 가진 조건을 잘 파악해보는 과정이 필요하다. 거울을 보지 않고서는 자신의 표정을 알기 어려운 것처럼, 생각보다 사람들은 자신이 가지고 사는 리듬을 모른다. 나는 활짝 웃고 있다고 생각했는데 실제 얼굴은 입꼬리만 겨우 올린 어색한 표정을 짓고 있을 수도 있다. 거울을 보기 전까지는 절대 알 수 없으니까.

처음 보는 사람과 맞닥뜨렸을 때, 그 사람에 대해 순식간에 인지된 정보만으로 즉흥적으로 반응하게 되는 부분이 있다. 나이, 성별, 사회적 지위 등 상대에게서 감지된 정보를 토대로 높임말과 반말, 말투와 호감도 같은 것이 결정된다. 또한 결정적인 한 가지로, 그 사람이 풍기는 이미지에 따라서 반응이 달라지기도 한다.

어린아이와 대화할 때, 자기도 모르게 어린아이의 말투를 똑같이 따라서 하게 되는 경험을 해보았을 것이다. 아이와의 대화에 더 적극적으로 참여하고자 하는 마음에서 발현되었을 감정의 움직임이 아이의 말투를 따라 하는 표현으로 나타난다. 이러한 시도는 아이들의 마음을 훨씬 빨리 연다. 신호를 보낼 때는 아이가 받기 편하게 신호를 맞추고 아이의 신호를 받을 때도 적극적으로 캐치하면, 서로의 대화 리듬이 부드럽게 굴러간다.

상대를 웃기려는 시도는 상대의 웃음을 만들 확률을 높인다. 사람들은 어디선가 재미있게 들은 개그 유행어가 있다면 자꾸 그 말을 써먹고 싶어한다. 유행어가 만들어내는 유머의 리듬을 재연하고 싶어지기 때문이다.

늘 이렇게 서로가 서로의 신호를 맞추길 원하고 좋은 신호를 주고받기 위해 노력한다면 세계 평화가 벌써 이루어졌겠지만, 일은 그렇게 호락호락하지 않다. 어떤 날은 신호가 너무 약하고 어떤 날은 나쁜 신호를 마구 쏘아 보낸다. 만나는 사람마다 나를 화나게 하는 날에는 나한테도 문제가 있다. 내가 보내는 신호가 그들을 화나게 한 건 아닌지 되돌아봐야 한다. 나의 공격적인 주파수가 상대방의 공격성을 이끌어냈을 가능성이 높기 때문이다.

물건을 파는 상점에 들어간다. 진열대의 상품을 둘러보는 손님A와 손님B. 눈으로만 상품을 보아달라는 안내문에 따라 진열된 상품을 눈으로 보던 손님A가 웃는 얼굴로 "이거 얼마예요?" 하고 물어본다면 점원은 그 물건에 대해 자세히 설명하고 가격을 안내할 것이다. 친절한 신호를 보내는 손님에게 자연스럽게 친절한 신호가 맞춰진다.

뒤이어 손님B가 불편한 기색이 역력한 표정으로 물건을 만지작거리면서 "이거 얼마나 해요?" 하고 물어올 때, 바로 앞의 손님A를 응대했을 때와 같은 친절함으로 응대하기는 힘들다. 손님B가 의도하지 않았다 할지라도 그가 보낸 신호는 물건에 대한 호감도나 점원과 상점에 대한 예의가 느껴지지 않는 불편한 신호다. 점원의 '서비스 마인드'를 들먹이며 다퉈봐야 소용없다. 아주 사소한 사례로도 점원의 신호와 손님A와 손님B의 신호를 확인해볼 수 있다.

점원에게는 모든 손님이 중요하다. 그렇지만 상대가 보내오는 신호에 표정이나 말투가 순간적으로 반응하는 것은 어쩔 수 없다. 더 본능적이기 때문이다. 길을 걷다 발을 밟았을 때, 모른 척 그냥 지나쳐버리는 사람과 당황해서 연거푸 미안하다고 사과를 하는 사람이 있다면 상황이 어떻게 전개될까?

상황을 돌이켜 보았을 때 공격적인 신호를 내보내는 횟수가 잦은 그 사람이 바로 나라면, 그 신호를 바꿔보는 시도가 필요하다. 익숙해진 나쁜 리듬 혹은 경직된 리듬을 바꿔보자. 낮고 무거운 목소리의 톤을 약간 높이는 것, 상대가 말을 할 때 굳은 표정을 풀어 편안한 미소를 짓는 것, 상대방의 말을 가로채지 않고 가만히 참고 들어주는 것 등의 아주 작은 변화가 내가 보내는 전체 신호를 바꿀 수 있다.

작은 차이가 타인과 나 사이의 쿠션이 되어 충격을 줄여준다. 신호를 바꾸는 일이 바로 내가 가진 리듬을 바꾸는 일이다.

귀만 집중하는 아이들

음악원 7세 수업에 참여하는 규진이는 6세 때 ADHD 진단을 받았다고 했다. 수업에 전혀 집중하지 못하고 마음대로 돌아다녔다. 음악실 이쪽 끝에서 저쪽 끝으로 뛰어다니고, 이 구석 저 구석 온갖 물건을 만졌다. 모르긴 몰라도 규진이는 아마 어딜 가서든 그랬을 것이다. 규진이의 이런 모습은 튀는 아이로 비쳐졌을 것이고, 교사들의 지적을 끊임없이 받았을 것이고, 또래 친구들의 눈총도 받았을 것이다. 그러다 교사의 권유로 소아정신과를 찾게 되었을 것이고, 진단도 받았을 것이다.

규진이의 행동을 관찰하기 위해 일단 음악원에서만큼은 자유롭게 하고 싶은 대로 하도록 두었다. 규진이가 가지고 있는 편한 리듬대로 행동하도록 했다.

세 번째 수업을 하던 날이었다. 그날은 "손이 시려워, 꽁! 발이 시려워, 꽁!" 하는 〈손이 꽁꽁꽁〉이라는 노래를 불렀다. 다른 아이들과는 노래와 함께 리듬 막대로 고정박을 연주하는 활동을 하고 있었다. 규진이는 그날도 한쪽 구석에서 선생님에게 등 돌린 채 서 있었다. 이런저런 교구를 만지작거리며 혼자만의 세계에 있는 듯싶었던 규진이도 수업에 참여한다는 것을 표현했다.

노래가 다시 반복해서 "손이 시려워, 꽁! 발이 시려워, 꽁!" 하고 시작되자, 규진이는 꽁! 할 때의 리듬에 맞춰 박수를 세게 한 번씩 치기 시작했다. 그리고 '꽁'의 박자가 나올 때마다 손뼉을 세게 쳤다. 손으로는 장난감을 가지고 놀고 노래도 부르지 않고 선생님도 보고 있지 않지만 '꽁'을 외치는 박자에서는 어김없이 박수를 쳤다. 규진이가 계속 리듬을 즐기도록 노래를 불러주니, 이번에는 '꽁'의 박자에 맞춰 폴짝 뛰어올랐다.

손이 시려워 꽁! (폴짝) 발이 시려워 꽁! (폴짝)

겨울바람 때문에 꽁! 꽁! 꽁! (폴짝, 폴짝, 폴짝)

손이 꽁꽁꽁 꽁! (폴짝) 발이 꽁꽁꽁 꽁! (폴짝)

겨울바람 때문에 꽁! 꽁! 꽁! (폴짝, 폴짝, 폴짝)

"규진이는 리듬에 맞는 동작을 잘하는구나~ 규진이가 하고 싶은 동작을 지금처럼 '꽁' 소리가 나올 때마다 해주세요!"라고 칭찬

했더니 즐겁게 수업을 했다. 선생님이 뭐라고 하든, 친구들이 무얼 하든, 나는 내가 하고 싶은 것을 할 거라는 신호를 온몸으로 보내던 규진이가 친구들과 함께 활동하고, 선생님의 지시에 따르기 시작한 것은 그날부터였다.

우리는 흔히 '집중'이라는 단어를 떠올리면 한자리에 바른 자세로 가만히 앉아 오랜 시간 어떤 활동을 하는 것을 생각한다. 과연 집중한다는 것은 '가만히 앉아 있는 상태'를 말하는 걸까? 단순히 몸을 움직이지 않고 가만히 있는 상태만이 집중의 상태는 아니다. 규진이의 경우도 자신의 리듬을 찾아가는 대표적인 사례로 볼 수 있다.

아이들의 교실을 살펴보면 꼭 ADHD가 아니더라도 몸을 가만히 두지 못하는 아이들이 많다. 그 아이들에게 방금 선생님이 무슨 이야기를 했는지 아느냐고 물어보면 모두 그 내용을 잘 이야기한다. 몸을 배배 꼬고 이리저리 돌아다니면서도 귀는 선생님이 하는 말을 잘 듣고 있었던 것이다. 얼핏 보기에는 딴짓하는 정신 사나운 사고뭉치 같지만, 자기 방식으로 집중하고 있었던 것이다.

그래서 나는 집중의 상태를 세 가지 차원으로 분리해서 판단한다. 우선 귀가 집중하고 있는지, 다음은 눈이 집중하고 있는지, 그리고 몸이 집중하고 있는지를 본다.

① 귀의 집중

② 눈의 집중

③ 몸의 집중

이는 집중의 단계가 될 수도 있고, 이 세 가지의 조합으로 집중의 유형이 달라지기도 한다. 예를 들면 귀와 몸은 집중하면서 눈은 하염없이 다른 것을 두리번거리는 아이도 있고, 귀와 눈은 선생님을 향해 있지만 몸이 끊임없이 부산한 아이도 있다.

이 조합 중에 가장 나쁜 예는 눈과 몸은 집중하지만 귀가 집중하지 않는 경우다. 이 경우 교사는 아이가 집중하고 있는 것 같아 특별한 관리를 하지 않게 되는데, 정작 아이는 교사의 이야기를 전혀 듣지 않고 딴생각을 하는 경우도 있을 수 있기 때문이다.

귀를 여는 것이 제일 첫 번째 집중의 단계이며, 다음은 눈, 마지막으로 몸의 컨트롤까지로 확장해나가는 집중의 단계로 발전하는 것이 바람직하다. 아이의 평소 행동 패턴을 살펴보면 아이가 집중의 단계 중 어디까지 와 있는지 진단하는 데 도움이 된다.

물론 타고나길 이 세 가지를 모두 잘 컨트롤할 수 있는 아이가 있고, 차례차례 순서를 밟아가야 하는 아이도 있다. 아이마다 기질과 성향에 따라, 또 활동의 종류와 관심도에 따라 다를 수 있다.

다만 음악 활동이 귀의 집중력 훈련에 좋은 이유는 즉각적으로 확인이 가능하기 때문이다. 규진이처럼 리듬으로 반응하는 아이도 있고, 흥얼흥얼 노래를 부르며 멜로디로 반응하는 아이도 있다.

음악은 산만한 아이에게도 강하게 전달되는 자극이다. 눈은 의지로 볼 수도 있고 안 볼 수도 있다. 그러나 청각과 후각은 의지로 차단할 수 없기 때문에 청각 교육 단계에서 잘 훈련받은 아이는 다른 감각 교육에서도 성공 경험을 활용할 수 있다.

규진이의 경우 ADHD라지만 수업을 차츰 진행해본 결과 귀의 집중력이 열려 있다는 사실을 알 수 있었다. 규진이는 이제 막 타인과 외부 세계에 대한 관심을 보이기 시작한 것이다.

아이들이 뜻대로 되지 않는다고 그 아이들에 대해 쉽게 판단하지 않는 것이 중요하다. 정말 놀라울 정도로 모든 아이들이 다 다르기 때문이다. 애정 깊은 세심한 관찰의 시간이 선생님과 아이, 아이의 가족 모두에게 필요하다.

이제 귀가 집중하는 법을 알기 시작한 아이를 무리하게 붙잡아 앉혀 몸을 통제하게 되면 어떻게 될까? 아이가 단번에 몸 전체를 통제하고, 몇 시간이고 '가만히 조용히 앉아 있기'를 할 수 있을까? 단언컨대 절대로 그럴 수 없다. 귀도 집중하지 못한다. 다시 세상의 변화에 대한 호기심이 사라져버린다. 몸의 리듬을 컨트롤하기까지는 좀 더 기다려주어야 한다. 귀만 겨우 컨트롤할 수 있는 아이가 앉아 있는 것을 유지하느라 에너지를 몽땅 다 써버려 정작 겨우 열리기 시작한 귀조차 닫아버리는 최악의 상황이 발생한다.

규진이는 학교에 들어가기 전 7세 때 1년 정도 음악 활동을 통해 몸의 리듬을 확인하고 자신만의 집중력을 높여가는 훈련을 성공적으로 마칠 수 있었다. 적당한 시기에 적당한 기회가 주어지지 못했다면 규진이의 학교생활은 시작부터 많이 힘들었을 것이다. 규진이와 비슷한 아이들이 가장 많이 듣는 이야기는 항상 같다.

"너는 왜 가만히 있지를 않니?"
"너는 왜 가만히 있지를 못하니?"

너무나 바보 같은 질문이다. 가만히 있지도 못하는 아이가 자신이 왜 가만히 있지 못하는지 이유를 알 리 없다. 이 말은 달리 표현하면 "너는 가만히 있는 쉬운 일도 못하는 아주 바보 같은 아이구나"라는 비난이다. 우리의 소중한 아이들이 이런 비난을 들으며 조금씩 시들어가는 일이 여기저기서 일어나고 있다. 더 안타까운 것은 규진이처럼 산만해 보이는 아이들이 호기심 많고 창의적인 에너지가 많은 아이들이라는 사실이다. 어른들이 함부로 아이를 특정 진단으로 규정짓지 말아야 하는 이유가 여기에 있다.

리듬이 유연한 사람은 엇박에 박수를 친다

익숙해진 언어와 리듬에만 갇혀 있지 않고 상황이나 때에 따라 언어와 리듬을 다양하게 변화시키려고 노력하면 자연스레 리듬이 풍족해진다. 표현할 수 있는 신호가 늘어나고, 상대가 보내는 신호를 받아들일 수 있는 경우의 수가 많아진다는 말이다. 이 리듬의 변주는 상대의 반응에 따라 만들어질 수 있기 때문에 무한대로 마구마구 증식될 수 있다. 리듬을 변주할 수 있는 것은 행복한 삶을 위해 아주 중요한 재능이다.

하루아침에 기존의 경직된 리듬이 자유로운 리듬으로 변화되지는 않는다. 매일매일 조금씩 노력해야 어느 날 나도 모르는 사이에 변한다. 리듬을 변화시키는 아주 간단한 활동을 제안한다.

학교 종이 땡땡땡 어서 모이자
선생님이 우리를 기다리신다

대한민국 사람이면 누구나 아는 동요다. 노래를 부르며 박수를 치면 일정한 박자에 맞추어 박수를 치게 된다. 여럿이 함께 부를 경우에도 모두의 박수가 일정한 박자로 맞춰진다.

학교 종(강박)

학 교 종 이 땅 땅 땅 어 서 모 이 자

선 생 님 이 우 리 를 기 다 리 신 다

대부분 왼쪽의 악보처럼 박수를 쳤을 거다. 4분의 4박자의 곡은 '강 약 중강 약'의 세기를 갖고 있기 때문에 첫 번째 박자와 세 번째 박자에 박수를 치는 것이 자연스럽다. 악센트가 있는 박자에 박수를 치면 특별한 리듬을 타지 않아도 된다. 많은 사람들이 무의식중에 강한 박자에 악센트의 표시로 박수를 치는 쉬운 리듬을 먼저 찾아내기 때문이다. 그렇다면 다시 노래를 부를 때는 아래와 같이 강한 박자가 아닌 약한 박자, 말랑말랑한 지점에서 박수를 쳐보자.

학교 종(약박)

실제로 노래를 부르며 박수를 쳐보면 같은 노래인데도 불구하고 앞서 강박에 박수를 쳤을 때에 비해 부드럽고 안정적인 느낌으로 바뀌었다는 걸 느낄 수 있다. 전혀 부드럽지 않고 어색하다면 그만큼 경직된 리듬을 갖고 있다는 뜻이니 더욱 열심히 약박 박수 치기를 권한다.

악센트가 없는 박자, 약한 박자에 박수를 치려고 하면 아주 익숙한 노래를 부를 때도 박수를 치는 타이밍에 마음의 준비를 하면서 치게 된다. 박수를 치는 순간과 다음 박수를 위한 새로운 리듬을 이어가는 과정이다. 곡을 바꾸어 약박에 박수를 치는 연습을 많이 해보면 리듬이 훨씬 유연해진다. 이렇게 박자를 바꾸어 치는 박수를 악기 연주로 옮겨보면 새로운 리듬을 더 많이 발견할 수 있다.

피아노 연주가 가능하다면 〈학교 종〉을 다양한 버전으로 연주해본다. 조성을 바꿔보기도 하고, 템포와 반주 형태를 바꿔 색다른 분위기로 연주해본다. 리듬과 화음을 바꿔 재즈 느낌이 나는 곡으로 만들 수도 있다. 하나의 선율로 다양한 변화가 가능하다. 이를 **즉흥연주** 또는 **임프로비제이션**(improvisation)이라고 한다. 이렇듯 리듬이나 화음을 바꾸면 전혀 다른 정서를 표현할 수 있다는 것을 배우게 된다. 익숙한 리듬을 새로운 리듬으로 바꾸고 뻔한 화음을 다양한 화음으로 바꾸어 마치 새로운 곡인 양 임프로비제이션하는 능력으로 삶도 변화시킬 수 있다면, 다양한 음색의 삶을 누릴 수 있을 것이다. 음악은 그러려고 배우는 거다.

외국 영화를 보면 아빠와 아이가, 혹은 친한 친구끼리 주먹을 갖다 대며 소리치거나, 주먹으로 가슴을 두 번 치고 손 키스를 보내는 리듬패턴을 나눈다. 마치 축구 경기의 골 세리머니처럼 친한 사람과 간단한 손리듬의 세리머니로 정서를 나누는 거다. '내가 이런 몸짓을 하면 아주 기분이 좋다는 뜻이다'라고 정해놓은 리듬패턴이다.

청소년기에 가장 친한 친구와 정서 공유하는 방식을 리드미컬하게 갖고 있다는 것은 건강한 교우 관계의 뿌리가 될 수 있다. 이런 리듬패턴을 직장의 동료들과 나눌 수 있다면 경직된 조직리듬을 부드럽고 생기 있게 변화시켜줄 것이다. 내가 나를 이해하는 것부터 친구를 사귀고 가족과 소통하고 다양한 타인과 상호작용하는 일까지, 리듬은 어떠한 경우든지 그 역할을 충실히 해준다. 리듬은 언제나 살아 있다. 생명력이 있다. 그래서 리듬은 삶이고, 삶은 리듬이다.

〈상대가 잡을 수 있게 던져야 한다〉

즉흥연주(Improvisation)

창작과 연주를 동시에 하는 것을 뜻한다. 예를 들면 작곡을 하면서 피아노를 연주하는 방식이다. 천재 음악가만 할 수 있는 행위는 아니다. 음악의 속성을 잘 모르는 사람이 들으면 이런 일이 어떻게 가능할까 싶지만, 일정 수준 이상 음악 교육을 받은 사람은 훈련을 통해 대부분 가능하다. 우리가 말할 때 주어, 서술어, 목적어를 어떤 순서로 이야기하는 것이 보편적인지 규칙이 있듯이, 음악에도 음악어법이 있다. 그 틀은 대부분 화성 진행이 맡으며, 그 범주에서 크게 벗어나지 않는 멜로디가 떠오르면 자연스럽게 멜로디와 화성을 동시에 작곡할 수 있다. 그 진행을 따라갈 수 있는 연주 실력이 갖춰진 경우 즉흥연주가 가능하다.

오르간을 전공하는 학생들은 예배에 사용되는 찬송가를 여러 가지 버전으로 즉흥연주할 수 있는 방법을 배운다. 1절은 찬송가 악보에 있는 그대로 연주하고, 2~3절은 가사의 내용에 맞는 다른 형식으로 연주하고, 마지막 4절은 웅장하게 연주하는 것이 대부분이다. 처음에는 배운 대로 악보에 그려 넣어가며 연습하지만, 몇 곡 하고 나면 그 패턴을 알게 되고 손에 익어 진짜 즉흥연주가 가능해진다. 물론 예배 전에 어떻게 즉흥연주할지 한두 번 쳐볼 수는 있지만, 굳이 악보에 옮겨 적지 않아도 연주할 수 있는 수준으로 성장한다.

결국 즉흥연주도 엄밀히 말하면 완벽하게 즉흥적이지는 않다는 이야기다. 삶을 즉흥연주하는 것도 마찬가지다. 배우고 익히면 가능하다. 그래서 뭐든 배워야 하고, 배운 것은 익숙해질 때까지 연습해야 한다.

내 속도는
내가 정한다

~~~~~~~~~~

유학 시절, 독일의 유명한 문구회사인 헤를리츠(Herlitz)에서 아르바이트를 한 적이 있다. 방학 한 달을 일하면 석 달치 생활비를 벌 수 있었다. 8월 한여름에 크리스마스 기획 상품을 만드는 일이었다.

나는 찰리 채플린의 영화 〈모던타임즈〉에서처럼 쉴 새 없이 돌아가는 컨베이어 벨트에서 하는 일을 배정받았다. 작은 지우개 포장 위에 크리스마스트리 모양의 스티커를 붙이는 일이었다. 스티커를 떼어 벨트를 타고 내 앞에 도착한 지우개 위에 정확히 붙여야 하는데, 손에 익지 않아 스티커를 떼는 속도보다 지우개가 도착하는 시간이 빨라 서너 개에 한 개씩 놓치고 지나쳤다.

내가 작업을 못한 것이 생기면 나중에 골라내서 다시 벨트 위에 올려주는 직원이 있었지만, 빠트리지 않고 모두 작업을 해야 할 것 같은 조바심이 생겼다. 벨트 아르바이트의 특성상 내가 정한 속도로 일하는 것이 아니고, 벨트의 속도에 맞춰야 하는 건 스트레스였다.

어떤 일이건 그 속도를 스스로 정하지 못하고 타인이나 외부적 환경에 의해 결정된다는 건 힘든 일이다. 은행 창구 직원들은 대기 고객이 웅성거리며 기다리는 모습에 업무를 빨리 진행해야 할 것 같은 스트레스가 있을 것이고, 점심시간에 장사가 잘되는 식당은 회전율을 높이기 위해 더욱 효율적으로 빨리 일해야 한다. 이처럼 속도가 눈에 보이는 일들도 있지만, 보이지 않는 속도의 스트레스는 어떤 일에나 존재한다.

개인적 속도와 사회적 속도가 다른 경우 개인은 철저하게 사회에 맞추게 된다. 결국 속도를 정할 수 있는 권력이 존재한다는 이야기다. 속도 결정권자의 횡포는 영화 〈모던타임즈〉에서 구체적으로 묘사된다. 아주 작은 조각의 퍼즐을 맞추고 신문을 보던 회사 대표는 모니터의 노동자들을 보며 속도를 올렸다 내렸다 한다. 잔인하게 보이지만, 사실 우리 사회는 대부분 그런 식으로 굴러간다.

속도 결정권이 있는 삶

문구 공장에 출근한 지 일주일쯤 되었을 때, 벨트의 속도를 스스로 조절해도 된다는 사실을 알게 되었다. 그동안 받은 스트레스에 대한 보상 심리로 느리게 맞춰놓고 일을 시작했다. 그랬더니 이번엔 스티커를 뗀 후 기다리며 지우개를 쳐다보는 시간이 답답했다. 정신없이 붙여야 할 때보다 더 힘들었다. 하루 일과가 끝나고 그날의 작업량을 확인해보니 전주 작업량과 많이 차이가 났다. 기본 작업량이 정해져 있고, 그보다 부족한 작업을 했다고 지적을 받거나 급여가 깎이지는 않지만 초과분에 대한 수당이 두둑했다.

결국 나는 다음 날부터 다시 원래의 빠른 속도로 작업했다. 하지만 느린 속도로 작업해보지 않았던 첫 주만큼 스트레스를 받지는 않았다. 왜냐하면 느림의 부작용을 경험했고, 지금의 속도를 선택한 사람은 나 자신이기 때문이다. 속도 결정권이 주어지니 오히려 스스로 악덕 업주가 되었다. 나는 매일 엄청난 초과 수당을 받았고, 9월에 남편과 프라하로 여행을 갈 여비도 마련할 수 있었다. 결국 스트레스의 원인은 빠른 속도가 아니고, 속도 결정권이었다.

지금 하고 있는 일의 속도가 마음에 안 드는가? 너무 빠르거나 느려서 스트레스를 받고 있는가? 그렇다면 그 속도를 바꿀 수 있는 방법은 있는가? 여러 가지 속도로 시도해보고 자신에게 맞는 속도를 찾을 기회가 있는가?

업무량은 정해져 있고 출퇴근 시간이 자유로운 회사에 다니는 직원이 늘어놓는 푸념을 들은 적이 있다. 업무량과 상관없이 정시에 출퇴근하고 싶다는 거였다. 업무량이 너무 많아서 그런가 싶어 이야기를 들어보니, 그것도 아니란다. 배부른 푸념이라 생각했는데 이야기를 더 듣고 보니 그의 입장이 이해가 되었다. 주어진 일만 다 하면 일찍 퇴근할 수도 있고 늦게 퇴근할 수도 있는 자율권이 주어지니, 충분히 일찍 퇴근할 수 있는 업무량임에도 불구하고 여유를 부리다가 뒤늦게 퇴근하기 일쑤라는 거다. 약간의 강제성이 있는 편이 자기한테는 더 맞는 것 같다며 누가 빨리 하라고 채찍질해주면 좋겠다고 했다.

내겐 대학에 있을 때 200명 교양수업 시험 채점이 그랬다. 시간적 여유가 있을 때 채점을 하면 한 시간에 몇 장 못한다. 그런데 마감이 다가오면 후딱후딱 할 수 있었다. 어느 정도의 외부적 압력이 있는 상태에서 능률적으로 집중력이 발휘되는 것이다.

템포를 바꾸면 마음도 바뀐다

지금까지의 생활 속도가 좀 변했으면 할 때가 있다. 음악에서의 속도의 특성을 살펴보면서 일상의 속도를 대입해보면 좋을 것 같다. 속도 자체는 좋거나 나쁜 속도가 없다. 또 맞고 틀리다는 표현도 적절하지 않다. 그런데도 음악을 가르치는 선생님들이 가끔 이런 말을 한다.

"지금 네가 연주하고 있는 템포가 맞다고 생각하니?"

이 질문을 받은 학생은 자기가 연주한 템포가 틀렸다고 선생님이 지적하는 것으로 받아들인다. 표현을 바꿔 이렇게 물었다고 가정해보자.

"너는 그 템포가 마음에 드니?"

물론 학생은 이렇게 생각할 거다. '이 템포가 선생님 마음에는 안 드시는 모양이구나.' 그러나 틀렸거나 나쁘다고 이야기하는 선생님보다는 좋은 선생님이다. 용기 있는 학생이라면 "네, 저는 마음에 드는데요?"라고 한 번쯤 우겨볼 수 있으니 말이다. 연습량이 많아지고 곡에 대한 이해도가 높아졌을 때 스스로 다른 템포로 바꾸어야겠다는 생각이 들 수는 있지만, 그 순간 주눅 들어서 어떤 템포로 바꿔야 할지 고민하는 상황은 생기지 않는다.

아마추어 합창단을 지도하다 보면 가끔 황당한 상황이 생긴다. 연주 무대에 오르면 연습할 때와 전혀 다른 템포로 노래하는 경우다. 대부분 많이 빨라진다. 무대 위에서 너무 긴장한 나머지 지휘자의 지휘도 보이지 않고 반주자의 피아노 소리도 제대로 들리지 않는다. 아마추어 합창단원들은 이럴 땐 마음이 척척 잘도 맞는다. 빨라진 템포를 원래 템포로 되돌리려 지휘자와 반주자만 애가 탄다. 그런데 아무리 훌륭한 지휘자라 해도 순간적으로 템포를 바꿀 수는 없다.

속도 변화에는 '갑자기'가 없다. 악상 기호 중에 '갑자기'라는 표현은 '갑자기 여리게(Subito Piano)' 혹은 '특별히 세게(Sforzando)' 같은 강약을 표시할 때 쓰인다. 속도 변화를 뜻하는 악상 기호로는 '점점 빠르게(Accelerando)' '점점 느리게(Ritardando)'처럼 점진적인 변화를 나타낸다. 리듬의 변화는 자연스럽게, 부지불식간에 이루어져야 조화롭기 때문이다.

갑자기 일어나는 속도의 변화는 '사고'다. 달리던 자동차의 속도가 갑자기 느려지는 경우는 급정거를 했거나 앞차와 부딪힌 상황이다. 속도의 흐름을 거스르고 무리하면 위험이 따른다. 트레드밀의 속도를 2레벨에서 7레벨로 갑자기 바꾸면 스텝이 꼬여 넘어진다.

공포 영화가 무서운 이유는 음악 때문이다. 특히 부적절한 템포는 공포심을 극대화한다. 갑자기 빨라지는 배경음악과 갑자기 멈추는 소음, 갑자기 들려오는 비명 소리, 혹은 긴박한 극의 전개와는 맞지 않는 느린 음악 등. 정상적인 리듬을 깨트리는 자극이 부자연스러움을 넘어 불안으로, 마침내 공포로 연결된다.

이렇듯 템포가 서서히, 자연스럽게 변할 수밖에 없는 원리를 이해하면 의도적으로 템포를 변화시키려 할 때 어떻게 해야 할지 구체적인 활용 지침이 생긴다.

예를 들면 이런 거다. 우울증으로 만사 귀찮고 힘들어하는 친구에게 리듬의 변화를 줘서 활기 넘치게 해주겠다며 빠르고 시끄러운 음악이 흐르는 클럽에 갔다고 치자. 그곳의 크고 빠른 음악이 친구에게는 소음일 수 있고, 심한 경우에는 고통일 것이다. 그의 움직임에 어떤 영향도 줄 수 없다.

그러나 본래 갖고 있는 리듬보다 조금 빠른 음악, 혹은 템포는 거의 같지만 그저 약간의 생기가 도는 음악을 들려주면 얼굴에 화색이 돌면서 식욕도 생긴다.

그래서 우울할 때 산책을 하라는 거다. 우울감에 몸이 처져 있을 때는 조깅보다 가벼운 산책이 맞다. 집 앞을 15분 정도 산책하는 정도의 리듬환기면 충분하다.

반대의 경우도 마찬가지다. 몸의 움직임이 부산하고 빠른 아이가 조금 차분해지기를 원한다고 해서 아이의 움직임보다 훨씬 느린 음악을 들려주면 몸의 움직임에 아무런 영향도 미치지 못한다. 의미 없는 BGM(Background Music)이 되고 만다. 아이의 귀에 들리지도 않고 지나쳐버린다.

아이의 리듬이 1분에 120 정도의 비트라면, 갑자기 1분에 60비트인 두 배나 느린 음악을 들려주면 안 된다. 1분에 112 정도로, 아이가 여전히 흥겹게 느낄 음악이지만 아이의 리듬보다는 조금 느린 음악을 들려준다. 그러면 무의식중에 아이의 리듬이 조금 느려진다. 그렇게 차츰 진정시키는 작전(?)이 필요하다

리듬은 동화하려는 현상이 있다. 예를 들면 음악회장에서 열심히 박수를 치다 보면 어느 순간 2,000여 명의 청중이 같은 비트로 박수를 치고 있는 것을 경험하게 된다. 이는 서로 다른 리듬이 동화하려는 성질을 갖고 있기 때문이다. 물론 그 차이가 큰 경우에는 동화 작용이 일어나지 않는다. 속도의 변화를 성공적으로 이루려면 바로 이 **리듬동화 현상**(Rhythm Synchronization, 비슷한 빠르기의

서로 다른 리듬이 같아지려는 현상)을 활용해야 한다는 뜻이다(258쪽 참고). 아마추어 합창단이 무대에서 빠르게 연주하는 것도 리듬동화 현상의 결과다. 리듬동화는 느린 것이 빠른 것에 잘 전염된다. 반대의 경우는 조금 어렵다. 우울한 친구에게 기운을 북돋는 것이 부산스러운 아이를 차분하게 만드는 것보다 쉽다는 이야기다.

좀비의 움직임이 무서워 보이는 이유

음악성이 부족한 사람이라는 뜻으로 흔히 '음치'라는 표현을 쓴다. 음의 높이를 정확히 못 맞추는 사람이라는 뜻이다. 그런데 사실 음치보다 심각한 건 '몸치'다. 몸이 마음같이 움직여주지 않고 말을 듣지 않는 상태다. 다른 말로 '리듬치'라고 표현할 수 있겠다. 음의 높낮이를 구별하지 못하는 것보다 리듬을 못 맞추는 것이 음악을 하는 데 더 큰 걸림돌이 된다.

우리 몸은 뇌에서 지시한 것을 행동으로 옮기도록 프로그래밍되어 있다. 우리가 스스로 생각한 것을 지시하는 경우도 있고, 우리의 생각과는 상관없이 알아서 지시하는 경우도 있다.

걸음을 걸을 때, 걷는다는 행동이 아주 자연스러운 몸은 더 이상 '왼발, 다음에는 다시 왼발 아니고 반드시 오른발, 왼발, 다음에는 오른발' 하고 생각하지 않는다. 그렇게 일일이 다음 순서에 대한 명령을 내리지 않아도 몸은 감각적으로 너무나 '자연스럽게 걷는다'. 뇌의 명령을 인식할 필요도 없이 이미 몸이 움직인다는 말이다.

숨을 쉬는 것도 리듬이다. 들숨, 날숨의 순서를 명령하지 않아도 알아서 '자연스럽게 숨을 쉰다'. 그 행동이 갖고 있는 리듬의 패턴이 충분히 몸에 잘 맞기 때문이다. '불수의근'이라든지 '자율신경계' 같은 의학용어는 몰라도 된다. 우리 몸이 알아서 움직이는 리듬이 꽤 많다는 것만 기억하자.

처음 걸음마를 시작하는 아기들의 한 걸음 한 걸음이 조마조마한 것은 아직 아기들에게 걷는 리듬에 대한 패턴이 없기 때문이다. 아기들은 방금 뗀 발을 다시 떼려다 넘어지고, 두 발로 서 있다는 사실에 놀라 넘어지고, 예상한 보폭보다 발이 멀리 나가거나 조금 나가서 중심을 잃고 넘어진다. 그렇다고 해서 아기들이 '왼발 다음은 오른발'이라는 공식을 머리에 넣고 나서야 자연스럽게 걷는 몸의 리듬을 얻는 것이 아니다. 감각적으로 자연스러운 걷기의 패턴을 몸으로 찾아낸다.

몸을 움직여 익히는 것은 어릴 때 배우는 것이 좋다고들 한다. 바이올린 연주자가 되려면 적어도 몇 살에 시작해야 한다든지, 프로 골퍼가 되려면 언제 골프를 시작해야 하는지 이야기하는 이유는 모두 몸의 리듬 때문이다. 생각이라는 게 많아지기 시작하면 몸으로 익히는 것들을 방해할 확률이 높아진다. 몸이 알아서 해야 할 일을 분석하고 부분부분 연습하다 보면 전체적인 작동 원리가 망가지기도 하기 때문이다.

나이가 들면서 내 몸을 내 맘대로, 내 생각대로 움직이는 데 자신감이 점점 떨어진다. 음식을 먹다가 침이 흐른다든지, 사레가 잘 들린다. 머리로 생각한 말 따로, 입으로 나오는 말 따로인 일들이 자꾸 생긴다. 또 생각만큼 몸이 따라주지 않아 예기치 않은 실수나 사고가 일어나기도 한다. 빨리 달릴 수 있을 것 같아 달리다가 마음만큼 따라주지 못하는 몹쓸 다리 때문에 넘어진다든지, 설거지를 하다가 손의 힘이 빠지면서 그릇을 떨어뜨리는 일들이 점점 자주 일어난다.

이렇듯 사소한 일상의 상황도 있지만, 이러한 부정합 상태가 심한 경우도 있다. 이런 경우, 지체부자유 혹은 지체장애라고 표현하며 병증으로 분류한다. 지체부자유 상태는 굉장히 무섭고 두려운 상태다. 내 몸이 내 맘처럼 움직여주지 않는 것만큼 두렵고 불편한 일은 없다.

그래서 좀비가 무서워 보이는 거다. 영화 속 좀비들의 움직임을 보면 분명 무슨 생각을 하는 듯 보이지만, 몸이 그 생각을 따르는 것처럼 보이지는 않는다. 오로지 먹잇감을 찾아 헤매는 포식자로서의 행위만 한다. 몸놀림도 일반적이지 않고 부자연스럽다. 마치 몸 따로, 정신 따로 움직이는 것처럼 보인다.

예측할 수 없는 리듬의 전개 방식은 컨트롤이 불가한 지점에 있기 때문에 무섭다. 깊고 어두운 밤, 골목길에는 가로등 하나가 겨우 불을 밝히고 있다. 이 으슥한 골목길을 여자 혼자서 걷고 있다고 가정해보자. 아무 소음도 없던 길에 갑자기 여자의 등 뒤로 묵직하고 분명한 남자의 발자국 소리가 들리기 시작한다. 발자국 소리가 점점 더 빨라지고 크게 들린다. 차도 지나지 않는 고요한 밤의 골목에서, 속도의 변화를 이해할 수 없는 발자국 소리는 앞서 걷는 여자를 불안에 떨게 만든다. 여자는 계속 걸을지, 방향을 틀지, 걸음을 멈출지, 등 뒤를 향해 가방을 냅다 집어 던질지, 도무지 판단할 수 없는 혼란에 빠져 걸음이 엉키고 결국 자기 발에 걸려 넘어지고 만다.

이해와 예측이 불가능한 상태는 이렇듯 일상성을 깨고 부정적인 혼란을 몰고 온다. 뒤따라오는 남자가 아예 다다다 뜀박질을 했다면 훨씬 덜 무섭다. 비척비척 술 취해 걷는 소리였어도 덜 무섭다. 발자국 소리의 이유를 알 수 있으니까. 결국 예측 안 되는 리듬이 나빴던 거다. 이해가 안 되는 리듬은 자신도, 상대도 두렵게 만드는 아주 안 좋은 상태다.

TIP

리듬교란(Rhythm Mismatching)
몸 따로, 맘 따로인 상태를 말한다. 의학적인 수준으로 이야기하면 너무 무겁고, 일상에서 일어나는 소소한 미스 매칭이라고 보면 된다. '몸치' '리듬치'도 여기에 속한다. 유난히 몸 쓰는 일에 둔한 사람이 있다. 머리가 나쁘지도 않고 어떻게 하라는 말인지 머리로는 다 이해했는데, 몸이 도저히 따라주지를 않는 경우 말이다. 이런 경우 훈련을 통해 최대한 미스 매칭의 간극을 좁히려 노력하는 것이 노화를 늦추는 길임을 기억하자. 리듬훈련이 곧 안티에이징이다.

◆

2장의 제목이 '듀엣(Duet)'인 것은 우리의 삶이 늘 누군가와의 관계로부터 시작되고, 그 관계로 인해 감정을 주고받는 것의 연속이기 때문이다.

아이가 태어나면 엄마와의 관계가 중요하고, 자라면서 친구들이 생기며, 연인이 생기고, 결혼을 한다. 그리고 아이를 낳아 엄마도 되고, 아빠도 된다. 직장 생활에서는 직장 동료들을 사귀고, 업무와 관련된 다양한 사람을 만나며 끊임없이 관계를 맺어간다.

관계에서 가장 중요한 것은 서로의 리듬을 주고받는 과정이다. 같은 사람이 같은 말을 했다고 해도 받아주는 사람이 어떻게 받느냐에 따라 땅에 떨어지는 말이 될수도 있고, 주옥과 같은 명언이 될 수도 있다. 리액션이 중요하다는 이야기다. 이 리액션들의 조합을 상호작용이라고 한다. 누구나 성공적인 상호작용을 하고 싶어한다. 하지만 그것이 어떻게 가능한지에 대한 방법론은 흔치 않다. 그래서 여러 가지 제안을 해본다. 음악과 리듬이 도움이 될 것이라 확신한다.

02

◇◇◇◇◇◇◇◇◇◇

듀엣 Duet
관계를 이끄는 리듬의 기술

가장 가까운
사람들과의 이중창

~~~~~~~~~~

제비족: 특별한 직업 없이 유흥가를 전전하며 돈 많은 여성에게 붙어 사는 젊은 남자를 속되게 이르는 말(네이버 국어사전)

1970~80년대 중동 건설 붐의 부작용으로 생긴 단어, 제비족. 카바레에서 춤바람 난 여성의 상대 남자를 지칭하는 말이다. 그때 부터였던 것 같다. 춤은 남자가 잘 추어야 한다는 선입견 말이다. 대부분의 영화에서 여자는 수줍어하고 춤을 배운 경험이 없는 반면, 매력적이고 세련된 남자는 춤을 잘 춘다. 먼저 춤을 추자고 제안하는 사람은 당연히 남자고, 여자가 춤을 출 줄 모른다고 답하면 남자는 반드시 이렇게 말한다.

"내가 하는 대로 몸을 맡기면 됩니다."

지난겨울 남미 여행을 다녀온 제자는 그게 아니더라며 흥분해서 이야기한다. 탱고의 나라 아르헨티나의 수도 부에노스아이레스에 가면 탱고 관련 문화 상품이 너무 많단다. 그래서 그도 탱고 교습소에 가게 되었는데, 교습소 여자 선생님과 춤을 춰보니 남자가 잘 못해도 여자가 잘 추면 멋진 댄스 커플이 탄생하더라고 했다. 일단 여자가 멀리 도망갈 듯이 손끝만 잡혀 있는 상태로 온몸을 쭉 펴고 멀어졌다가, 당기려는 시늉만 해도 뱅글뱅글 돌며 훅 다가오고, 다시 밀어내려 시도하면 다시 저 멀리 멋진 포즈로 서 있으니 황홀하더라며 신나서 떠든다. 여자의 리액션이 더 중요하더라는 이야기다.

다 리듬 때문이었어

여자와 남자가 커플이 되어 추는 모든 춤은 남자보다는 여자의 동작이 아름답고 화려하다. 남자는 축이 되고 여자는 그 주변을 멋지게 돈다. 김연아 선수가 등장하기 전까지 피겨스케이팅을 보는 재미는 페어스케이팅에 있었다. 여자의 발을 잡고 남자가 돌기 시작하면 원심력에 날아가버릴 듯한 여자의 몸짓이 너무나 아름다웠다. 그때 나는 늘 생각했다. 여자는 가벼워야겠구나.

남성성과 여성성에 관해 이야기하면 중세적 사고방식을 갖고 있는 사람으로 취급받으니 많이 조심스럽다. 여성이 당하는 불합리한 사회구조적 문제는 개선되어야 마땅하다. 다만 여성이 여성스럽고 남성이 남성스러울 때 사회도, 가정도 조화로울 수 있다고 생각한다. 남녀 역할에 대한 평등한 구조가 완성된다 해도 한 사람은 축이 되고 한 사람은 그 주변을 도는 아름다움을 포기하지는 말았으면 한다. 물론 각각의 회전축이 서로 엇갈리며 뱅글뱅글 도는 장면도 아름답다. 하지만 그 장면만으로 전체를 구성한다면 많이 어지러울 것이다. 회전축이 하나였다가 둘로 갈라지기 때문에 아름다운 거다. 따로도 돌고, 같이도 돌아야 멋진 커플이다.

부부의 리듬을 이중창으로 맞춰보자

성악가 중에 혼자는 노래를 잘하면서 듀엣이나 중창으로 노래하는 것을 불편해하는 사람이 종종 있다. 자신의 목소리를 맘껏 뽐내지 못해서 싫어하는 사람도 있고, 함께 연주하려면 음정의 피치가 정확해야 하는데(피치가 정확하지 않으면 화음이 되지 않는다) 정확한 음정으로 노래 부를 실력이 안 되는 경우도 있다. 혹은 곡의 해석을 두고 의견을 조율해야 하는 과정을 불편해하는 사람도 있다. 진짜 실력 있는 연주자들은 솔로도 잘하고 앙상블 연주도 잘한다. 어설픈 연주자들이 이런저런 이유를 들어 솔로를 고집한다. 마치 솔로 연주자가 앙상블 연주자보다 연주 실력이 좋은 것처럼 포장하기도 한다.

1인 가구가 늘어가는 현상을 시대의 흐름으로 바라보는 시각이 지배적이다. 그런데 나는 조금 불안하다. 혹시 어설픈 연주자들처럼 함께 더불어 살아가는 삶이 어려운 건 아닌지, 함께 살아가는 것보다 혼자 사는 것을 행복하다고 우기는 건 아닌지 의심이 생긴다. 50년을 함께 산 부부들이 '졸혼'이라는 걸 하기 시작했다. 평생을 듀엣으로 연주하다가 뒤늦게 솔로로 데뷔하겠다고 하니 어딘가 불안하고 석연치 않다. 음악가들은 나이가 들어갈수록 독창과 독주보다는 앙상블 연주를 좋아하고 많이 한다. 더 이상 독창이나 독주를 하기에 실력이 부족해서가 아니다. 연륜 있는 음악가들은 함께 하는 즐거움을 잘 알기 때문이다.

호흡이 잘 맞는 앙상블 연주에서 혼자 하는 연주로는 느끼기 힘든 소름 돋는 전율을 경험할 수 있다. 한 사람, 한 사람이 최상의 연주를 하며 몰입했을 때에만 가능하다. 환상적인 듀엣의 연습 과정은 혼자 연주하는 것보다 훨씬 고되고 어렵다. 하지만 그 기쁨을 알고 나면 솔로 연주만으로는 갈증이 해소되지 않는다. 성숙한 음악가가 앙상블 연주를 좋아하듯, 우리들 삶도 그랬으면 좋겠다.

　이중창 곡의 구조를 살펴보면 우리네 인생을 보는 것 같다. 우선 한 사람이 솔로로 노래한다. 같은 멜로디를 음역을 달리해서 다른 한 사람이 솔로로 노래한다. 그러고는 둘이 함께 노래한다. 한 사람은 높은 음역을, 다른 한 사람은 낮은 음역을 담당한다. 음역을 교차하며 노래 부르는 일은 흔치 않다. 한참을 함께 연주하다가 또다시 따로따로 노래하기도 하지만, 곡의 마지막 부분은 둘이 함께 노래한다. 웅장하고 화려한 마무리는 듣는 사람의 마음을 열어준다. 어떤 곡은 마지막 두어 마디를 한 사람이 노래하며 마무리 짓기도 한다. 그런 곡은 조용히, 그리고 차분히 마무리된다.

　눈을 뜨기 힘든 가을보다 높은
　저 하늘이 기분 좋아
　휴일 아침이면 나를 깨운 전화
　오늘은 어디서 무얼 할까
　창밖에 앉은 바람 한 점에도
　사랑은 가득한걸
　널 만난 세상 더는 소원 없어
　바램은 죄가 될 테니까
　　　　　　　－〈10월의 어느 멋진 날에〉 중에서

이중창 곡의 둘이 함께 노래하는 부분에서 한 파트가 멜로디를 담당하면 다른 한 파트는 화음을 보완하는 역할을 한다. 물론 둘의 역할이 뒤바뀌기도 한다. 멜로디는 그 자체만으로도 아름다운 노래가 되지만, 파트너의 화음이 함께하면 더욱 풍성한 아름다움으로 채워진다. 주인공인 멜로디 자리를 차지해도 잘난 체하거나 거들먹거리지 않으며, 화음으로 조연이 된다고 위축되거나 소심해지지 않는다. 두 사람의 볼륨의 밸런스도 잘 맞아야 한다. 어느 한쪽이 지나치게 크거나 작아도 안 되지만, 멜로디보다 화음이 커서도 안 된다. 두 사람의 템포는 철저하게 같아야 한다. 잠시 혼자 부르는 순간에는 자유로운 템포로 부를지라도, 함께 부르는 순간에 어느 한쪽이 느려지거나 빨라지면 그 연주는 실패. 서로 다른 가사로 함께 노래하기도 하는 오페라 이중창의 경우 더더욱 서로 조화를 이루려고 노력해야 한다. 청중이 두 사람의 이야기를 모두 들을 수 있어야 하기 때문이다.

두 사람이 함께 노래하는 이중창처럼, 삶을 노래하는 이중창이 부부다. 아내는 남편이 주인공이 되도록 배려하지만, 남편이 성장하는 만큼 함께 성장해야 한다. 아내가 사회생활을 잘하도록 남편도 배려해야 한다. 어느 한쪽의 목소리만 유난히 커서도 안 된다. 가끔은 각자의 개성을 살려 혼자 노래하고, 가끔은 함께 화음을 맞춰 노래하는 게 부부다. 말 그대로 따로, 또 같이 가야 한다.

매사에 함께해야 한다는 부담을 주면 안 되지만, 그렇다고 따로따로로 하는 게 더 좋다며 자꾸 혼자만 노래할 일도 아니다. 이중창의 아름다움을 안다면 끝까지 함께 성공적인 연주로 마무리했으면 좋겠다. 나 스스로 해보는 다짐이기도 하다.

사춘기 아들과의 이중창

> 엄마: 정재야!
>
> 정재: 네! (메조피아노(mp): 중간 정도로 여리게)
>
> 엄마: …….
>
> 정재: 네~~? (메조포르테(mf): 중간 정도로 세게)
>
> 엄마: …….
>
> 정재: 왜요? (포르테(f): 세게)
>
> 엄마: …….
>
> 정재: 엄마, 왜요~~~? (포르티시모(ff): 매우 세게)
>
> 엄마: …….
>
> 정재: 아, 엄마! 왜요, 왜~~~! (포르티시시모(fff): 가장 세게)

아들의 입장

침대에 기대앉아 핸드폰 게임을 신나게 하는 중이다.

주방에서 식사를 준비하던 엄마가 부르신다. "정재야!"

손으로는 게임을 계속하며 대답한다. "네!"

대답을 했는데 엄마는 대꾸를 안 하신다.

혹시 못 들으셨나 싶어 조금 더 큰 소리로 대답해본다. "네~~?"
어라? 그래도 엄마의 반응이 없다. 이번엔 다른 대답을 해본다.
"왜요?"
목소리는 점점 커지고, 슬슬 짜증이 나기 시작한다.
"아니, 왜 불러놓고 말을 안 하시는 거야!"
투덜거리며 주방으로 간다.

엄마 입장

김치를 담그느라 손에는 고춧가루 범벅인데, 핸드폰 진동이 울린다.
액정을 보니 남편의 전화다.
일단, 아들에게 도와달라 하려고 부른다. "정재야!"
그런데 아들은 오지 않고 핸드폰은 뱅글뱅글 돌아가며
계속 울린다.
이런 상황에 전화하는 남편도, 불러도 오지 않는 아들도
모두 짜증난다.
아들의 대답 소리가 점점 커진다.
와서 엄마 핸드폰을 받아보라고 이야기하고 싶지만
소리 지르며 오라 하기엔 귀찮다.
자기 방에서 꼼짝 않고 대답만 하는 아들도 밉고,
벨이 몇 번 울려도 안 받으면 일하느라 못 받나 보다 하고
끊어주면 좋으련만 끊지 않는 남편도 밉다.
핸드폰에 신경 끄고 김치 담그는 일에 집중하려 애쓴다.

한참을 울리던 핸드폰이 조용해지고 난 후
아들이 투덜거리며 나타난다.

모든 관계의 갈등은 이런 식으로 시작된다. 아들은 엄마가 불렀을 때 뭔가 내 도움이 필요한가 보다 생각하며 하던 게임을 멈추고 벌떡 일어나 주방으로 갔다면 좋았을 것이다. 아빠에게 엄마는 지금 김치 담그는 중이라 전화 받으시기 곤란하다고 이야기를 했다면, 나중에 엄마와 아빠가 통화했을 거다.

엄마는 아들이 대답했을 때 조금 귀찮고 짜증스러워도 엄마 전화가 울리는데 대신 좀 받아달라고 외쳤다면 좋았을 것이다. 그랬다면 아들도 말로만 대답하지 않고 좀 더 일찍 주방으로 왔을 거다.

아들은 엄마가 부른 이유를 말해주면 움직이려 했고, 엄마는 아들이 오면 말하려 했다. 단지 그 차이였는데 결과는 두 사람 모두 짜증나는 상황이 되어버렸다.

이처럼 우리는 누구나 내가 원하는 방식으로 상대가 반응해주길 기대한다. 그런데 기대대로 되지 않으면 화가 난다. 대부분의 불화는 이처럼 간단한 **리듬오차**로 인해 시작된다. 리듬이 꼬이면 삶이 엉켜버린다.

가까운 사람일수록, 사랑하는 사람일수록 이런 상황은 더 자주 일어난다. 내 성격을 아는 상대가 어떻게 이렇게 반응할 수 있냐며 서운해한다.

독일에서 공부하던 시절, 혼자 사는 친구들의 기숙사에 가면 공통적으로 독특하게 가구가 배치되어 있었다. 식탁이 벽에 붙어 있고, 그 벽에는 거울이 걸려 있었다. 공부하고 잠잘 때는 혼자라는 사실이 그다지 외롭지 않은데, 식사 시간에는 많이 외롭다고 했다. 거울 속 자신의 모습을 보며 중얼중얼 이런저런 이야기를 하며 식사했을 친구를 생각하니 마음이 짠했다.

혼밥, 혼술이라는 신조어가 이제는 더 이상 신기하거나 새롭지 않다. 혼자 밥 먹는 사람이 너무 많고, 그걸 외롭다 말하거나 불편해하는 사람은 촌스러운 시대가 되었다. 그래도 밥은 누군가와 함께 먹으면 훨씬 맛있다. 복스럽고 맛있게 먹는 사람과 식사하면 기분이 좋다. 혼자 하는 식사는 후다닥 허기를 채우거나 한 끼 때우는 수준이 된다.

10년 전쯤, 도쿄에서 혼자서도 식사할 수 있는 구조로 되어 있는 라면집과 돈가스집을 처음 봤을 때 너무 신기했다. 옆 사람과 시선이 마주치지 않도록 테이블 위에 칸막이가 되어 있었다. 옆 사람 답안지를 커닝하지 못하도록 책가방을 올려놓던 학창 시절 책상 같았다. 혼자 밥 먹는 사람이 얼마나 많은지, 그들의 성향이 어떤지 알 수 있을 것 같았다. 어떤 곳은 의자 맞은편이 주방과 통해져 있는 구조였고, 어떤 곳은 배식구 같은 작은 틈으로 음식이 나오기도 했다. 혼밥족이 아무리 많아져도 우리나라에 일본 같은 칸막이 식당은 안 생길 것 같다. 혼자 밥 먹는 자신을 보는 시선보다, 답답한 작은 공간에서 밥 먹는 것을 불편해하는 사람이 더 많다.

가장 가까운 가족 간의 이중창에 성공해야 다른 이중창도 수월하다. 형제 간의 이중창을 경험하지 못한 아이들이 학업 스트레스 와중에 교우 관계를 맺으려니 이런저런 문제가 생기는 거다. 부모 자식 간의 상호작용도 아주 어린 시절 소꿉놀이로만 해볼 뿐, 초등학교에 입학하면서부터는 놀이도 학습이고 학습도 놀이로 경험했으니 이중창이라는 게 뭔지도 알기 어렵다. 아이들에게 리듬활동을 열심히 가르쳐야 하는 이유가 여기에 있다.

몸의 리듬을 바꾸면, 마음의 리듬도 바뀐다

음악 교육은 단순히 음계를 짚고, 악기를 다룰 줄 알게 만들고, 연주할 수 있는 곡의 수준을 높여가는 데 있지 않다. 음악 교육은 단순한 테크닉 훈련이 아니기 때문이다. 음악 교육은 우리 몸 깊숙한 곳에 감춰져 있던 본능적인 감각과 흥을 몸 밖으로 끌고 나와 풍부한 양식으로 표현하게 하는 방법을 알려준다. 우리는 이 경험들을 이용해 다른 사람과 상호작용하는 데 유용하게 활용한다. 다양한 자극과 경험이 삶의 가치를 높여주고, 문화를 공유하게 한다. 특히 음악의 리듬을 적절히 활용할 줄 아는 능력은 대인관계 지능을 높여준다.

　우리 음악원에는 다양한 성향의 아이들이 찾아온다. 음악은 마음을 열고 나를 표현하는 게 중요한 작업인데, 이게 맘같이 잘되지 않는 아이들도 꽤 있다. 사람들은 마음을 바꾸면 무슨 일이든 잘할 수 있다고 너무나 쉽게 말한다. 예를 들면 "'할 수 있다'고 긍정적으로 생각하라"라는 식이다. 물론 자기암시 효과가 있다. 중얼거리며 생각이 바뀌는 경험을 하기도 한다. 하지만 정말 변한 것은 생각이 아니라 몸이다. 스스로에게 용기가 되는 말을 자꾸 해줌으로써 필요 이상으로 긴장하고 있는 몸이 적절히 풀리면 제대로 자기 능력을 발휘할 수 있다. 너무 떨려서 숨을 들이쉬어도 산소 공급이 제대로 되지 않는 호흡곤란 상태라면, 자기최면보다 내쉬는 호흡을 길게 할 수 있도록 누군가 곁에서 호흡을 보여주는 게 훨씬 효과적이다. 이렇듯 마음의 변화로 몸이 바뀌기를 기다리기보다는 바로 효과를 볼 수 있는 간단한 방법들이 의외로 많다. 그게 바로 리듬훈련이다.

마음은 그렇게 쉽게 표정을 바꾸지 않는다. 마음은 말 한마디로 쉽게 바뀌지 않는다는 걸 알고는 있지만, 실제로 무엇을 어떻게 바꾸어야 마음이 바뀌는지 구체적인 대안이 없어서 그동안 자꾸 마음 이야기만 한 거다. 대안은 음악 교육에 있다.

초등학교 아이들에게 많이 시도하는 바디퍼커션(Body Percussion), 신체의 두드림을 통해 리듬을 익히는 활동 중에 한 가지를 소개하면 이렇다. 우선 '빔' '밤' '비리'의 세 가지 가사로 이루어진 아주 간단한 노래를 익힌다. 그리고 각 가사에 맞는 동작을 정한다. 예를 들면 '빔'이라는 가사가 나올 때는 박수를 치고, '밤'이라는 가사가 나올 때는 양손을 옆으로 벌리며 손가락을 튕긴다. 그리고 '비리'를 부를 때는 양손으로 허벅지를 두드린다. 이렇게 움직이며 노래를 부르다 보면 본래 가지고 있는 신체리듬이 나타난다. 노래 부르랴, 동작하랴, 정신이 없으니 예쁘게 하거나 자기 본래의 신체리듬을 바꿀 여력이 없다. 그때 살펴보면 대부분의 사람은 크게 두 그룹으로 나뉜다. 겨드랑이 사이를 약간 벌려 편안해 보이는 사람과 팔이 몸통에 딱 붙어 겨드랑이 사이가 벌어지지 않아 불편해 보이는 사람이다. 겨드랑이 사이의 간격은 그대로 자신감과 비례하고, 조심스럽고 소심한 성격일수록 팔이 딱 붙어 있게 된다.

리듬활동이 이렇듯 성격 유형을 판단하는 도구로만 쓰인다면 그리 좋은 활동이 아니다. 활동이 익숙해지면 차츰 팔이 몸으로부터 자유로워진다. 또 일부러라도 겨드랑이 사이를 벌리고 활동 하면 훨씬 자신감이 생긴다. 이런 활동을 한두 번 해본다고 어떤 효과를 기대할 수는 없다. 하지만 3개월, 6개월, 1년 정도 이와 유사한 다양한 리듬활동을 하다 보면 아이들의 성향이 적극적으로 바뀌는 것을 발견하게 된다.

어깨를 들썩이며 움직여서 겨드랑이를 한 번 떼는 것. 말로 하자면 간단하지만, 기운이 바깥으로 향하지 않는 내성적인 에너지의 아이들은 겨드랑이를 한 번 떼는 이 동작을 처음에 굉장히 어려워한다. 겨드랑이의 그 작은 틈이 뭐라고, 엄청난 용기가 필요한 아이들도 있다. 그리고 실제로 이렇게 몸의 리듬에 변화가 생길 만큼 마음을 여는 일은 많은 시간이 필요하다.

이때 겨드랑이 사이의 간격이 마음의 힘이라고 볼 수 있다. 단순한 동작을 계속해서 반복한다. 겨드랑이를 떼는 용기를 내는 것을 힘겨워하는 아이들에게는 겨드랑이 사이의 간격이 생길 수 있도록 가벼운 휴지나 작은 공 같은 걸 넣어주기도 한다. 그런 식으로 조금씩 그 간격을 넓혀가고, 박자를 맞춰간다. 동작은 점점 예뻐지고, 처음에는 무겁기만 하던 어깨도 점점 가볍게 펄럭일 수 있게 된다.

기쁜 일이 있어서 웃기도 하지만 억지로라도 웃다 보면 기분이 좋아지는 심리 변화와 같은 효과다. 적극적이고 자신감 넘치는 아이는 자연스레 겨드랑이 사이를 벌리고 활동하지만, 그렇지 않은 아이라도 일부러라도 벌리고 리듬활동을 하다 보면 어느새 자신감이 생긴다. 일단 한번 해보자. 노래 부르며 몸을 움직이는 단순한 활동이니 돈이 드는 것도, 시간이 많이 드는 것도 아니고, 더구나 많이 한다고 부작용이 생기지도 않으니 말이다.

마음의 힘이 생겨서 몸 안에 있던 흥이 밖으로 튀어나오기 시작하는 것은, 날지 못하던 어린 새들이 날갯짓을 배우는 것처럼 아주 아름답고 중요한 도약이다. 겨드랑이를 뗄 수 있게 되면, 그다음에는 발도 움직일 수 있고 가르쳐주지 않아도 고갯짓에도 흥을 실게 된다. 아이의 리듬이 몸 밖으로 빠져나올 수 있는 통로를 만들어준다고 볼 수 있다.

소극적인 아이들에게 이 공간의 확대는 세계가 바뀌는 아주 중요한 경험이 된다. 동작을 더 예쁘게 할 수 있는 것이 중요한 게 아

니라, 아이가 품을 수 있는 세상이 넓어지는 것이다. 이렇게 몸의
리듬이 바뀌면 마음의 리듬도 바뀐다.

〈겨드랑이 간격이 자신감이다〉

TIP

상호작용(Interaction)

원만한 대인관계 형성을 위한 의사소통 방식의 핵심 키워드다. 많은 교육학자와 심리학자가 그 중요성을 강조한 덕분에 요즘은 대부분의 엄마들이 잘 알고 있다. 아이의 발달 과정에서 엄마와의 올바른 애착 관계 형성과 상호작용이 아이의 평생을 좌우한다는 것은 의심의 여지가 없다. 아이와의 올바른 놀이법, 건강한 자극, 엄마의 반응 방법을 배우려는 엄마들도 많다. 문제는 상호작용이라는 것이 매뉴얼처럼 '이럴 땐 이렇게 하면 된다'고 규정 지을 수 없다는 데 있다.

상호작용이 잘되는 사람은 평생 사랑받는다. 아이의 발달 과정에만 필요한 것이 아니라는 이야기다. 어느 그룹에나 말귀 못 알아듣는 사람이 꼭 있다. 콕 집어서 다시 해석해주지 않으면 의사소통 자체가 힘든 경우도 있다. 이런 사람들이 점점 늘어가는 추세다. 컴퓨터와 스마트폰이 일조하는 게 분명하다.

그러므로 사람과 사람이 만나 부대끼며 할 수 있는 활동을 의도적으로라도 열심히 해야 한다. 바디퍼커션을 권하는 이유이기도 하다.

〈리듬 캐논(Rhythm Canon)―8박자 리듬 놀이〉

상대의 마음을 여는
대화 리듬의 기술

〜〜〜〜〜〜〜

'어, 요, 아.' 이것은 발음하면 곧장 리듬을 불러오는 주문이다. "그랬습니다" "그렇게 했나?" "그랬습니까?"라는 식으로 수직적이고 직선적이어서 경직되어 있는 말의 리듬을, "그랬어?" "그랬어요?" "그랬구나" 하고 '어, 요, 아'는 부드럽게 풀어준다. 리듬이 경직되어 있을 때는 찾을 수 없던, 짧은 말 안의 억양과 방점까지 만들어낸다. '어, 요, 아'로 말을 맺는 이 간단한 형태의 변화는 리듬 경직 현상에서 벗어나도록 리듬패턴을 만들어내는 한 예라고 볼 수 있다.

패턴을 바꾼다는 이야기는 쉽게 말하자면 뻣뻣한 분위기를 풀기 위해 부드러운 요소를 가미해 분위기를 전환시킨다는 것이다. 버터나 생크림이 들어가면 요리의 질감이 부드럽고 고소하게 달라지는 것처럼 말이다.

소개팅에 나온 상대 남성이 질문이 없다. 대화를 시도해도 다시 화제를 돌려주지 않는다.

"식사하셨어요?"
"네."
"오는 길에 많이 추우셨죠?"
"네."

소개팅 자리에 마주 앉은 여성은 어떤 기분이 들까? 남성이 사실 이 여성이 너무 마음에 들어 극도의 긴장감을 느끼고 있기 때문이라는 속사정이 있더라도, 여성은 남성과 오늘 만남이 마지막이라고 생각할 것이다. 아니, 얼른 한시라도 바빠 이 자리를 떠나고 싶어진다. 대화의 호흡을 제대로 주고받지 못했기 때문이다. 실패한 대화가 호감을 불러오는 것은 거의 불가능한 일이다.

그렇다면 성공적인 대화의 호흡은 어떤 모습일까? 대화로 호흡한다는 것은 들숨, 날숨처럼 주거니 받거니 탁구공을 치듯 리드미컬하게 말을 주고받는 것이다.

"식사하셨어요?"
"오늘 같이 먹으려고 점심도 조금만 먹고 왔어요. 어떤 음식 좋아하세요?"
"저는 매운 음식 빼고 다 좋아해요."

"저도 매운 음식은 잘 못 먹습니다. 제가 안 매운 음식으로 이 주변 맛집 추천해볼게요."

말투가 곧 메시지다

신체는 각 기관의 기능에 따라 리듬을 만들기도 하고, 외부의 리듬을 흡수하기도 한다. '리듬을 탄다'는 말이 있다. 귀에 들려온 외부의 소리에 이끌려 몸을 흔들어 춤을 추는 모습이 떠오른다. 인간은 외부로부터 전달받은 다양한 자극을 눈, 귀, 코, 혀, 피부 등의 감각기관으로 각 기관의 역할과 성격에 따라 리듬을 만든다. 이 중 가장 빨리, 가장 크게, 리듬을 타는 분위기를 만들어낼 수 있는 것이 바로 '입'이다. 입으로 내는 '소리'.

집중력을 이끌어내는 첫째 기관이 '귀'라면, 장악력의 첫째 기관은 '입'이다. 입으로 나오는 말, 소리, 노래, 음정, 억양. 이것들은 말을 하는 사람의 몸의 태도와 분위기를 전반적으로 이끌어낸다.

말투가 타인과의 대화에서 얼마나 큰 영향력을 발휘하는지 우리는 학교에서, 회사에서, 다양한 장소의 다양한 사람들 속에서 무수히 경험해왔다. 간단한 말 한마디에 기분이 상하기도 하고, 상대방의 배려를 확인하기도 한다. 즐거워지기도 하고, 예민해지기도 한다. 딱딱한 긴장감과 매력적이고도 유머러스한 즐거움이라는 상반되는 느낌을 단 몇 초 만에 뒤집을 수 있는 막강한 능력이 '말투'에 있다.

흔히, 악센트의 구분을 잘 모를 만큼 노래하듯이 자연스럽게 흘러가는 프랑스어에 비해서 독일어는 딱딱하고 남성적인 언어라는 고정관념이 짙다. 독일어는 무성음(無聲音, 성대를 진동시키지 않고 내는 소리)이 강하고, 레가토(legato, 음악에서 계속되는 음과 음 사이를 끊지 않고 원활하게 연주하는 것)보다는 논 레가토(non legato, 레가토의 반대, 음과 음 사이를 끊어서 연주하는 것)의 특징이 강하기 때문이다.

전쟁 영화의 독일군 장교 어투를 통해 경험된 독일어가 대부분인 우리로서는 독일인들이 쓰는 사랑의 언어는 어떤 느낌일지 상상이 잘 되지 않는다. 독일이라는 나라 전체가 무지 삭막할 것만 같다. 하지만 독일인들도 사랑하는 사람과 이야기할 때는 사랑이 느껴지도록 말한다. 안 믿기겠지만 레가토로 부드럽게 이어서 말한다.

독일 친구 울리(울리케(Ullike)의 애칭)와 베를린 필하모니 연주장에 갔다. 공연 시작 한참 전에 좌석에 앉은 우리는 사람 구경을 시작했다. 반대편 객석에 앉은 사람들을 보며 "저 앞에 할머니 혼자 오신 거 같아? 일행이 있는 거 같아?"라고 수다를 떨고 있는데, 동양 여성 두 명이 들어왔다. 울리는 내게 "니 친구들 아니야?"라고 묻더니 바로 "아니, 일본 애들이네"라며 혼자 결론을 내렸다. 둘의 대화 모습을 보고는 나도 그들이 한국인이 아님을 직감했다.

내가 아는 일본어는 두 가지다. 하나는 일본 영화에 등장하는 사무라이 일본어이고, 다른 하나는 "에~~"라고 높고 길게 외치는 걸 좋아하는 젊은 여성들의 일본어다. 사실 일본어는 자음 하나에 모음 하나가 따박따박 짝을 이루다 보니 탁탁 끊기는 어감을 준다. 아무리 레가토로 이야기하려 해도 이어지지가 않는다. 그런 일본어의 단점을 보완하여 사랑스럽게 보이고 싶었던 여자들이 만들어낸 어법일 거라 유추되는 독특한 억양이 있다. 대부분의 일본 드라마에 등장하는 여자 주인공의 말투가 그렇다. 유난히 높은 고음에 콧소리를 잔뜩 넣어 끊어지지 않도록 애쓰며 이야기한다(사실 이 어투는 금방 질린다. 피곤해지기 때문이다).

이 어투는 목소리에 그치지 않고 부드럽고 밝은 인상을 만들어낸다. 대인관계에서 어투가 중요한 것은 표정이 언어의 뉘앙스를 따라가기 때문이다. 언어의 뉘앙스는 행동 양식에까지 영향을 미친다. 고음으로 부드럽게 이어 말하는 언어의 뉘앙스는 눈웃음치며 고개를 귀엽게 까딱까딱하게 만든다. 얼굴이 보이지 않는 공연장 건너편의 관객이 일본인임을 알 수 있을 만큼의 행동 양식을 만들어낸다.

말투는 말을 듣는 상대와 말을 하는 화자 사이의 화학작용을 만든다. 경직된 수직 사회에서 흔히 사용하는 '다나까' 체는 말하는 사람의 어깨도 함께 긴장시킨다. '말'이 유도해낸 경직된 몸의 현상이다. 말투가 관계의 특성을 먼저 규정하는 경우다.

오로지 목소리로만 고객과 소통하는 전화 상담원들의 말투를 살펴보면 목소리가 갖는 의사소통의 장악력과 장단점에 대해 알기 쉽다.

첫째로, 전화 상담원들은 높은 톤으로 말한다. 평상시보다 높은 '솔' 톤의 음성은 낯선 사람이 처음 들었을 때도 위화감 없이 듣기에 좋고 경쾌하다. "네네, 안녕하십니까~?" 하는 개그맨 김영철의 성대모사로 그들의 어투가 독특하다는 것을 새삼 깨닫기도 했다. 또 장시간 통화를 해도 듣는 귀의 피로도가 묵직한 저음의 경우보다 상대적으로 낮다. 마지막으로 발음이 정확하게 들린다. 목소리 톤을 조금 바꾸는 것으로 여러 효과를 동시에 얻게 된다.

- '솔' 톤의 전화 응대가 지닌 장점
① 분위기를 경쾌하게 만든다
② 장시간 대화가 이어져도 듣는 피로가 적다
③ 발음을 정확하게 전달한다.

두 번째 특징은 중요한 맥락은 천천히, 그렇지 않은 문장은 조금 빠르게 말한다는 것이다. 한 문장 안에서도 템포 변화를 두어 정보 전달의 성공률을 높인다.

"2월 21일까지/납부하실 금액은/십이만오천칠백 원/입니다."
← 천천히 → 빠르게 → 천천히 → 빠르게 →

단어의 중요도에 따른 템포 변화는 청각에만 집중된 자극의 피로를 낮추면서 정보를 정확하게 전달할 수 있게 돕는다.

이처럼 말하는 리듬은 단순히 입으로 소리를 내는 것으로 끝나는 게 아니라, 말의 소리에서 몸의 리듬으로, 다시 집중력과 지구력이라는 정서적인 부분에까지 영향을 미친다. '말 한마디로 천 냥 빚을 갚는다'는 속담은 번지르르한 말의 겉모양새로 상대를 현혹시키는 테크닉을 이야기하는 것이 아니라, 소통과 상호 이해의 도구가 되는 말의 영향력에 대한 교훈이다.

꼬리에 꼬리를 무는 대화

대화 호흡의 상호작용에는 대화의 내용도 중요하지만 상대의 대화를 받아내는 중간 연결 고리가 중요하게 작용한다. 주거니 받거니 듀엣으로 노래하듯 맞춰갈 수 있어야 성공적인 대화 패턴이다.

음악에서는 '종지'라는 개념이 있다. 종지는 악곡의 맨 끝부분과 중간중간에 맺는다는 느낌을 주도록 두세 개의 화음을 연결한 형태를 말한다. 비슷한 말로는 '마침'이 있다. '완전 정격 종지'가 대표적인 형태다. 5도 화음과 1도 화음으로 이루어져 있고 멜로디가 근음인 '도'로 끝난다. 깔끔하게 완전히 마친 상태다. 누가 들어도 의문의 여지 없이 곡이 끝난 느낌이 든다.

똑같이 5도 화음과 1도 화음으로 이루어져 있지만 멜로디가 '도'가 아닌 '미'나 '솔'로 끝나는 종지가 있다. '불완전 정격 종지'라고 하는데, 음악용어는 중요하지 않다. 우리가 아는 대부분의 동요 중간 부분이 바로 이 '불완전 정격 종지'다. 끝난 듯 끝나지 않고 계속될 것 같은 열린 상태다.

대화를 열어두고 상대에게 건네주면 상대는 다음으로 연결하기 쉽다. 완결한 상태로 상대에게 건네주면 상대는 마친 상태를 확인하는 것밖에 달리 할 수 있는 것이 없다.

좋은 대화는 꼬리에 꼬리를 물고 이어진다. A - A'- A"- A'" 식으로 대화가 이어지는 것이다. A라는 화제로 시작한 대화를 화자가 완전히 끝내면 이야기는 거기서 끝나거나 B나 C의 다른 화제로 전환된다. 하지만 A를 불완전 정격 종지 상태로 마치면 상대는 A'로 받을 수 있다.

> 산 토끼 토끼야 어디를 가느냐 - (열림) 불완전 정격 종지
> 깡충깡충 뛰면서 어디를 가느냐 - (닫힘) 완전 정격 종지
>
> 떴다 떴다 비행기 날아라 날아라 - (열림) 불완전 정격 종지
> 높이 높이 날아라 우리 비행기 - (닫힘) 완전 정격 종지

말할 때도 '종지'가 작동한다. 예를 들어 혼자만 실컷 이야기하고 끝내버리는 '완전 정격 종지' 습관이 붙은 사람이 있다. 자기 자랑만 실컷 하고 상대에게 기회를 주지 않는 이기적인 대화 패턴이다. 이런 경우 상대는 "아, 네"라며 김빠진 대답밖에 할 게 없다. 속으로 구시렁거리며 욕은 할 수 있어도 겉으로 이야기할 여지가 없다. 대화 호흡을 받을 기회를 한쪽에서 완전히 차단시켜버린다.

대화는 혼자 하는 독창이 아니라 둘이 조화를 이뤄내는 이중창, 이중주다. 부부만 이중창을 부르는 게 아니다. 누구와 함께하든 둘이 만들어내는 모든 조화는 이중창, 이중주다.

종지(Cadence)의 종류

종지는 음악이 끝날 때 사용하는 화성적 구조를 이르는 말이다. 하지만 곡의 맨 마지막에만 종지가 사용되는 것이 아니다. 글을 쓸 때 문장이 길어지면 중간에 쉼표를 사용해가며 읽는 사람의 이해를 돕듯이, 음악에서는 한 악절이 끝날 때 종지 형태를 만들어 중간 마무리를 한다.

① 정격 종지 ┌ 완전 정격 종지(V-I, 멜로디가 '도'로 끝날 때)
        └ 불완전 정격 종지(V-I, 멜로디가 '미' 또는 '솔'로 끝날 때)

② 반종지(II-V)

③ 허위 종지(V7-VI)

④ 변격 종지(IV-I)

〈혼자서는 할 수 없는 손벽치기〉

상호작용이란,
리듬의 패턴을
맞춰가는 과정

~~~~~~~~~~~~~~~~~~~~~

여우야 여우야 뭐 하니?

잠잔다

잠꾸러기!

여우야 여우야 뭐 하니?

세수한다

멋쟁이!

여우야 여우야 뭐 하니?

밥 먹는다

무슨 반찬?

개구리 반찬!

살았니 죽었니?

살았다!

음악원 5세 클래스 아이들은 수업이 끝나도 집에 갈 생각을 안 한다. 수업에 오면 그날 수업 후에는 어떤 놀이를 할 거라며 다짐을 받는다. 그때 가장 많이 하는 놀이가 바로 '여우야 여우야' 놀이다. 다섯 명의 아이가 돌아가며 여우 역할을 하고 난 후에야 집에 간다. 왜 아이들은 이 놀이를 재미있어하는 걸까?

여러 가지 이유를 설명할 수 있겠지만 가장 큰 것은 바로 **순서 주고받기**(Turn Taking)를 하기 때문이다.

위의 표준이 되는 질문과 대답 말고도 아이들은 중간중간 여러 가지 변형을 시도한다. 가끔은 세수하고 난 후에 옷을 입기도 하고, 밥을 안 먹고 놀러 간다고 하기도 한다.

옷 입는 여우는 멋쟁이고, 놀러 가는 여우는 장난꾸러기가 된다. 아이들은 순발력 있게 템포와 박자에 맞춰 대답을 찾아낸다. 반찬이 개구리가 아니고 악어나 캥거루가 되어 질문하는 친구들을 당황스럽게 하기도 한다. 진정한 즉흥연주(Improvisation)를 아는 아이들이다.

의사소통에 대해 다양한 분야의 전문가들이 다양한 설명을 한다. 모두 중요하고 맞는 말이다. 하지만 적절한 의사소통을 연습할 수 있는 방법을 제안해주는 전문가는 드물다. 간혹 전문가들이 권하는 표현을 시도했다가 전혀 다른 반응이 돌아오는 경험을 하고 나면 노력하려던 마음도 없어진다.

상호작용의 가장 중요한 원리는 내 순서가 있고 상대방의 순서가 있다는 것이다. 내 순서에는 적절한 내 역할을 해주어야 하고, 상대방의 순서에는 기다려주어야 한다. 서로 주거니 받거니 하는 표현의 분량도 어느 정도 비슷해야 한다. 불균형한 분량의 상호작용은 성공하기 힘들다.

예를 들면 학창 시절 친구를 오랜만에 만났을 때 반가워서 아이는 몇인지 물었다고 하자. 어떤 친구는 이렇게 대답한다. "응, 아들 하나, 딸 하나야. 큰아들은 초등학교 6학년이고 작은 딸은 다섯 살이야. 둘째 생각이 없다가 생겨서 본의 아니게 늦둥이를 낳았지. 너는?" 그러면 물어본 나도 친구처럼 우리 아이들에 대해 이야기를 할 수 있다. 그런데 어떤 친구는 "아, 둘" 하고 만다. 그러면 나는 또 다른 질문을 생각해야 한다. 이런 친구에게 우리 아이들이 몇 살인지 이야기하기는 쉽지 않다. 이런 식으로 진행되는 대화를 소위 호구조사라 한다. 호구조사가 끝나고 나면 더 이상 나눌 대화가 없다. 공통의 관심사나 대화 소재를 찾아내지 못했기 때문이다.

반대의 경우도 있다. 아이가 몇이냐는 질문의 답으로 시작해서 구구절절 묻지도, 궁금하지도 않은 이야기를 혼자 한참 떠들다가 정작 물어본 내게는 순서를 안 주고 다른 친구에게 관심을 보이는 친구도 있다. 이렇듯 어른들의 세계에서도 적절한 상호작용은 쉽지 않다.

어린아이들은 엄마를 통해 '순서 주고받기(Turn Taking)'를 배운다. 엄마는 항상 적절한 순간에 아이에게 순서를 주고 아이가 자신의 순서를 잘 활용할 수 있도록 기다려준다. 이렇게 익힌 '순서 주고받기'를 또래 집단에서 성공적으로 활용해야 아이의 사회성이 제대로 발달할 수 있다는 것에 이견이 있는 사람은 없을 것이다. 그러나 그 활용을 연습할 수 있는 좋은 음악놀이가 있다는 것을 기억하는 사람은 많지 않다.

'여우야 여우야' 놀이의 하이라이트는 여우가 "살았다!"라고 외치며 뛰어나오는 순간이다. 아이들은 이 순간을 위해 여러 번의 질문과 대답을 견뎌낸다.

나 한 번, 너 한 번, 나 한 번, 너 한 번… 뛰어!

그리고 이 과정은 매우 음악적이다. 아이들은 무의식중에 전체적인 리듬이 4분의 4박자 인템포(In Tempo)로 유지되기를 바라며, 즉흥적으로 변환된 대사의 어절 수에 맞춰 리듬도 스스로 바꿀 수 있는 음악성이 발휘된다. '잠꾸러기' '개구리 반찬' 부분을 악보로 처음 익힌다면 아주 어려울 것이다. 소리로 익히는 음악과 악보로 익히는 음악의 차이를 보여주는 예다. 구전된 놀이를 통해 익힌 리듬의 난이도가 상당히 수준급이다.

여우야 여우야 뭐하 - 니 잠잔 - 다 잠꾸러 - 기 여우야 여우야

뭐하 - 니 세 수 한 - 다 멋 쟁 - 이 여우야 여우야 뭐하 - 니

밥먹는 - 다 무슨반 - 찬 개구리반 - 찬 살았니 죽었니 살았다!
(죽었다!)

사실 순서 주고받기(Turn Taking)는 갓난아기 시절 엄마와의 상호작용을 통해 처음 경험한다. 영아기 엄마의 건강은 아기의 신체적 발달뿐 아니라 정서적 발달에 결정적인 영향을 미친다. 예로부터 산후조리를 중요하게 여겨온 우리 조상들의 지혜가 놀랍다. 산후조리는 산모가 출산 전 몸으로 회복되게 하기 위한 것만이 아니라, 아기의 원활한 성장과 발달을 위해 초보 육아로 버거워하는 엄마를 돕는 것이다. 친정어머니의 산후조리에는 산모가 태어났을 때 얼마나 예쁘고 기뻤는지 알려주는 어머니의 이야기가 포함된다. 산모는 이 이야기 덕분에 아기에게 자신의 존재를 투영하는 아름다운 대물림의 과정을 경험하게 된다. 힘들 땐 우리 엄마도 이렇게 힘드셨겠구나, 기쁠 땐 우리 엄마에게 나도 이런 기쁨의 존재였겠구나, 새삼 깨닫게 된다. 요즘은 전문가들의 도움을 받는 바람에 이 부분이 자칫 부족해지기 쉽다.

깊은 새벽, 모두가 잠에 빠져 어둡고 고요했던 집 안의 공기를 뚫고 갑자기 아기의 울음소리가 울려 퍼진다. "응애애!" 하고 길게 소리 지르는 우렁찬 그 울음소리는 쉽사리 멈출 기세가 아니다. 그 옆에서 쪽잠을 자던 아기 엄마 승연 씨는 아기를 안고 흔들며 달래고, 왜 그러냐고 말도 걸어보고, 기저귀를 확인해보고, 젖병을 물려보지만 아무것도 소용없다.

긴 사투 끝에 기어코 승연 씨의 울음이 터진다. 머리는 며칠을 못 감은 채 산발이고, 늘어난 티셔츠에는 여기저기 얼룩이 져 있다. 아기는 끝없이 울고, 울음을 그치지 않는다. 아기가 원하는 바를 승연 씨는 도저히 모르겠다.

근래 통 잠을 자지 못한 승연 씨는 우는 아기가 걱정이 되면서도 피곤하고 잠이 몰려온다. 그만 자자고 사정을 해도 아기는 알아듣지 못하고 연신 울어젖히고, 급기야 알 수 없는 서러움이 몰려와 승연 씨를 울게 만든다. 격해진 감정을 주체하지 못하고 아기를 눕혀놓고 승연 씨는 그 옆에 엎드려 엉엉 운다.

아기는 세상에 처음 나왔다. 모든 것에 적응해야 하고 많은 것을 배워야 하는데, 아직은 아무 준비도 되어 있지 않다. 뱃속에서 의사 전달 방법을 배우고 태어난다면 엄마가 그 요청에 응해주기만 하면 될 텐데, 아기는 안타깝게도 말을 알아듣지도, 하지도 못한다. 처음 태어나 자신의 몸도 가누기 힘든 아기들은 엄마와 눈을 맞출 수 있을 만큼 성장하는 데도 여러 날이 필요하다.

아기는 혼자서 허기를 채울 수 없고, 배변한 것을 처리할 수 없으며, 심지어 혼자서 잠들기도 어렵다. 엄마가 주는 젖을 먹고, 싸고, 눈앞에 보여지는 것을 보며 온종일을 보낸다. 불편한 구석이 생기면 그저 울 뿐이다.

아기는 자신의 몸을 인지하고 가누도록 성장하는 데 최대한의 에너지를 쓴다. 자신의 목을 움직여 답답함을 피할 수 있게 되고, 의미 없이 버둥거리던 손을 입에 넣을 수 있게 되면 입술과 혀로 자신의 손을 확인한다. 자신의 존재와 자기 몸 안의 아주 기본적인 리듬을 확인하며 신생아 시기를 지낸다.

아기는 나름 고군분투하고 있지만, 엄마는 그런 아기의 상태를 알기 힘들다. 그저 아기의 울음소리로 아기의 신호를 알 수 있을 뿐이다. 아기의 울음은 분명 원하는 무언가가 있다는 절절한 신호다. 그래서 엄마는 더 안타깝다. 아기의 울음을 빨리 그치게 해야 하는데, 이것저것 시도해도 그게 아니라며 울어대면 엄마는 좌절한다. 아기 울음의 의미를 찾아내지 못해 아기가 오래 울게 되면 급기야 엄마도 아기 옆에서 같이 울고 만다.

그렇지만 여기서 실패는 아니다. 좌절하면 안 된다. 모든 것이 아기와 엄마만의 리듬을 만들어가는 과정이다. 존재하지 않던 관계의 패턴을 하나씩 쌓아가는 것이다.

리듬을 파악하는 데는 시간이 필요하다

산후 우울증에 걸린 산모의 아기는 건강한 산모의 아기에 비해 발달이 늦을 수 있다. 아기가 보내는 다양한 신호에 엄마가 적절히 반응해주기가 힘들기 때문이다. 아기는 어떤 신호에 엄마가 기뻐하고, 어떤 신호에 엄마가 더 많은 반응을 하는지 본능적으로 받아들이며 성장한다. 아기가 엄마의 반응을 요청하며 보낸 신호들이 적절한 상호 교환의 패턴으로 연결되지 못하면 신호 보내기를 점점 줄여간다. 엄청 울어대던 아기가 덜 울게 되는 데는 엄마의 적절한 대응 때문일 수도 있고, 엄마의 무반응에 서서히 적응해가는 것일 수도 있다.

아기 고양이를 키우려 할 때 생후 최소 두 달간은 엄마와 함께 보낸 뒤에 입양할 것을 권장한다. 손바닥만 한 아기 고양이가 예쁘다고 무턱대고 데리고 오면, 엄마의 젖을 먹으며 형제들과의 상호 교환 속에서 얻을 수 있는 발달 과정을 놓칠 수 있기 때문이다. 한 달 만에 아기 고양이를 데려왔을 때 아기 고양이에게 결핍되는 것은 무엇일까?

- 엄마 고양이의 정서적 안정감과 교감
- 엄마의 젖을 통해 얻는 면역력
- 형제 고양이 사이의 놀이를 통한 서열 관계의 이해와 소통의 사회화

엄마와 일찍 떨어진 아기 고양이는 불안을 쉽게 느끼고 적절한

애착 관계를 맺는 데 어려움을 겪는다. 놀이의 상호 관계 개념을 이해하지 못해 사람이나 다른 동물을 너무 세게 물거나, 다른 동물과 함께 사는 데 적응하지 못해 다양한 어려움을 겪게 될 수 있다. 생후 직후의 관계에서 얻는 정서적 안정감과 사회화 과정은 오직 그 시기에 익힐 수 있다. 어느 정도 성장한 후에 그때 놓친 관계의 부족함을 채우려고 해도 촘촘한 관계로 성장하지는 못한다. 지나가면 돌이키기 어려운 소중한 시간이다.

또래보다 심하게 울고 보채는 아기는 엄마와의 상호작용을 많이 원하는 아기라고 생각하면 된다. 이런 아기들에게는 원할 때마다 교감을 많이 하는 기회를 만들고 반응을 보여주면 된다. 몸은 고되지만 오히려 반대의 경우보다 어렵지 않다.

특별히 보채지 않고 순하게 노는 아기들이 있다. 엄마들은 순한 아기가 그저 고맙다. 하지만 자칫 잘못하면 중요한 발달 시기에 엄마와의 시간을 제대로 못 누릴 수도 있다. 그래서 잘 울지 않는 순둥이 아기를 키우는 엄마도 아기와의 상호작용을 소홀히 하면 안 된다.

다양한 자극으로 리듬세포를 깨워라

"맘.만.마.나.요!"

리트맘(Rhythmom) 수업에 오는 23개월 아기 서현이가 가장 많이 하는 말이다. 서현이는 아장아장 걸어다니며 음악이 나오면 엉덩이춤을 추며 즐거워한다. 아직 말은 못하지만 자신의 의사를 소리로 표현해야 한다는 것은 익혔다. 그래서 원하는 바가 있을 때마다 "맘.만.마.나.요!"라고 말한다. 신기한 건 내 귀에는 똑같이 들리는 이 발음에 서현이 엄마는 매번 다르게 대꾸한다는 거다. 어떤 때는 "아, 서현이 배고프구나. 우.유.주.세.요!"라고 하고, 어떤 때는 "집.에.가.까.요!"라고 말했다고 한다. 서현이 엄마 귀에는 매번 다르게 들린다.

수업이 진행되면서 보니, 서현이 엄마는 서현이에게 마치 다섯 글자 놀이를 하듯 5음절로 이루어진 여러 버전의 말을 매번 같은 억양으로 전하고 있었다. 한 음절, 한 음절 띄어서 말하고 마지막 발음을 올려 악센트를 주었다. 결국 서현이 귀에는 다양한 표현이 하나의 신호처럼 인지되고, 그걸 다시 서현이식으로 표현하는 것 같았다.

맘마 먹을까↗

맘마 주세요↗

집에 갈까요↗

쉬야 했어요↗

책 읽어줘요↗

엄마는 평소 말하는 톤보다 한 톤 높여 서현이가 엄마의 표현을 잘 인지하도록 서현이와 엄마 사이의 소통리듬을 만들어 말한 것이었다. 서현이가 비슷한 소리로 말하더라도 엄마는 서현이가 어떤 의미로 한 말인지 알아들을 수 있다. 더 정확하게는 서현이의 상황에 따라 서현이의 마음을 엄마가 알아채는 거다. 배가 고플 시간이구나, 표정을 보니 기저귀가 젖었구나, 책을 가져오면서 말하고 있으니 함께 책을 읽자는 뜻이구나, 하고 아는 것이다. 문제는 엄마의 독특한 억양이 반복되기 때문에 서현이는 엄마의 말을 정확한 발음으로 인식하지 않고 억양이 주는 신호로 인식하고 반응했다.

같은 말을 내가 다른 억양으로 말해보았다. 예를 들면 마지막 다섯 번째 음절이 아니라 세 번째 음절을 올리며 이야기했더니, 서현이는 그 말이 아니라며 도리질을 했다. 이런 방식의 상호작용은 언어 발달에 오히려 방해가 될 수 있다.

서현이와 서현이 엄마의 언어 소통의 패턴을 관찰한 나는 서현이 엄마에게, 다섯 글자로 맞추어 말하며 마지막 글자의 톤을 올리는 일정한 패턴을 다른 억양으로 바꾸어보자고 권했다. 배가 고플 때, 집에 가고 싶을 때, 기저귀가 젖었을 때, 같이 놀고 싶을 때, 잠이 올 때, 상황에 따라 다양한 억양으로 톤을 바꾸어 말하고 음절 수도 세 음절, 네 음절, 다섯 음절로 다양하게 사용하기로 했다. 물론 한 가지씩 시도해보고 서현이가 비슷하게 흉내 내기 시작하면 다른 표현을 시도하는, 순차적 시도였다.

서현이는 다양한 리듬자극을 통해 서서히 엄마가 하는 말을 따라 하기 시작했고, 엄마의 입을 쳐다보기 시작했다. 엄마 입을 통해

나오는 소리의 다양함이 아이에게 재미있게 들리게 하는 것이 가장 중요하다. 이러한 소리가 엄마와의 의사소통에 필요한 도구라는 것을 알게 되면 아이는 폭풍처럼 습득한다.

주고받는 과정을 통해 성장하는 것

어렵게만 생각하지 말고, 구체적으로 정리해보자. 실제로 엄마가 아기에게 줄 수 있는 자극은 많지 않지만, 엄마는 아이가 보이는 반응에 따라서 적절한 자극을 줄 수 있다. 엄마가 많은 자극을 주려고 욕심 내도, 아이가 반응을 보이지 않으면 계속해서 시도하는 것은 무리다.

엄마는 아이에게 "까꿍!" 하며 웃어 보이거나, 이불이나 손바닥으로 얼굴을 가리며 "있다! 없다! 있다!" 게임으로 아이에게 감정이 변화하는 흐름을 보여줄 수 있다. 기본적인 상호작용 방식은 수백 년 전과 크게 바뀌지 않았고, 오히려 이러한 상호작용의 모습은 세계 공통이다.

아기의 귀여운 옹알이는 아기 귀에 들린 엄마 목소리에 대한 반응의 결과라고 볼 수 있다. 아직 말을 못하는 어린 아기라도 엄마가 하는 말에 많이 노출되어 있을수록 그 말을 따라 하려는 반응을 보인다. 교감을 주고받는 엄마와 아기의 사이클이 리듬감 있게 형성된다.

아기는 당분간 이 교감의 힘으로 성장한다. 그래서 아이를 키우는 엄마들에게는 늘 당부하는 말이 있다. 아기를 먹이고 아기의 기저귀를 갈아주고 아기가 누워 있을 때, 끊임없이 말하고 웃는 얼굴을 보여주는 등 리듬으로 자극을 주면 엄마와의 상호작용이 계속 발달할 수 있다는 것이다. 아기의 눈짓, 고갯짓을 보면 아기가 모든 말을 다 듣고 있다는 것을 알 수 있다. 엄마가 곁에 다가오기만 해도 아기는 팔다리를 휘저으며 웃는다. 아주 사소한 자극에도 계속해서 반응하고 있는 것이다.

- 엄마와 아기 사이에 긍정적 자극의 관계를 유지하는 방법
  ① 아기의 반응을 인식할 수 있는 물리적 거리를 유지한다
  ② 아기의 직접적인 신호(울음, 웃음, 옹알이)에 대한 반응을 놓치지 않는다
  ③ '까꿍' '있다 없다'와 같은 놀이 활동으로 인식의 새로운 자극을 확장시켜나간다

아기는 가만히 누워만 있는 것 같지만 엄마의 목소리, 엄마의 움직임에 따라서 금세 반응한다. 아직 아무 말도 못 알아듣는 아기가 엄마가 웃는 얼굴로 "사랑해, 사랑해"라고 끊임없이 속삭이면 곧 따라 웃는 걸 볼 수 있다. 엄마의 다정한 목소리 톤과 예쁜 발음, 따뜻한 눈 맞춤이 웃는 감정을 불러오는 것이다.

100일의 기적이라는 말이 있다. 생후 100일이 지나면 잠자는 시간이 길어지고 울음을 지속하는 시간은 짧아진다. 갓 태어난 아

기가 아주 본능적인 자신의 신체리듬을 알기까지 필요한 시간, 그리고 아기와 엄마가 서로 어떤 리듬을 갖고 있고 어떤 도움을 원하는지 신호와 반응을 통해 상호 관계의 안정감을 만들어나가는 이 시간이 바로 100일의 기적을 만드는 길고 긴 여정이다.

갓난아기들은 엄마와 아빠라는 존재를 인식하기에도 아직은 무리다. 모두가 낯선 사람이기 때문에 조리원의 간호사가 안아 재워도 굳이 엄마의 품을 찾지 않고 잘 잔다. 그러나 엄마와 리듬을 교환해나가는 방식을 습득하면서, 점차 엄마의 존재를 인식하게 된다. 이 시기에 엄마와 아기는 수없이 많은 리듬교환의 실패를 거듭하면서, 어렵게 안정의 궤도에 오르게 된다. 아기와 엄마가 서로에게 적응하며 커가는 발달 과정인 동시에, 서로에게 익숙함을 주는 편안한 리듬을 만들어가는 적응기라고 볼 수 있다.

둘 사이의 긴밀한 교감은 다른 이가 대체할 수 없는 유대감을 탄생시킨다. 아기들은 특별한 장면이나 구체적인 사건은 기억하지 못해도 그때 각인된 감정을 온몸으로 기억하며 살아간다.

아기는 세상에 나와 몇 달 자란 어느 순간부터, 잠이 올 것 같으면 엄마를 찾으며 잠투정을 한다. 이모나 아빠가 아무리 열심히 놀아주어도 잠이 오면 무조건 울면서 엄마에게 안아달라고 신호를 보내고, 조그만 몸을 말아 엄마 품으로 파고든다. 엄마가 안아주는 것처럼 흉내 내어 안아주어도, 아기는 엄마가 아닌 엄마의 흉내라는 것을 알아챈다.

엄마가 아기를 재우는 리듬은 안는 자세나 은은한 조명 같은 환경보다 엄마와 아기에게 익숙해진 취침의 패턴을 뜻한다. 애정을 교감하는 평화로운 사랑의 시간이다. 아기가 잠들기 전 가장 원하는 것은 엄마의 편안한 목소리, 사랑하는 감정, 토닥이는 손길 등이 합체된 교감이다. 아기와의 리듬이 완성된 이때부터는 이제 더 이상 초보 엄마라는 말이 맞지 않는다. 엄마는 사랑하는 나의 엄마일 뿐. 엄마의 냄새, 엄마의 심장 박동 소리, 엄마의 목소리, 엄마의 손길. 아이에게는 엄마가 세상에서 제일 예쁜 사람이다. 엄마를 통해서 세상을 보게 되기 때문에 엄마와의 상호작용을 통한 교감의 시간은 무엇보다 중요한 일과다.

어려운 일이지만 이 과정이 가치 있는 시간이라는 점만은 의심하지 말자. 이 시작은 삶의 첫 페이지이자, 백지 상태에서 받아들이는 첫 번째 리듬이다. 이때의 리듬이 갖는 안정감 있는 따뜻한 기운이 한 사람이 세계의 문을 여는 노크라고 생각하자. 엄마는 그 시작의 위대한 조력자다.

리듬 상호작용과 순서 주고받기(Turn Taking)

순서 주고받기는 심리학에서 상호작용을 위해 강조되고 있는 개념이다. 순서 주고받기가 잘되는 상황을 지켜보면 다음의 단계들을 모두 해냈기 때문이다. 사실 상호작용은 너무나 자연스럽고 당연하다고 여겨지는 상황에서 잘 이뤄진다. 하지만 이 중에 어느 하나만 잘못되어도 원활한 상호작용이 되지 않는다.

① 나 이외에 다른 사람, 즉 상대방이 내 앞에 있다는 것을 인식해야 한다.

② 내 순서가 언제인지 알 수 있어야 한다.

③ 내 순서 다음에는 상대방의 순서라는 것을 알아야 한다. 상대방의 순서 동안 기다려야 한다.

④ 상대방이 무엇을 하는지 지켜봐야 한다. 그에 적절한 반응이 내 순서에 계속 되어야 하기 때문이다.

〈강아지와 아기의 리듬 상호작용〉

호두(키운 지 1년 된 셔틀랜드십독)를 산책시키다가 생긴 일이다. 세 살 된 아기를 데리고 나온 엄마가 강아지와 놀아도 되느냐며 다가왔다. 하지만 아기는 강아지가 무서운지 엄마의 손을 꼭 쥐고 엄마 다리에 달라붙어 서 있었다. 호두는 아기와 놀고 싶어 가까이 가서는 꼬리 치며 기다린다. 아기와 호두는 함께 놀고 싶지만 어떻게 해야 할지 몰라 서로 바라보다가, 아기의 작은 몸짓에 호두가 엄마와 아기를 한 바퀴 돌았다. 강아지가 자신의 몸짓에 반응했음을 직감한 아기는 호두가 한 바퀴 돌고 돌아와 앉자 살짝 뛰어본다. 호두는 아기의 움직임에 또 반응했고, 둘은 몇 번이고 그렇게 반복하며 상호작용했다. 전형적인 리듬 상호작용의 예다.

강아지와 아기 모두 서로의 언어를 알지 못한다. 하지만 서로의 몸이 보내는 신호를 감지하는 본능이 작동한다. 그리고 서로 상대의 신호에 반응한다. 한 번은 강아지, 한 번은 아기, 다시 강아지, 아기… 본능적인 순서 주고받기가 순조롭게 진행되면 그 리듬을 타고 여러 차례 반복할 수 있다. 몸의 리듬을 이용한 성공적인 상호작용의 예다.

상호작용이나 순서 주고받기는 아이가 어느 정도 성장한 후에 언어와 신체가 발달된 상태에서 가능하다고 생각하기 쉽다. 하지만 위의 사례처럼 몸의 리듬을 활용한 상호작용이 가능하고, 꼼짝 없이 누워 있는 영유아기에도 소리를 듣고 반응하는 리듬 상호작용을 익힌다. 리듬이 중요한 이유가 여기에 있다.

리듬의 주도권을
현명하게 갖는 법

～～～～～

시골 집 마당에서 놀고 있던 아이의 팔을 벌이 쏘고 날아간다. 아이는 자지러지게 울음을 터트리고, 모두가 영문을 몰라 당황하는 사이, 외할머니는 재빨리 아이를 품에 안고 벌이 쏘고 간 침을 뽑는다. 그리고 그 자리에 차가운 된장을 발라 얹어놓고는 놀란 아이를 등에 업고 "괜찮다, 괜찮다"고 말하며 달랜다. 아이의 울음소리가 점차 잦아들다가 그친다.

그런 민간요법은 안 된다고 엄마가 손사래를 쳐도 외할머니의 응급처치는 이미 일사천리로 끝난 이후고, 아이의 놀란 가슴도 외할머니의 따뜻한 등에 기대어 달래진 뒤다.

엄마의 육아에 가장 믿음직스러운 등대이자 가장 큰 적은 사실 할머니라는 존재다. 지혜의 등대이기도 하지만, 동시에 엄마를 혼란스럽게 만든다. 할머니의 여유롭고 능수능란한 리듬을 초보 엄마가 이해하고 따라가기가 쉽지 않기 때문이다.

벌이 아이의 팔을 쏘고 날아가버렸을 때, 아이에게는 무엇이 가장 필요했을까? 정확한 진단과 치료도 물론 필요했겠지만, 아이는 무엇보다도 놀란 가슴을 진정하고 싶었을 것이다. 할머니는 벌이 아이를 쏘고 간 것을 노련하게 알아차리고, 아이를 진정시키는 데 거침이 없다. 아기는 괜찮다고 쓰다듬는 할머니의 손길에 금세 안정을 찾을 수 있다.

아기들은 오랜만에 만난 할머니 등이 낯설 법한데도 편히 업힌다. 스마트폰이 없어도 할머니들은 아기를 울리지 않는다. 아기가 어릴수록 할머니들의 아기 재우기 능력은 빛을 발한다. 엄마보다도 아기를 더 금방, 더 편안하게 잘 재운다.

아주 어린 아기일수록 정서적 교감의 영향을 곧장 느끼기 때문에 본능적인 소통이 중요한데, 아직 아기를 보는 것이 익숙하지 않아 곧잘 긴장하고 걱정하는 엄마와 달리 할머니들은 연륜에 걸맞게 아기가 보내는 신호를 느긋하게 '감지해낸다'.

아기와 할머니의 소통에서 리듬결정의 주도권이 할머니에게 있는 것이다. 할머니는 연륜에서 나오는 자신 있는 태도로 아기가 할머니의 리듬에 의지하고 안정감을 느끼게 한다.

리듬을 이끄는 사람이 주도권을 잡는다

"가~위 바~위 보!"

"안 내면 진 거, 가위 바위 보!"

나는, 손을 좌우로 흔들며 천천히 "가~위 바~위"를 하는 동안 리듬을 맞추다가 "보!"라고 콕 집어 소리치며 손을 내미는 가위바위보 게임을 하고 자란 세대다.

요즘 아이들이 가위바위보 하는 모습을 보고 있자면 쉽게 발견되는 특징이 있다. 어느 동네의 아이들이건, 누군가 선창으로 "안 내면 진 거~"라고 시작하고, 그 리듬에 맞춰 다른 아이들도 따라 부르는 형식을 취하고 있다. 전반적인 템포는 나의 어린 시절 가위바위보보다 훨씬 빨라졌다. 하지만 한 명이 큰 목소리로 가위바위보의 시작을 주도하는 것은 여전하다.

비슷한 장면은 또 있다. 아이들이 함께 노래를 부르며 하는 놀이를 할 때 "시, 시, 시, 작!"이라고 하며 노래를 시작하는 시점을 맞추는 것도 자주 볼 수 있는 풍경이다. '시, 시, 시, 작!'의 신호는, 4분의 4박자 지휘의 예비박 한 마디와 같다. '시, 시, 시, 작'은 '하나, 둘, 셋, 넷'이나 '원, 투, 쓰리, 포'처럼 4박자를 준비한다.

이렇게 리듬을 주도하는 친구가 어느 동네나 하나씩 꼭 있다. 누구나 쉽게 따라 할 수 있는 템포로 하지 않고, 빠르고 큰 목소리로 선창한다. 말하자면 주목받기 좋아하고 놀이를 빨리 시작하고 싶은 자신의 마음과 닮은 리듬이다.

그 친구가 선창을 하면 다른 친구들은 왠지 모를 불안감에 휩

싸인다. 그리고 리듬의 주도권을 잃어버린 친구들은 가위, 바위, 보 중에서 어떤 걸 낼지 생각할 겨를 없이 손이 나가는 대로 아무렇게나 일단 손을 내민다. 횟수가 반복될수록 조바심은 증폭되고, 그럴수록 목소리 큰 친구가 이길 확률은 높아진다. 주도권은 계속 그 친구의 몫으로 남는다.

자신의 리듬이 빨라 다른 친구들과 리듬이 맞지 않은 건데, 상대 친구에게 늦게 냈다며 핀잔까지 주는 못된(?) 친구와 가위바위보를 하게 되면, 정말이지 이기기 힘들다. 리듬의 주도권을 갖게 되는 것이 얼마나 중요한지 실감하게 되는 아주 좋은 예다.

여러 사람이 함께 연주할 때 대부분의 경우 지휘자에게 리듬의 주도권이 주어지지만, 경우에 따라 지휘자가 컨트롤하기 힘든 연주자들이 있다. 합창의 경우 유독 목소리가 큰 사람, 오케스트라의 경우 팀파니나 금관악기처럼 볼륨이 큰 악기 연주자의 템포가 흔들려 지휘자가 쉽게 컨트롤할 수 없는 때가 그렇다.

함께 연주하는 다른 사람들이 지휘자의 움직임을 보고 템포를 맞추며 자기 소리를 내려 해도 어쩔 수 없이 큰 소리로 들려오는 템포에 장악당해 따라가게 되고 만다. 신뢰할 수 있는 리듬을 소신 있게 따라가고자 하는 의지보다, 신뢰도가 떨어져도 요란한 리듬의 순간적인 장악력이 더 막강하다.

리듬의 세계에서는 작은 소리보다는 큰 소리가, 느린 리듬보다는 빠른 리듬이 리듬의 주도권을 갖는다.

주도권의 세계는 도처에 무궁무진하다. 천천히 꼭꼭 씹어 식사하는 것이 건강에 좋다고 아는 것과 무관하게, 식사 시간에 유독 빠른 속도로 후루룩 쩝쩝 소리를 내며 먹는 사람이 있으면 신기하게도 그 사람의 먹는 속도에 따라 빨리 먹게 된다. 평소 천천히 식사하던 사람이 오늘따라 왜 이렇게 소화가 잘 안 되는지 생각해보면 식사를 함께 한 동반자 때문에 너무 빨리 먹었다는 사실을 깨닫게 된다.

심지어 직장 상사가 식사를 빨리 하면 함께 식사하는 직원들은 매일매일 너무 힘들다. 안 그래도 주도권을 가지고 있는 사람이 리듬의 주도권까지 이중으로 차지한 상황이기 때문이다. 그래서 배려하는 상사라면 직원들과 함께 식사할 때 천천히 먹어야 한다. 힘 있는 사람, 주도권을 이미 가지고 있는 사람, 손윗사람은 상대를 위해 조금은 느리게, 조금은 조용하게 처신하는 게 좋다. 그러면 권위에서 기인되는 갈등 요인을 줄일 수 있다.

남녀가 연애를 할 때는 보폭이 크고 행동이 빠른 남자들이 산책하듯이 걷는 여유로운 여자들의 걸음걸이에 맞추는 경우를 흔히 볼 수 있다. 하지만 결혼한 부부들 중에는 남편이 아내보다 앞서 걷는 경우가 허다하다. 키가 크고 다리가 긴 남자의 리듬이 더 크기 때문에 더 작은 리듬을 갖고 있는 여자의 리듬을 배려해야 조화롭다. 물론 반대의 속도를 가진 부부의 경우도 마찬가지다. 더 장악력이 센 리듬이 작은 리듬을 배려하는 것이 이상적이다.

결혼 20년차 손위동서가 갓 시집온 손아래 동서보다 뭐든지 빨리빨리 하면서 눈치를 보느라 판단이 한 박자 느린 동서에게 무언의 눈치를 주면, 속도의 차이와 속도의 강요를 통해 숨 막히는 분위기가 만들어진다. 동서 간 갈등은 그때부터 시작이다. 긴장된 리듬은 긴장된 관계를 불러온다. 알고 보면 다 리듬의 문제다.

서툰 엄마들은 아기를 긴장시킨다. 마음의 여유를 갖기에 아직 미숙한 엄마는 사소한 일에도 자칫 긴장하거나 당황할 수 있고, 긴장감과 당혹감은 고스란히 아이에게 전달된다. 엄마의 방황하는 리듬을 감지한 아기는 잠들기 힘들다. 아이에게 편안한 자극을 주지 못하기 때문에 아주 어린 아기일수록 할머니의 자장가 리듬을 편안히 받아들이게 되는 것이다.

이것은 사랑하는 마음의 차이가 아니라 리듬을 교환하는 방식의 능숙함에서 오는 차이라고 볼 수 있다. 엄마의 사랑은 의심할 여지 없이 가득할 것이다. 다만 사랑이 전달되는 소통의 방식에 대해 생각해볼 필요가 있다.

아무도 기억하지 못하고 보지 못하지만, 아기들은 엄마와 단둘이 있었던 갓난아기 때의 감정과 리듬을 온몸으로 기억하게 된다. 그렇기 때문에 할머니의 능숙한 감정 전달 방식을 살펴보면 조금더 빨리, 더 많이, 아이에게 사랑을 전달할 수 있을 것이다.

꼭 할머니가 아니더라도 품에 안으면 아기들이 잘 자는 사람이 있다. 어디서 오는 차이일까? 아이를 대하는 능숙함만으로 설명할 수 있을까? 비교적 아주 단순한 면에서 커다란 차이가 생긴다.

"아기들은 나한테 오면 잘 자."

"아기들은 나한테 오기만 하면 울어."

말하자면 아기를 대하는 사람의 마음속 신뢰에 달려 있다. 재우는 사람의 자신감에서 나오는 리듬의 주도권을 아기가 본능적으로 감지하는 것이다. 이 주도권을 어른이 갖고 있는 것이 아기에게는 안정적이다. 어수선한 엄마의 산만한 리듬은 아기를 불안하게 만들고, 잠들기 어렵게 한다.

아직 미숙한 엄마는 외부적인 상황을 걱정한다. 윗집 세탁기 탈수 소리가 아이를 잠 못 들게 하는 것 같다. 예민해질 대로 예민해진 엄마의 리듬을 아기는 고스란히 받는다. 또한 초보 엄마는 아기를 재우는 일보다 아기가 잘 자지 않았을 경우에 대한 다른 생각들로 인해 불안하기도 하다. 특히 아이를 잘 키운다는 사실을 보여주고 싶은 시어머니가 보고 있는 상황이라면 아기는 잠들기 힘들다.

'나한테 오면 아기들이 잘 자'라며 자신이 아기를 컨트롤할 수 있다고 신뢰하는 사람에게는 걱정이나 산만함이 끼어들지 않는다. 걱정이나 산만함, 두려움이 끼어들지 않는 것만으로도 편안함을 만들어낸다.

뮤지컬 공개 오디션에서 심사위원들은 단 3분 만에 지원자의 합격 여부를 판가름할 수 있다고 한다. 기나긴 시간 동안 열심히 춤과 노래, 연기를 갈고닦았는데 단 3분 만에 그 모든 것을 판단한다는 것은 무지 억울한 일이다. 도대체 그 3분 만에 무엇을 볼 수 있다는 말일까?

그것은 온몸으로 전해지는 리듬이다. 배우가 자신의 능력을 얼마나 확신하고 있는지, 자신의 몸을 얼마나 컨트롤할 수 있는지, 그 사람의 몸이 말하고 있는 총체적인 리듬이다. 그 신뢰가 심사위원에게 전달되는 시간은 단 3분. 자기 확신에 대한 본능적인 기운이 상대에게도 신뢰할 수 있는 리듬으로 작용한다.

속도를 맞추는 것이 컨트롤 능력이다

연륜에서 오는 아이 양육에 대한 자기 확신 말고도, 할머니들의 강력한 무기가 하나 더 있다. 할머니들의 두 번째 강력한 무기는 바로 '속도 맞추기' 능력이다.

세심한 관찰과 배려에서 비롯되는 속도 맞추기 능력은 할머니가 되기 전에 빨리 배울 수 있다면 좋겠다. 사람은 연령과 성격에 따라서 각자의 속도를 가지고 있다. 이 속도의 차이는 연령대별로 비슷하다는 것을 관찰할 수 있는데, 정신없이 돌아다니는 아이들의 속도와 한곳에 오래 앉아 사색을 즐길 수 있는 40대 어른의 속도를 비교해보면 차이점을 바로 알아챌 수 있을 것이다.

사람은 보통 자신과 타인의 속도 차이가 적을 때는 중간 속도로 서로 맞추려는 경향이 있다. 40박자를 갖고 있는 사람과 50박자를 갖고 있는 사람이 함께 걸으면 45박자 정도의 걸음걸이로 맞추는 것이다.

하지만 속도의 차이가 클 때는 자신의 속도를 지키려는 모습을 보인다. 나의 박자가 40, 상대의 박자가 100이라면, 상대를 전혀 신경 쓰지 않고 내가 가던 속도대로만 가는 것이다. 나의 속도에 환경과 타인의 속도가 맞춰지길 바란다. 안 되면 말고.

이것은 본능적으로 아주 자연스러운 모습인데, 이 물리학적 특성을 거스르는 것이 바로 할머니들의 '리듬교환의 배려'라고 볼 수 있다. 할머니들은 묘하게도 자신의 속도가 어떻든 타인의 속도에 맞춰주려는 경향이 크다. 타인의 속도에 의해 할머니의 속도가 바뀌어도 할머니는 크게 불편함을 느끼지 않는다. 리듬을 변화시키고자 결정한 할머니에게 계속 리듬의 주도권이 있기 때문이다. 이것이 할머니와 애착 관계에 놓여 있을 때는 아주 강하게 발동된다.

아이들의 빠른 말 속도에 할머니들은 되도록 맞춰서 빨라지려고 한다. 상대방의 리듬이 계속해서 순조롭게 진행되도록 배려하는 것이다. 이는 아기들만이 아니라 20대로 성장한 손자, 손녀에게도, 중년의 아들, 딸에게도 작동한다. 마치 모든 연령대의 속도를 맞출 수 있는 프로그램이 할머니들의 가슴에 장착되어 있는 것만 같다.

반면 할아버지들이 오로지 자신의 템포를 지키면서 혼자서도 꿋꿋하게 걸어가시는 모습은 얼마나 대조적인가. 리듬교환보다는 다수의 리듬을 이끌면서 살아온 것이 할아버지들의 삶이기 때문일 것이다. 그 옆에서 할머니들은 끊임없이 가족 구성원들의 개별적인 속도에 맞춰가며 보듬어왔다. 이렇게 너그럽고 온화한 할머니들의 여유로운 양육 태도는 아이의 안정된 정서에 긍정적인 영향을 준다.

엄마의 품 안에서 쉽사리 잠들지 못하는 아기의 울음은 결국 잠들기에 적합하지 않은 리듬 때문에 불편하다는 표현이다. 자연스러운 리듬에 만족하고, 부자연스러운 리듬에 불만족을 표현하는, 지극히 적절한 반응이다.

생각해보자. 아기를 재운 후 밀린 집안일을 하려 할 때, 아껴둔 드라마를 보고 싶을 때, 잠시 외출을 해야 할 때, 엄마는 생동감 넘치는 리듬으로 아기를 안고 있다. 엄마의 리듬은 잠자는 리듬과 전혀 어울리지 않는다. 반대로 아기를 재우면서 엄마도 자연스레 잠자리에 들 준비가 되어 있는 경우, 엄마의 리듬은 잠자는 리듬과 일치한다. 아기들이 엄마의 딴짓(?)을 눈치채는 거다. 갓난아기들은 온몸으로 엄마의 리듬을 감지한다.

반면 능숙한 할머니는 아기를 보살피면서도 무엇이든 다 할 수 있다. 조급함이나 부자연스러움이 없다. 할머니는 아이를 업고 〈자장자장 우리 아가〉 자장가를 부르며 아기가 잘 수 있는 호흡과 리듬을 만들어준다. 그때의 할머니들의 모습은 묘하게 완전하다. 아기를 재우는 것이나 집안일을 하는 것 중 어느 한 행동에 몰두하고 있지 않은 것 같으면서, 어느 하나에 덜 집중하고 있는 듯한 의심도 들지 않는다.

할머니의 모든 행동과 표정과 자장가가 물 흐르듯이 너무도 자연스럽다. 아기가 잠들지 않아도 크게 상관없고, 집안일이 느려도 상관없는 듯하다. 이 편안함이 부드러운 리듬으로 아이에게 전달된다.

아기는 아직 자신의 리듬을 알 수 없는, 무엇을 인식하기에도 어리기만 한 미숙한 존재다. 그렇기 때문에 더 본능적으로 리듬에 예민하게 반응한다. 이때 상대의 리듬을 읽는 할머니의 연륜과 여유는 삶에서 배어나온 지혜다. 할머니의 리듬교환 방식에는 상대의 속도를 배려하는 리듬교환의 법칙이 있다. 나의 속도가 어떠하든, 사랑하는 사람의 속도에 맞춘다.

이때 필요한 것은 상대의 속도를 알아채는 통찰력과 그 속도에 맞춰갈 수 있는 유연성, 그리고 자신의 속도를 기꺼이 바꿀 수 있는 애정 어린 마음이다.

할머니와 함께 큰 아이들은 할머니에게서 본능적으로 이어받은 여유로운 마음이 있다. 동갑내기 아이들에게도, 서너 살 위의 형, 오빠, 누나, 언니에게도, 어른에게도 불편한 기색 없이 친밀감 있게 먼저 다가가는 재능을 갖게 된다. 인사성도 훨씬 밝다. 사랑을 받았던 사람들이 사랑을 나눠주기 잘하는 것처럼 말이다.

어린 시절, 이러한 본능적인 리듬교환의 경험을 기억하는 사람은 없다. 하지만 분명 긍정적 리듬교환을 경험한 사람과 부정적 리듬교환을 경험한 사람의 삶은 다를 것이다. 리듬의 경험은 몸과 마음에 완벽하게 녹아들어 행동 방식과 생각을 지배한다.

리듬의 주도권

네이버에 '주도권 장악'까지 입력하면 바로 병법, 전략, 전술이 따라 뜬다. 주도권을 장악하느냐, 못하느냐는 예로부터 전략, 전술의 핵심이라는 이야기다. 둘 사이의 관계에서 누가 주도권을 잡느냐에 따라 이후의 판세가 결정된다는 것을 누구나 안다. 그래서 사랑하는 연인도, 알콩달콩한 신혼부부도 이 주도권 선점을 위해 다양한 시도를 한다. 그 시도들이 불화의 씨앗이 되기도 하지만, 모든 관계는 이 과정을 경험한다. 경제적 주도권, 생활방식의 주도권, 입맛의 주도권 등 다양한 주도권이 있지만 그중의 최강은 리듬의 주도권이다.

왜냐하면 리듬의 주도권은 상대를 기분 나쁘게 하지 않기 때문이다. 다른 영역들은 권력을 차지하지 못한 상대로 하여금 불쾌감, 경쟁심, 상실감, 패배감, 승부욕 등의 감정을 불러일으킨다. 하지만 리듬의 주도권은 사실 빼앗기고도 잘 느끼지 못한다. 경우에 따라서는 즐거울 수도 있다. 지극히 음악적이기 때문이다.

상대의 리듬을 읽고, 상대의 리듬의 특성을 파악하고, 상대의 리듬을 움켜쥐어라.

느린 리듬이
성급한 리듬보다
빠를 때도 있다

～～～～～～～

인터넷 게시판에는 종종 '아빠에게 아기를 맡기면 안 되는 이유'라는 제목의 엉뚱한 사진과 동영상이 올라와 큰 웃음을 준다. 엄마의 손길이 닿을 때는 깔끔했던 아기들이 아빠와 단둘이 두어 시간 보내고 나면 꼬질꼬질해진다. 한없이 자유(?)로워진다.

계절이 다른 상하의를 입고, 머리카락이 사방으로 뻗치고, 얼굴은 각종 음식 소스로 화려해진다. 아빠는 기저귀 찬 아기의 엉덩이에 대고 컴퓨터 마우스를 움직이거나, 한쪽 팔뚝 위에 작은 아기의 몸 전체를 올려두고는 뱅글뱅글 돈다. 컴퓨터 게임에 집중하기 위해 컴퓨터 책상 서랍을 열어 잠든 아기를 눕혀놓기도 한다.

엄마가 보면 깜짝 놀라 난리가 날 법한, 위험해 보이는 장면들 속에서도 아빠와 아기는 아무 문제 없다는 듯 편안하고 즐거워 보인다. 아주 의외다. 아기를 양육한다는 말과는 거리가 있어 보이는 장면들이 황당하지만 재미있다.

　아빠들은 도대체 왜 그럴까? 여성과 남성의 차이를 이야기하는 것 이상으로 엄마와 아빠의 육아 리듬에는 차이가 있다. 엄마가 잘하고 아빠가 잘 못한다는 뜻은 아니다. 하지만 분명 많이 다르다. 엄마와 아빠의 양육 방식의 차이를 나는 이렇게 묘사한다.

- 춤추는 엄마, 행진하는 아빠
- 공 던지는 엄마, 열쇠 던지는 아빠

　엄마는 아이의 손을 잡고 몸을 좌우로 움직이며 부드럽고 즐겁게 춤을 추는 사람이다. 아이와 같이 음악을 듣고, 박자를 맞추고, 동작을 함께한다. 엄마는 적절한 때에 새로운 리듬을 제시해주고, 조그만 몸으로 잘 따라오지 못하는 아이를 즐겁게 기다려주고, 손을 잡아 함께 턴을 한다. 엄마는 항상 아이의 가장 가까운 곁을 떠나지 않으며 안정적인 양육을 한다.

　엄마는 아이에게 공을 던져준다. 작은 공, 가벼운 공, 아이의 체구에 맞는 공. 적당한 공을 아이가 잘 받을 수 있는 속도와 높이로 던진다. 아이는 처음에는 공을 잘 받지 못하지만 차츰 잘 받는다. 그러면 엄마는 방향과 속도를 바꿔가며 난이도를 높인다. 아이의 공 받는 실력도 조금씩 성장한다. 아이는 잡은 공을 엄마에게 던지고, 엄마는 다시 아이에게 던져준다. 하루 종일도 할 수 있을 듯이 주거니 받거니 한다. 아이도 엄마도 즐거운 표정이다. 엄마와 아이가 만들어내는 리듬은 자연스럽고, 편안하고, 멈추지 않는다.

반면 아빠는 씩씩하게 앞을 보고 걸어간다. 두 팔을 힘차게 앞 뒤로 흔들고 어른의 보폭에 맞춰 앞으로, 앞으로 걸어간다. 아이가 따라가기에는 빠른 속도와 보폭인데도 아빠는 좀처럼 리듬을 바꾸지 않는다. 아이는 자신보다 훨씬 키가 큰 아빠의 등을 보며 따라간다. 등대나 나침반처럼 앞에서 방향을 제시하는 것이 아빠의 양육이라고 볼 수 있다.

아빠는 아이에게 엄마처럼 공만 던지지 않는다. 아빠는 아빠가 가지고 있는 다양한 것들을 던져보고 싶어진다. 지갑, 장난감 블록을 던진다. 가끔은 위험해 보이는 열쇠도 던져본다. 이런 위험한 물건이 날아올 때 아이가 어떻게 대처해야 하는지 알려줘야 할 것 같아서다. 공을 던지면서도 아이가 잡기 힘들도록 기습적으로 급하게 던지기도 하고, 엉뚱한 방향으로 던지기도 한다. 그러나 아이를 화나게 할 의도는 전혀 없다. 그저 그렇게 던지는 게 재미있어서 해보는 거다. 물론 아빠와 놀던 아이는 뾰로통해져서는 그만하겠다고 선언한다. 아빠와 아이가 만들어내는 리듬은 불편하고, 위험해 보이지만 흥미롭고, 가끔은 예기치 않게 멈춘다.

아이는 이러한 아빠의 리듬을 받아낼 때 긴장하게 된다. 던져진 것을 못 받고 놓치기도 하고, 받은 것을 다시 돌려주지 못하고 끊기기도 한다. 열쇠 같은 걸 던질 때는 받을 생각도 못하고 피해버릴 수도 있다. 그래서 아빠와 아이의 대화는 마치 돌아오지 않는 메아리 같다. 아빠가 너무 아무 때나, 아무거나, 아무렇게나 막 던져서 그렇다.

그래서 아빠들은 아이가 어려서는 엄마에게 다 맡기고, 아이가 다 커서 고등학생이 되었을 때 '이제는 이야기가 좀 통하겠지' 하고 다가가려고 한다. 그러나 그때는 이미 늦었다. 아이는 하나의 독립된 인격체이기 때문에 아빠의 계획이나 마음대로 움직여주지 않는다.

아빠가 아이와 오래 놀아주지 못하는 이유는 아이에게 '보내는' 신호에만 최선을 다하기 때문이다. 아이가 보내오는 신호를 감지하는 센서가 약하거나 띄엄띄엄 작동한다. 아이의 신호를 잘 받아주는 것이 아이와 잘 노는 방법이다. 아이의 피드백을 기다리는 것이 유일한 묘책이다.

"저는 아이랑 잘 놀아줘요. 한번 놀아줄 때 피곤해할 때까지 놀아줘요."

의기양양하게 말하는 아빠가 있다. 혹시 아이가 아빠의 반짝하는 관심에 정신없이 쫓아다닐 뿐 정작 놀지는 못하는 건 아닌지 고민해볼 일이다. 아이는 아빠의 마음이 내킬 때 반짝하고 펼쳐지는 이벤트보다 꾸준한 관심과 사랑을 좋아한다. 아니, 그래야 아이와 함께한다고 이야기할 수 있다.

엄마의 노래를 들으며 자라는 아이는 행복하다

꾸준한 관심과 사랑은 구체적으로 어떤 모습일까? 막연하고 어렵게 느껴진다. 하지만 큰돈이 들거나 아주 많은 시간이 필요한 일이 아니니 걱정부터 할 필요는 없다.

"원장님! 우리 며느리는 말수도 너무 적고, 아이와 놀아줄 때도 아무 말 않고 놀아줘서 그런지 손자 녀석이 말이 느려 걱정이에요."

손자 지율이가 아파 소아과에 왔다가 들렀다며 할머니가 상담을 청해 오셨다(음악원과 소아과가 마주하고 있어 이렇게 갑작스레 이루어지는 상담이 많은 편이다). 할머니의 염려가 맞을지도 모른다. 언어 학습은 충분한 노출을 통한 듣기가 우선이기 때문이다. 며느리도 자신의 성격 때문에 아이가 말이 늦는 게 아닌가 싶어 나름 노력은 하지만, 잠깐뿐이라 너무 안타깝다고 하셨다.

결국, 다음 날 지율이 엄마가 지율이를 데리고 다시 내원했다. 음악원에 들어온 아이는 호기심 가득한 눈빛으로 악기마다 만져보고 소리를 내보고, 소리가 나면 엄마를 쳐다본다. 바로 이때 엄마가 어떤 반응을 보이느냐에 따라 아이는 그 생소한 물건과 새로운 상황을 판단한다. 엄마의 반응이 긍정적이면 '이건 가지고 놀아도 되겠구나' '이런 소리를 엄마도 좋아하는구나'라고 생각할 테고, 엄마의 반응이 부정적이라면 '이건 별로 좋은 물건이 아니구나' '엄마는 이런 소리를 싫어하는구나'라고 생각할 것이다.

지율이 엄마는 그런 지율이를 향해 무표정한 얼굴로 그저 고개를 끄덕여줬다. 지율이는 이내 악기를 내려놓고 다른 악기를 소리 내며 또 엄마를 쳐다본다. 여전히 엄마는 같은 반응이다. 이렇게 지율이의 악기 탐색은 빠른 시간에 끝났다. 나중에 상담하는 과정에서 지율이 엄마는 이렇게 이야기했다.

"가지고 놀아도 된다고 분명히 끄덕여줬는데⋯ 지율이는 음악을 좋아하지 않는 모양이에요."

이렇게 첫 만남을 하게 된 지율이가 일주일 후 수업에 왔다. 지율이가 흔드는 에그셰이커에 맞춰 내가 "토실토실 아기 돼지" 하고 노래를 불러주니 노래에 맞춰 열심히 흔든다. 한참을 흔들고 놀던 에그셰이커를 놓고 레인메이커를 꺼내 들고선, 이번엔 엄마가 아닌 나를 쳐다본다. 이번에는 "시냇물은 졸졸졸졸" 하고 불러주며 레인메이커를 한쪽으로 기울일 수 있도록 도와주었다. 검지손가락을 치켜세우며 또 불러달라는 표현을 한다. 내가 "또 불러줄까요?" 하자 고개를 끄덕인다. 이렇게 시작된 놀이는 한참 동안 계속되었고, 결국 그날 지율이는 "또!"라는 말을 소리 내어 말했다.

나와의 놀이를 지켜보던 지율이 엄마는 스스로 여러 가지 이야기를 했다. "지율이가 음악을 좋아하네요" "저보다 선생님을 더 좋아하나 봐요" "이러면 금방 말 배우겠어요…". 자신이 없다.

육아에서 가장 중요한 것은 아이와 엄마의 상호작용이다. 엄마가 말을 하면 아이가 반응하고, 아이가 반응하면 엄마가 그 반응을 또 보고 싶어 말도 걸고 흔들기도 하고, 이런저런 시도를 한다. 엄마의 시도에 아이가 좋아하는 것도 있고, 싫어하는 것도 있고, 무반응인 것도 있다. 엄마의 시도로 아이가 차츰 세상을 배워가는 것 같아 보이지만, 자세히 살펴보면 아이가 좋아하는 반응들로 엄마가 아이 다루는 법을 배워가는 것이다. 이렇듯 아이와 엄마는 차츰 둘만의 소통 방식을 익혀나간다. 결국 아이가 자라는 것과 같은 속도로 엄마도 진짜 엄마가 되어간다.

이 중요한 과정에 지율이 엄마처럼, 엄마지만 아이에게 어떤 자극을 주어야 좋을지 모르거나, 알아도 막상 하려니 쑥스럽고 어색해하는 경우가 있다. 이럴 땐 노래를 불러주는 것이 좋다. 사실 아이에게 적절한 자극을 잘 주는 엄마도 하루 종일 그렇게 하려다 보면 육아 피로가 장난이 아니다. 어떨 때는 내가 혼자 뭐하나 싶기도 하고, 많이 외롭고 지친다. 이럴 때 노래를 부르다 보면, 엄마도 아이도 또 다른 소통 방법을 익힐 수 있게 된다.

아이와 엄마는 원래 한 몸이었다가 둘로 나뉜 '한 몸인 듯 한 몸 아닌' 그런 상태다. 아이가 엄마 냄새, 엄마 소리를 끊임없이 느끼고 싶어하는 것은 당연한 거다. 그렇다고 엄마가 아이 곁에만 있을 수는 없다.

차츰 아이가 혼자 잘 누워 있으면 엄마도 나름의 활동을 해야 한다. 엄마가 자기 곁을 떠나려 한다는 걸 느끼면 아기는 바로 칭얼거린다. 귀신같이 알아차린다. 이때 엄마가 흥얼흥얼 노래하며 엄마가 여전히 아기 주변에 있다는 것을 들려주면 아기는 다시 안정감을 찾는다. 이런 상황에도 말로 목소리를 들려주려고 생각하면 피곤한 일이지만, 노래는 좀 수월하게 할 수 있다.

과묵한 엄마보다는 수다쟁이 엄마가 좋지만, 너무 수다스러운 엄마는 아이에게도 피곤할 수 있다. 수다쟁이 엄마의 노래는 엄마와 아이가 잠시 쉬어 가는 시간이 될 수도 있다. 여하튼 노래하는 엄마는 부작용이 없다.

노래 부르는 엄마의 아이는 행복하다. 노래를 '잘' 부르는 엄마가 아니라, 노래를 '불러주는' 엄마면 된다.

엄마가 아이에게 노래를 많이 불러주는 게 얼마나 좋은가에 관해 강연을 마치고 나면 엄마가 음치라서, 음악성이 없어서 오히려 아이에게 부정적인 영향을 끼칠까 봐 걱정이라고 질문하는 엄마들이 있다. 답은, 걱정할 필요 없으니 충분히 불러주시라는 거다. 왜냐하면 아이는 엄마의 노래를 음악으로 듣는 것이 아니고 엄마의 마음으로 듣기 때문이다. 정서적 교감이 이루어지는 도구라는 뜻이다.

음악은 소리의 높고-낮음, 길고-짧음, 크고-작음 등 대비되는 것들의 연속이다. 이 소리 몇 개가 모여 아름다운 소리를 만들어내고, 그것에는 반드시 정서적 의미가 포함된다. 기술적으로 뛰어난 연주도 정서적 의미가 빠져 있으면 감동적인 연주가 될 수 없다. 엄마가 아이를 사랑하는 마음이 엄마의 노래에는 그대로 녹아들어 있다. 그래서 엄마의 노래는 세상 그 어떤 음악보다도 아름답다. 그리고 그 노래를 듣고 자라는 아이는 행복하다.

물론 아빠도 마찬가지다. 퇴근하고 돌아와 아이를 몇 번 흔들며 위아래로 들었다 내렸다 하고는, 아이가 찡그리면 얼른 엄마에게 건네며 "배고픈가 봐"라고 하는 아빠들이 이제는 많이 줄었다. 동화책도 읽어주고 아이 아빠가 되어가는 법을 배우려고 노력하는 아빠들이 많다. 우리 음악원에도 그런 아빠들이 주말반 개설을 기다리고 있다.

그렇다면 엄마 아빠가 언제, 어떤 노래를 불러주면 좋을지 구체적인 예가 궁금할 것이다. 첫째, 엄마 아빠가 잘 부르는 노래여야 한다. 둘째, 아이가 듣고 좋아하는 노래면 된다. 우선은 아기가 처음 배우는 단어인 '엄마, 아빠, 맘마' 등이 포함된 동요나, 아기들이 좋아하는 의성어나 의태어가 포함된 동요로 시작해보자.

느리게 말하고, 많이 말하라

궁극적으로 무엇이 아이를 위하는 좋은 육아일까? 아이의 입장에서 더 필요한 것은 엄마와 아빠의 육아 중, 어느 쪽일까? 물론 아이의 입장에서는 곁에서 춤을 추는 엄마와 오래 하고 싶다. 하지만 아이의 눈앞에서 행진하는 아빠 또한 필요하다. 그래서 육아는 엄마와 아빠가 갖고 있는 리듬의 협업인 것이다.

다만 열쇠만 계속 던지는 아빠라면, 리듬을 교환하는 방식을 엄마에게 배워두는 것이 좋다. 부모의 리듬은 아이에게 고스란히 전달되기 때문이다. 그렇기 때문에 무엇을 던지든, 던질 때의 부모의 어투와 표정이 매우 중요하다. 그것이 아이에게 최종적으로 닿는 정서의 뉘앙스를 결정하기 때문이다.

부모의 리듬을 전달받은 아이는 스스로 행동 양식을 구축해나간다. 본능적이고, 아주 자연스럽게. 아이에게 제공된 자극은 그냥 지나쳐 없어지는 것이 없다. 지금은 제대로 된 피드백이 없었다고 해도 아이의 어딘가에 남아 있다. 그래서 엄마와 아빠의 건강한 자극이 필요하다. 좋은 자극을 주는 부모가 있다면 아이는 행복한 사람, 자신을 사랑하는 사람으로 무럭무럭 자란다.

간단한 테스트로도 아이와의 대화가 아이에게 좋은 자극인지 아닌지 알아볼 수 있다. 아이와 둘이 대화할 때, 다음과 같은 유형이 있다.

○ 느리게 말하는 사람
● 빠르게 말하는 사람

○ 많이 말하는 사람
● 묵묵히 챙겨주는 사람

이렇게 직관적이고 간단한 유형으로 나눠볼 수 있다. 네 가지 항목 중 둘만 고르면 선명히 드러난다. 말하자면 아이를 상대할 때 드러나는 부모의 태도로 볼 수 있다.

아이에게 말할 때, 아이가 잘 알아듣는지 살펴보며 느리게 말하는 사람인지, 늘 마음이 급해 빨리빨리 말하고 빨리빨리 알아듣길 요청하는 사람인지, 아직 말을 잘 못하는 아이라도 될 수 있는 한 많이 말을 걸고 감정 표현을 하는 사람인지, 아이가 아직 잘 알아듣지 못한다고 부정적으로 말하거나 말없이 행동으로만 아이를 챙겨주는 사람인지 생각해보는 계기가 된다. 엄마 아빠가 가장 최근에 아이에게 했던 몇 마디의 말만 살펴보아도 아이에게 좋은 자극을 주는 태도를 갖고 있는지 아닌지 알 수 있다.

느리게 말하고, 많이 말할수록 아이에게 좋은 영향을 미친다. 예를 들어 아기의 기저귀를 갈아줄 때도 부모는 아이와 눈을 맞추고 말을 할 수 있다.

① "건강하게 똥을 아주 많이 쌌구나, 우리 아기 시원했어요? 기분이 좋아졌어요?"
② "아유, 냄새!"

아기는 말을 못 알아들으니까, 1번과 2번이 다르다는 것을 모르지 않을까? 천만의 말씀이다. 목도 못 가누는 갓난아기라서 아무것도 못 알아들을 것 같지만, 말이 갖고 있는 뉘앙스와 말하는 부모의 감정은 고스란히 투명하게 전달된다. 아기는 커서 1번과 2번의 말은 기억하지 못하지만, 그때의 정서는 아기가 자라는 내내 함께 한다.

아이는 온몸으로 가장 가까운 부모의 리듬에 가장 많이 집중하고 있다. 빠르게 말하는 것은 아이가 못 들어 전달이 잘 안 될 수 있기 때문에 좋지 않다. 어른의 속도와 아이의 속도가 있다면 더딘 아이의 속도로 맞추는 것이 아이가 어른을 따라오는 것보다 수월하다.

아이가 더 이상 아기가 아니라 어린이가 되고 점점 성장해가면서, 아기였던 시절의 부모와의 깊은 유대감을 발판 삼아 험난한 양육의 과정을 헤쳐 나가야 한다. 양육은 이런가 하면 저렇고 저런가 하면 이런, 갈팡질팡하는 과정이기 때문이다.

"아이가 원하는 것이 무엇인지 예민한 센서로 아이의 신호를 받아들여야 한다"는 이야기를 듣고 열심히 아이 중심으로 육아를 하다 보면 어느 날 번뜩 이런 생각이 든다. '이러다가 너무 버릇없는 아이로 자라는 것은 아닐까?' 그리고 며칠이 지나면 신기하게도 어디선가 이런 소리를 듣게 된다. "갓난아기라도 모든 상황을 잘 알고 있으니, 되는 것은 되고, 안 되는 것은 안 된다는 것을 가르쳐야 한다." 그래서 잠투정하는 아이를 안아주지 않고 울며 잠들게 둔다. 그러다 다시 너무 울어 버릇해서 화를 잘 내는 성격이 되지는 않을지, 엄마 아빠의 애정이 없다고 느끼지는 않을지 고민스럽다.

어느 하나 정답이 없다. 어쩌면 육아는 매일 이런 고민을 하는 과정이다. 그래서 너무 여러 사람의 의견에 귀 기울이면 아이를 키우는 게 더 힘들어진다. 친정어머니 하시는 말씀 다르고, 시어머니 하시는 말씀 다른 것만으로도 힘들었던 시절이 있었다. 그런데 요즘은 유명하다는 육아 전문가들의 이야기를 모두 수용하려니 엄마들이 얼마나 고심이 될지 걱정이다. 그래서 나까지 보태고 싶지는 않다. 엄마와 아이가 필요하다고 느끼는 그때그때의 적절한 방법을 엄마가 소신껏 찾아낼 수 있기를 바란다. 그러려면 중심이 되는 생각이 있어야 한다. 교육철학이랄 것까지는 아니더라도, 두 가지 상충되는 양육 방식으로 혼란스러울 때 중심을 잡아줄 수 있는 가치여야 한다.

'스스로를 사랑하는 아이가 되었으면 좋겠다'
'몸과 마음이 건강한 아이로 자랐으면 좋겠다'

그 중심을 잡고 기르다 보면 늘 갈팡질팡, 오락가락하는 것 같지만 차츰 올바른 방향과 가까워지며 성장하고 있다는 것을 발견하게 될 것이다. 그러려면 두 가지 중요한 규칙을 기억해야 한다.

첫 번째는 어떤 새로운 시도를 했을 때는 한동안 꾸준히 시도한다는 것이다. 하루 이틀 해보고 이건 아닌 것 같다며 다시 원래 방식으로 돌아가면 생각했던 결과는 얻지 못하고, 아이에게 일관성 없는 부모로 인식될 수도 있기 때문이다.

두 번째는 한번 정한 방법이 영원할 수 없으니, 가끔은 지금 어느 지점에 있는지 살펴보아야 한다. 생각했던 단점은 이미 극복하고 어느새 시도의 부작용으로 반대편으로 가 있는 경우도 있기 때문이다.

아래 그림과 같이 양육의 시작점과 도달점이 있다고 가정하면, 시작부터 끝까지 직선으로 성장하는 아이는 단 하나도 없다. 적절한 시기에 멀리 보고 방향을 제시할 수 있는 부모가 되도록 노력하는 것밖에 할 수 있는 일이 없다. 그리고 끊임없이 사랑으로 바라봐 줘야 한다. 잘 자라는 듯하여 한두 달 방심하면 아이가 엉뚱한 곳에 가 있는 걸 발견하곤 한다.

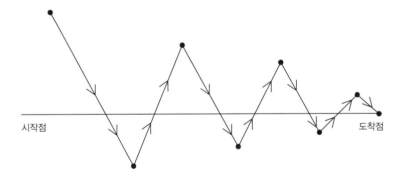

옥토퍼스(Octopus, 오징어 다리식) 음악 교육

지금까지 우리나라 음악 교육에서 꼭 필요하다고 여겨진 것이 무엇이었는지 살펴보면 대부분 두 가지에 집중하고 있었음을 깨닫게 된다. 연주 실력을 향상시켜주는 테크닉 교육과 훗날 혼자서도 연주가 가능한 독보력이다. 사실 대부분의 음악 학원이 지향하는 교육 방향이기도 하다. 하지만 대부분의 아이들은 이 두 가지 때문에 중간에 포기하게 된다. 갑자기 테크닉이 어려워지면서 연습량이 늘어나고, 필요한 연습량을 채우지 못해 제대로 실력이 향상되지 않으면 재미가 없어지고, 그래서 그만두고 싶어진다. 또 아무리 배워도 잘 이해가 되지 않는 어려운 이론 공부가 발목을 잡아 악보를 못 보게 되면, 그 또한 포기하는 원인이 된다. 결국 가장 성장시키고 싶었던 능력으로 인해 하고 싶은 것을 못하는 아이러니한 상황이 발생한다.

안타까운 것은 대한민국 거의 모든 아이들이 이 과정을 밟고 있다는 사실이다. 지금 이 글을 읽고 있는 독자 가운데 어려서 피아노나 악기 교육을 한 번도 받지 않은 사람은 거의 없을 것이다. 하지만 성인이 된 지금 그 악기를 자유자재로 연주할 수 있는 사람은 극소수에 불과하다. 분명 지금까지의 방식으로는 안 된다는 뜻이다.

그래서 나는 오징어 다리를 이야기한다. 지금까지 추구했던 두 가지는 오징어의 가장 긴 다리 두 개쯤으로 생각해야 한다. 지금껏 신경도 쓰지 않았던 음악의 다른 영역들이 여덟 개나 더 있다는 뜻이다. 이 열 개의 다리가 균형 있게 성장해야 오래도록 음악을 사랑하는 아이로 성장할 수 있다. '음악을 잘한다'는 것이 단순히 피아노를 잘 치는 것, 악보대로 치는 것, 연주할 수 있는 곡이 많은 것을 뜻하는 것이 아니라는 이야기다.

음악을 잘하기 위해서는 연주 테크닉은 물론이고, 듣는 귀, 곡의 구조를 이해할 수 있는 음악 형식, 곡의 표현을 결정할 수 있는 화성, 음악이 지금까지 어떤 의미로 어떤 사람들에 의해 작곡되고 연주되고 즐겨왔는지를 알 수 있는 역사적 배경, 집중력, 음악이 내포한 정서 해석, 바디퍼커션, 노래 부르기 등의 영역을 고루 익혀야 한다. 독보력은 지금과 같은 악보가 없다면 어떤 방법으로 기억하고 전달할 수 있을지 생각해보게 한다. 자신만의 기보법을 계발하도록 하기도 한다. 이렇게 악보의 필요성에서부터 악보가 생겨나게 된 동기와 지금의 악보로 정착하게 된 이유와 원리를 이해하면, 더 이상 어려운 공부가 아니고 재미있는 이야기가 된다. 지금 음악원에서는 이렇게 피아노를 배우고 있는 아이들이 있다.

물론 열 개의 다리가 함께 성장하려니 두 개의 다리에 집중했을 때보다 많이 느리다. 하지만 아이들이 재미있어할 뿐 아니라, 한 번 알려준 것들은 잊지 않고 기억한다. 이 아이들이 훗날 어떻게 성장할지 기대된다.

함께 공유한
리듬이 있어야
진정한 친구다

〰〰〰〰〰〰〰

　　사람은 누구나 함께하는 시간만큼 서로 닮아간다. 유전적 요인이 비슷한 형제자매, 모녀, 부자간에 닮는 것은 어찌 보면 당연하다. 하지만 같은 유전적 요인을 갖고 있는 일란성 쌍둥이라도 한 명은 친엄마와 생활하고 다른 한 명은 할머니와 생활한 경우, 친엄마와 성장한 아이가 엄마와 더 닮는다. 유전자에 의해 닮는 것도 있지만 생활 환경이나 행동 양식을 닮는 경우도 있기 때문이다.

　　고등학교 1학년 때의 일이다. 그때는 핸드폰이 없고 집에 유선전화기만 있었던 시절이다. 친구의 집에 전화를 하면 가족들이 받는 경우가 많았다. 한번은 우리 집에 친구가 전화를 걸어 "안녕하세요? 성은이네 집이지요? 성은이 있어요?"라고 묻는데 장난기가 발동했다. "여보세요!"라고 분명 내 목소리를 들려줬는데 친구는 내 목소리를 못 알아들은 듯했고, 더구나 엄마 목소리로 착각하는 것 같았다. "오, 정윤이구나? 성은이 없는데? 들어오면 전화하라 할게"라며 엄마인 척했다. 잠시 후 친구에게 전화를 걸어 사실은 엄마가 아니고 나였다고 고백을 하긴 했지만, 친한 친구가 내 목소리와 엄마 목소리를 착각하는 것이 재미있었다. 이렇듯 모녀 혹은 부자지간에 목소리가 비슷한 경우가 흔히 있다.

목소리가 닮았다는 것은 구강 구조가 유전적으로 비슷해서 일어나는 현상일 수 있다. 하지만 오로지 구강 구조 때문만은 아니다. 발성과 언어 습관이 비슷해서 생기는 현상이다. 부모의 발성법은 말을 배우는 시기부터 은연중에 따라 하며 익히게 되니, 특별히 누가 가르쳐준 적이 없어도 부모의 발성법을 신기할 정도로 닮게 된다. 그리고 자주 사용하는 어휘나 발음이 닮는다. 억양도 닮는다. 거기에 가장 중요한 것이 하나 더 있다. 바로 정서 표현 방식이다. 즐겁고 재미있다는 표현 방식, 우울하고 힘든 내색을 하는 방식이 닮는다.

유전적 요인이 겹치지 않는 친구나 부부가 닮는 부분이 바로 이 부분이다. 정서 표현 방식의 모방. 친한 친구들은 겉모습이 비슷해진다. 비슷한 헤어스타일을 좋아하고, 비슷한 옷을 입는다. 화장도 비슷하게 하니 전체적인 패션이 거의 같다. 중학생 아이들이 걸어가는 모습을 뒤에서 보고 있자면 웃음이 절로 난다. 예쁘게 생긴 여학생들이 상체를 뒤로 젖히고, 다리는 약간 벌려 팔자걸음을 걷고, 걸을 때마다 팔이 흔들리다 못해 건들거린다. 가끔은 슬리퍼를

찍찍 끌고 가기도 한다. 그 시기 아이들은 약간 불량스럽게 행동하는 것이 부모와 교사, 즉 기성세대에 대한 독립선언이라 생각하는 모양이다. 껌을 소리 내어 씹거나, 알아들을 수 없는 은어나 줄임말을 많이 사용하는 것도 그와 같은 맥락이다. 아이들은 이런 식으로 닮아가는 듯 보인다. 하지만 이것만으로는 닮았다는 느낌을 줄 수 없다.

정말 닮으려면 공유하는 리듬이 있어야 한다. 아이들은 대개 같은 가수와 노래를 좋아한다. 혹, 가수와 노래는 다르다 하더라도 그들이 선호하는 리듬이 비슷할 확률이 높다. 그 음악에 맞춰 아이돌 가수들처럼 군무를 추기도 하고, 노래방에 가서 큰 소리로 부르기도 한다. 쉬는 시간마다 교실 뒤편에 모여 이어폰을 꽂고 온몸을 흔들며 서로의 모습을 보며 키득거린다. 그러다 별것도 아닌 것에 빵 터져 배를 움켜쥐고 깔깔거린다. 서로를 때려가며 그렇게 행복할 수가 없다. 이렇게 함께한 시간들이 서로를 닮아가게 하는 거다.

양상은 조금 다르지만 내게도 비슷한 친구들이 있다. 고등학교 친구들이다. 나는 정신여고 노래 선교단 출신이다. 고등학교 3년간 함께 노래한 친구들은 지금 만나도 남다르다. 10년 만에 만나도, 20년 만에 만나도, 30년 만에 만나도 할 이야기가 무궁무진하다. 공부만 열심히 함께한 친구들과는 차원이 다른 친밀감이 있다. 함께한 추억이 많기 때문이기도 하지만, 그 안에 음악이 함께했기 때문이다. 함께 공유한 리듬만큼 친구는 닮는다.

요즘 아이들이 친구와 공유할 리듬이 아이돌 가수들의 노래뿐이라면 상당히 아쉽다. 대중음악이라서가 아니다. MP3와 스마트폰이 아이들의 리듬을 한쪽으로 몰아가고 있다. 검색 순위에 올라오는 음악만 듣고 좋아하기에도 시간이 부족하다. 세상에는 너무나 다양한 음악이 있는데 너무 한곳에 치우쳐 있으니 아쉽고 안타깝다. 나의 학창 시절에도 대중음악은 존재했다. 우리는 조용필의 〈단발머리〉〈고추잠자리〉 같은 노래를 들으며 춤을 췄다. 팝송도 많이 들었다. 하지만 음악 시간에는 가곡을 불렀고, 클래식 음악을 들었으며, 합창단에서는 예쁜 가사의 노래들을 불렀다.

이 시대 청소년이 공부 스트레스로 얼마나 힘들어하고 교우 관계 문제로 고민하는지. 학교 폭력, 왕따 등의 기사가 쏟아지지만 정말 아이들을 위해 해줘야 하는 것들을 못해주고 있다. 함께 공유할 리듬이 필요하다. 강렬하고 자극적인 리듬만 공유하는 아이들이 조금은 부드럽고, 조금은 심심하고, 조금은 고리타분한 리듬도 공유했으면 좋겠다. 아이들의 급하고 거친 성향이 그들의 리듬 때문일지도 모르기 때문이다.

분당에 있는 한 중학교에 '0교시 음악 활동'이라는 이름으로 아침 자습 시간을 활용한 바디퍼커션을 한 학기 동안 진행한 적이 있다. 아이들의 아침 시간을 리듬으로 깨우면 아이들이 좀 더 활기차게 하루를 시작할 것이라는 막연한 기대로 시작했다. 물론 아이들은 다른 친구들보다 한 시간 일찍 등교하는 것을 힘들어했고, 교실에 들어올 때는 아직도 잠에서 덜 깬 듯 어슬렁거리며 들어왔다. 활동을 시도해도 그다지 호응이 좋지 않았다. 하지만 10분쯤 시간이 지나면 아이들이 꿈지럭거리기 시작했고, 서로의 어설픈 모습에 빵 터져 웃으면서 어느새 재미있게 활동에 임했다. 나중에 그 반 담임선생님은 아이들이 중간중간 쉬는 시간에도 리듬활동을 한다며 신기해하셨다. 우리는 이런 건 교육방송에서 다큐로 찍어야 한다며 서로를 격려했다. 아이들을 남보다 한 시간 먼저 리듬으로 깨웠더니 성적이 오르더라는 식의 이야기는 하고 싶지 않다. 다만 아이들이 아이돌 음악이 아닌 다른 음악 활동이 가능했다는 것, 심지어 재미있어했다는 것, 그리고 함께 공유한 리듬만큼 가까워졌다는 것이다.

직장 내에 음악 동아리가 있는 회사는 참 좋은 회사다. 동아리 활동을 하고 있는 사람들은 이미 잘 알고 있다. 함께하는 동료와 얼마나 가까워지는지, 리듬을 통해 얻어지는 에너지가 얼마나 긍정적인 힘이 되는지. 가까워지고 싶은 친구가 있다면 함께 리듬을 공유할 수 있는 방법을 찾기를 권한다. 매일 비슷한 레스토랑에서 식사하고, 그 앞 커피숍에서 커피를 마시며 직장 상사 흉을 보거나 연예인 이야기를 하며 친해진 친구와는 차원이 다르다.

전시회도 가고, 도시 구석구석을 걸어보자. 멋지고 아름다운 것들을 보면 함께 감탄하자. 이런 시간을 공유하는 것이 리듬을 공유하는 것이다. 함께 공유한 리듬이 있어야 진정한 친구다.

마음에 드는 이성이 생기면 우리는 데이트를 한다. 처음엔 가까운 곳에서 식사하고, 밥 먹고, 영화를 보며 탐색을 시작한다. 어느 정도 탐색기가 지나면 풍경이 아름다운 곳으로 나들이를 간다. 그 이후에 더욱 친해지는 것은 정서를 표현하는 방식이 마음에 들었기 때문이다. 한참을 달려가 파도 치는 바다를 바라보며 "바다다!"라고 소리치는 사람도 있고, 깊게 호흡을 가다듬으며 "아, 좋다!"라며 차분한 소리를 내는 사람도 있다. 그저 폴짝폴짝 뛰는 사람도 있을 수 있고, "나 잡아봐라" 같은 드라마의 유치한 장면을 유도할 수도 있다. 아름다운 장소에서 감탄하고, 감탄하는 방식을 공유하면 그것이 추억으로 새겨진다. 셀카봉을 동원해 찍은 사진보다 훨씬 깊게 새겨진다.

TIP

리듬의 공유가 가능한 활동의 예

• 음악회: 함께 좋아하는 뮤지션의 음악회에 가자. 가끔은 우아한 클래식 음악회도 좋다.

• 악기 배우기: 기타, 우쿨렐레, 오카리나 같은 비교적 쉬우면서 서로를 마주 보고 배울 수 있는 악기를 배워보자.

• 밴드나 합창단 같은 동아리 활동을 함께하자.

• 탁구, 테니스, 스쿼시 같은 순서 주고받기 효과가 있는 운동을 함께하자.

• 트램펄린 운동을 함께하자.

〈우리 몸은 모두 악기다〉

다 리듬 때문이었어

바이러스보다 빠른
감정 전염

이상하게도 옆에 있는 사람이 하품을 하면 나도 같이 하품을 하게 된다. 방금 하품을 했는데도, 옆에 있는 사람이 하품을 하면 곧장 또 하품이 나온다. 피곤하거나 졸린 것도 아닌데 이렇게 주변에서 하품이 이어지면 덩달아 계속 하품을 하게 된다.

아주 어렸을 때부터 경험했던 이 하품의 전염은 어떻게 해석할 수 있을까? 놀라운 사실은 개도 사람의 하품을 따라 한다는 거다. 낯선 사람보다 애착을 느끼는 사람의 하품을 더 높은 확률로 따라 하게 된다는 것을 보여주는 실험 사례도 있다.

도대체 이 하품의 정체는 뭘까? 우리는 개그 프로그램을 볼 때, 혼자 시청할 때보다 여러 사람이 함께 시청할 때 큰 소리로 더 많이 웃게 된다. 이 비밀을 알게 된 방송 관계자들은 혼자 티비를 보는 사람들이 더 많이 웃을 수 있도록 방청객이 없는 개그 프로그램에도 주요 포인트에 방청객 웃음소리를 집어 넣었다. 피식 웃고 말 장면들도 방청객이 박장대소하는 소리가 들려오면 확실히 더 크게 웃게 된다. 그렇다면 이 웃음도 하품과 비슷한 작용을 하는 걸까?

평소에 눈물이 많지 않은 사람들도 영화관에 가서 슬픈 영화를 보면 확실히 매우 높은 확률로 '울게 된다'. 함께 영화를 보는 사람들은 매번 비슷한 지점에서 눈물을 쏟는다. 영화를 만든 사람들이 관객의 연령대와 성별을 불문하고 정확하게 대중의 심리를 파악하고 있기 때문일까?

감정도 전염된다

이 모든 현상을 '감정 전염'이라는 개념으로 설명할 수 있다. 두 명 이상의 사람이 한 공간에서 가까운 거리에 위치하고 있을 때 한쪽에서 둘 사이의 리듬을 깨고 새로운 리듬을 제시하면, 그 감정이 고스란히 상대에게 옮겨져 전염되는 것처럼 보이는 현상이다.

전염성을 갖고 있는 세균이 새로운 숙주의 몸으로 들어가 병을 옮기는 것처럼, 정서적인 리듬의 전염을 통해 감정도 옮겨 간다. 세균은 공기 감염, 비말 감염 혹은 피부 접촉 등의 경로로 옮겨 가고 증상이 나타나기까지 잠복기라는 시간을 필요로 하지만, 감정 전염은 순식간에 벌어진다. 전염 즉시 증상이 나타난다.

하품하는 그 순간! 웃음이 터지는 바로 그 찰나! 침을 묻히거나 손을 잡거나 피부를 접촉한 것도 아닌데, 감정은 상대방에게 곧장 침투해 감정 전염을 일으킨다. 유대 관계가 깊은 사이일수록 감정 전염의 강도는 높아진다. 친한 친구가 고민을 이야기하다가 눈물을 뚝 떨어뜨리면, 듣고 있는 친구의 눈시울도 순식간에 붉어진다. 가끔은 함께 울어줄 만큼 감정이입이 되지 않은 것 같은데도 눈은 이미 반응하고 있는 경우도 있다. 정서 공유에 의한 반응이라 생각하지만, 이렇듯 먼저 울고 그다음에 공감하게 되는 경우도 많다. 결국 공감이라는 정서적 움직임보다 몸이 훨씬 빨리 반응한다는 이야기다.

이 현상은 매우 자연스럽고 본능적이라고 볼 수 있지만, 현상에 대한 설명에만 그치는 것은 아니다. 이 같은 심리적인 현상을 활용하여 영화, 콘서트, 연극 등의 대중 예술을 즐기는 데 활용할 수 있다. 인간은 아름다운 것, 좋은 것, 재미있는 것을 좋아하는 사람과 함께 느끼고 싶어한다. 혹은 더 많은 사람들과 나누고 싶어한다. 감정 전염은 함께 공감하는 사람과 무언의 동의를 통해 탄력적인 리듬을 만들어낸다. 이 리듬을 공유하고 싶어 인간은 자꾸 모인다. 클럽에서 추는 춤, 음악회장에서의 음악감상, 영화관이 다 그런 것이다.

근래에는 기부 단체의 활동에도 효과적으로 활용되고 있다. 도움이 필요한 대상의 영상이나 사진을 현장감 있게 담아 SNS를 통해 게시한 후, 그 게시물을 개인의 계정으로 공유한 수만큼 기부금을 전달하는 방식이 한 예다.

방학 동안 점심 식사 해결이 어려운 저소득층 아이들의 안타까운 모습을 알리는 사진과 글, 희귀 질환으로 고통받고 있지만 수술비를 감당하기 어려워 치료가 지연되고 있는 환자의 모습을 담은 동영상을 게시한 다음, 해당 게시물을 공유할 때마다 1달러 혹은 1,000원의 기부금을 전달하는 방식이다.

해당 메시지를 보고 공감한 개인이 그것을 표현하는 의미로 게시물을 공유하면, 거기에 동감하는 개인들이 공유해서 알리고자 하는 사회적 문제 혹은 고통받고 있는 대상의 실체를 적극적으로 알려서 반향을 일으키려는 것이다. 그리고 사람들은 자신이 공감한 메시지가 후원금의 방식으로 환원되는 것을 보고 선한 마음이 실질적으로 도움이 되는 놀라운 일을 경험한다.

현상에 대한 '공감'에서 적극적으로 사회문제에 참여하는 동기부여를 만들어낸다. 여기서 벌어지는 게시물이 공유되는 현상이 감정 전염의 인터넷 판이라고 볼 수 있다.

선한 사람들은 보폭을 맞추어 걷는다.
그들이 누군지 알지 못한 채,
다른 사람들은 그들 주위에서 시간의 춤을 춘다.

— 프란츠 카프카

예술 콘텐츠는 활용된 음악이 호소력 있을 때 더 잘 전달된다. 프러포즈를 할 때 음악을 사용하는 것도 음악의 힘이 효과적이기 때문이다. 음악은 말이나 행동보다 앞서서 분위기를 만들고 감정을 전달한다. 심지어 말과 행동의 곁에서 전달하고자 하는 정서를 돕는다.

음악은 직감적인 전달이 가능해서 말과 메시지가 따로 없어도 리듬을 만들어 전달한다. 우리가 살아가는 세상은 합리적인 결론을 도출하는 것보다 감정적인 본능적 반응의 결과인 경우가 허다하다.

감정에는 크게 두 가지 맥락의 리듬이 있다. 자신 안의 감정, 그리고 타인과 나 사이의 관계 속에서 만들어지는 감정.

우리는 타인의 몸과 감정, 생각을 완전히 볼 수도, 알 수도 없다. 그래서 나와 너 사이에 있는 리듬은 나의 리듬과도, 너의 리듬과도 완전히 일치하지 않는다. 우리 사이의 리듬은 타인과 나 사이의 공간을 채우는 리듬이다.

사람들은 좋은 것을 보면 그것을 공유하고자 한다. 좋은 감정을 들게 한 무엇이 더 넓은 공간을 채우는 선순환이 되기를 바라는 본능적인 반응으로 자신에게 닿은 좋은 감정을 곁에 있는 누군가에게 전달한다.

플레이 리스트가 풍부할수록 삶은 풍요로워진다

다양한 경험은 다양한 감정을 적립한다. 다양한 음악을 듣는 것은 다양한 정서를 인식할 수 있게 한다. 음악은 많은 사람들이 동의하듯 정서적인 울림을 풍부하게 해준다. 많이 듣는 것이 경험의 결을 만드는 데 도움이 된다.

아는 곡의 리스트가 많다면 다양한 감정에 어울리는 음악을 많이 떠올릴 수 있다. 내가 처한 상황에 적합한 음악의 목록이 많아질수록 정서적으로 안정과 치유를 얻기에 좋다. 연인과 헤어지고 나면 사랑을 노래하는 가수들의 노랫말 한마디 한마디가 어찌 그리 내 마음과 같은지 구구절절 공감하며 듣게 되는 것처럼, 언제, 어떤 상황일지라도 어울리는 음악은 존재한다. 음악은 곧 우리네 삶이다.

내가 느끼는 감정을 호소하거나 표현할 줄 모르는 것은 내가 느끼는 감정의 형태를 제대로 감지하지 못하기 때문이다. 이것은 물론 전문적인 음악 교육이나 전문가가 추천하는 꼭 알아야 하는 교향곡 리스트 같은 것을 말하는 것이 아니다. 동요, 가요, 팝, 재즈, 접할 수 있는 모든 종류의 음악을 망라해 일상적으로 음악에 가까이 노출되어 있다면, 나의 감정을 이해하고 상대의 고통과 슬픔에 대한 공감 능력을 갖는 데 도움이 된다. 바이러스보다 빠르게 전염된 감정을 음악을 통해 수시로 느끼기 때문이다.

노래를 잘 부르거나 악기를 연주할 수 있는 사람이 정서적으로 훌륭한 사람이라는 말이 아니다. 음악에 귀 기울이는 마음의 공간이 있는 사람이 삶의 여러 결을 볼 수 있다는 말이다. 공감이 마음의 여유를, 마음의 여유가 공감을 갖게 하는 선순환 구조로 무한히

돌고 돈다.

슬플 때 눈물을 참다가도 옆에서 누군가 우는 소리가 들리면 바로 신호탄이 되어 감정이 전염되는 것은 정서가 옮겨진 탓도 있지만 그 사람의 행동의 패턴, 행동리듬을 전달받는 경향 때문이기도 하다.

아침에 말로 하는 인사 대신 손뼉을 마주 치는 하이파이브가 더 큰 활력을 가져온다. 일이 잘 처리되어갈 때, 혹은 어려운 일을 시작해야 할 때도 주먹을 살짝 부딪치기만 해도 힘을 얻는 걸 느낀다. 실제로 이러한 행동이 물리적으로 일정한 에너지를 만들어 상대에게 전달하는 것이 아니다. 리듬을 교환하는 방식이 감정이 전달된 것처럼 보이는 거다. 신기한 것은 이러한 행동 양식이 정말로 응원의 힘을 준다는 것이다.

농경사회에서는 가뭄이 들었을 때 비가 내리기를 비는 제사를 지냈다. 그것이 바로 기우제다. 우리나라에서도 지냈고, 대륙을 지나 지구 반대편의 인디언들도 지냈다. 기우제를 지내면 비로소 비가 내렸다. 그 이유는 비가 올 때까지 계속해서 기우제를 지냈기 때문이다. 기우제를 지내는 행위를 하는 것으로 가뭄에 처한 사람들은 비가 오길 바라는 공동의 소망을 갖게 된다. 이 간절한 소망을 제를 함께 지내는 것으로 견뎌내는 거라고 볼 수 있다.

감정은 실제로는 완벽한 형태로 전달되지 않을 수 있다. 혹은 오랜 시간 서서히 전염될 수 있다. 다만 그 감정을 표현하는 특정한 행동 양식을 만들어내는 것은 그때의 감정이 전달되는 것처럼 보이게 한다. 눈에 보이지 않는 것을 보이게 만들어 전달하는 셈이다.

우리는 몸의 리듬으로 응원의 마음을 전달할 수 있다. 사랑과 믿음도 전할 수 있다. 마음의 안정과 지지를 얻을 수 있다. 눈에 보이지 않는 에너지를 작은 행동으로 전해줄 수 있다. 내 마음을 보여줄 수 있는 리듬을 가지고 있으면 말 없이도 많은 것을 표현할 수 있다.

경기 불황으로 모두가 힘들어할 때 배우 최민식이 친구를 위해 어설픈 노래를 불러주다 어깨동무하며 걸어가는 뒷모습의 광고가 있었다. 힘들어하는 국민들에게 위로가 되는 감성 마케팅이었다. 두 중년 남자의 뒷모습이 그 시대 가장의 부담을 고스란히 묘사하고 있다. 친구의 어깨를 꽉 잡고 걸어가는 몸의 리듬이 그 어떤 말보다 위로가 됨을 잘 보여준다. 이 광고 시리즈 중에는 자동차를 타고 가다가 〈아빠의 청춘〉 CD를 꽂고 운전대 위의 아빠 손을 꼭 잡아드리는 아들도 있고, 퇴근길 남편의 손을 잡고 노래하는 아내도 있다.

그들의 노래가 힘이 되는 것 같아 보이지만, 자세히 보면 모두 스킨십을 통해 위로하는 장면들이다. 몸의 리듬이 음악의 도움으로 배가되는 명장면들이다. 그 광고가 어떤 회사의 것이었는지 기억하는 사람은 많지 않지만, 그때 받았던 감동은 모두 기억하고 있다. 아끼는 주변 사람들에게 리듬이 있는 스킨십으로 마음을 전달하자.

TIP

리듬이 있는 스킨십으로 표현되는 마음

악수: 신뢰감

쓰담쓰담: 소중함

하이파이브: 인정과 격려

서로 주먹을 부딪치는 것: 시도

토닥토닥: 위로

양 어깨를 꽉 쥐는 것: 확신

볼 뽀뽀: 생기

◆

3장의 제목이 '심포니(Symphony)'인 것은 우리가 항상 어떤 조직의 일원이기 때문이다. 마치 오케스트라의 한 구성원으로 연주를 해나가듯, 우리 인생을 연주해야 한다. 오케스트라는 악기의 특성상 여러 악기군으로 다음과 같이 구별된다.

① 현악기군: 연주 내내 거의 쉴 틈 없이 연주해야 하는 악기군. 회사에서 나만 쉴 틈이 없는 것 같은 대리급 이하의 직원이 여기에 속한다 하겠다.
② 목관악기군: 가끔 아름다운 멜로디를 들려줄 수 있지만, 모두가 연주하고 있는 순간에는 존재감이 잘 드러나지 않는 목관악기군이 있다. 이들은 볼륨이 작아 다른 악기가 소리를 내지 않거나 작게 소리내는 순간에만 자신이 어떤 소리를 내는지 알 수 있다. 조직의 구성원이 많으면 이런 유의 직원이 꼭 있다. 평상시에는 일을 하는지 안 하는지 잘 모르겠다가 결정적인 순간에 화려하게 그 모습을 드러낸다. 본인은 평상시에도 일을 하고 있는데 다른 사람들이 몰라주니 늘 섭섭하고 불안한 반면, 다른 사람들에게는 좀 얄미운 캐릭터다.
③ 금관악기군: 오케스트라 단원 가운데 연주하는 시간이 그다지 길지 않은 악기다. 대부분의 시간 동안 악보를 보며 다른 연주자들이 어디를 연주하고 있는지 구경만 한다. 그러다가 곡이 클라이맥스에 다다를 듯하면 슬슬 준비를 하고 엄청 큰 소리로 등장한다. 존재감이 대단하다. 특히 트럼펫은 왕의 등장을 상징한다. 조직에서는 하는 일을 떠벌리며 자기 자랑이 자연스러운 밉상 캐릭터다. 그런데 일의 성과도 좋은 편이라 대놓고 미워할 수는 없다. 상사에게도, 동료에게도, 없으면 아쉬운 존재이기 때문이다.
④ 타악기군: 금관악기보다 연주 시간은 더 짧고, 존재감은 더 있는 악기다. 팀파니는 트럼펫과 함께 왕의 등장을 알리는 데 사용되었던 악기다. 곡의 마지막 부분을 정확하고 화려하게 만들어주는 역할을 한다. 타악기의 리듬이 흔들리면 오케스트라 전체의 리듬에 영향을 주기 때문에 정확한 템포와 리듬감이 중요한 악기다. 한 사람이 다른 두세 가지 타악기를 연주하는 경우가 많다. 조직에도 아주 중요한 업무는 아니지만 꼭 필요한 일을 두세 가지 할 수 있는 멀티 플레이어가 있다. 외부 인력인 경우도 있고, 꽤 높은 직책이지만 이런저런 다양한 업무를 소화하는 경우도 있다.
⑤ 지휘자: 전체 오케스트라 단원을 통솔하는 수장이다. 두말할 필요 없이 조직의 리더다.

이를 통해 조직의 리듬이라는 것은 무엇이며 그 특성은 무엇인지, 조직의 리듬이 어떻게 형성될 수 있는지, 조직의 리듬과 관련한 리더의 자질에는 무엇이 있는지 알아보자.

03

◇◇◇◇◇◇◇◇◇◇◇

심포니 Symphony
리듬을 공유하는 힘

함께 이루는 힘,
리듬을 공유하라

～～～～～～～

　미처 소년의 티를 벗지 못한 20대 초반의 사내가 각이 잘 잡힌 군복을 입고 거수경례를 하는 모습을 보고 있으면 제법 군인답다는 인상을 받게 된다. 소년을 갓 벗어난 어린 청년은 어떻게 어엿한 군인의 모습으로 바뀌어가는 걸까?

　맨 처음 훈련소의 문턱을 밟은 신병은 첫날 여러 가지 군용품을 나눠 받고 기초 질서에 대한 설명을 듣다가 하루를 다 보낸다. 이때까지는 아직 군인이 되었다는 생각이 들지 않는다. 이윽고 훈련소에 입소한 다음 날 아침이 되면 비로소 군인이 된 현실을 깨닫게 된다.

　　"빠～ 빠～ 빠-빠-빠～ 빠-빠-바-빠-빠～"

　새벽 6시, 피곤함과 긴장감이 뒤엉켜 고요하던 생활관에 군대

기상나팔 소리가 스피커를 뚫고 요란하게 울려 퍼진다. 군대를 다 녀온 사람 중 군대 기상나팔 소리를 잊을 수 있는 사람은 없을 것이라고들 말한다. 휴가 나온 이등병 친구에게 기상나팔 소리를 들려주면, 깊은 잠에 빠져 있다가도 그게 몇 시건 상관없이 혼비백산하며 튕겨져 오르듯 잠에서 깬다. 자동으로 이불을 개고 벌떡 일어나선다. 기상 후 이부자리 정리를 다 마친 뒤에야 비로소 겨우 웃음을 참고 있는 친구들을 알아보고 억울함에 소리를 지른다. 함께 장난치고 미숙하기만 하던 친구가 군인의 리듬에 완전히 적응되어버린 어색한 모습에 장난을 친 다른 친구들은 웃음을 참지 못한다. 그야말로 웃기고 슬픈 잔인한 장난이다.

리듬은 반복을 통해 만들어진다

고등학생 아들을 등교시키고 출근하려고 아침 일찍 서둘러 같이 차를 타고 나가는데, 옆자리 아들 녀석이 아침부터 머리를 뱅글뱅글 돌리며 요상한 노래를 듣는다. 어쩌면 엄마가 대답하기 난처한 질문들을 할까 두려워서 미리 방어 태세를 취하는 것일지도 모른다. 이어폰으로 귓구멍을 꽉 막고 듣고는 있는데 볼륨이 워낙 커서 새어 나오는 소리만으로도 어떤 노래인지 알 만하다. 급기야 후렴 부분이 되니 신이 나서는 웅얼웅얼 따라 부른다.

"I'm like TT. Just like TT."

음악원에 출근해서 이런저런 업무로 바쁜 와중에 나도 모르게 흥얼거리는 노래가 아들이 아침에 부른 노래인 걸 깨달으면 어이없어서 웃음이 피식 나온다. 어느새 자꾸 그 노래를 부르고 있는 나를 발견한다. 두어 번 반복되면 머리를 흔들며 투덜거린다.

"에잇, 녀석 때문에 이 노래가 머리에 박혔어!"

이렇듯 어떤 음악이 머릿속에서 계속 맴도는 현상은 누구나 쉽게 경험한다. 떨치려 할수록 머릿속 깊숙이 자리 잡는 기분이다. 이제는 없어졌나 싶어 신경을 안 쓰면 어느새 또 그 음악이 맴돌고 있다.

독일에서는 이를 '귀벌레(Ohrwurm)'라고 한다. 귓속에 들어가 앵앵거리는 것을 잡으려 하면 점점 더 귓속으로 들어가버리는 벌레처럼, 떨치려 해도 떨쳐지지 않고 점점 더 고약하게 흥얼거리게 되는 음악을 표현하기에 이보다 더 좋은 단어는 없을 듯싶다.

비슷한 용어를 영어권에서는 '끈끈한 노래(sticky song)'라고 한다는데, 전문적인 문헌에서는 독일어 표현을 그대로 직역한 'earworm'을 쓰기도 한다. 아침에 듣는 음악이 중요한 이유는 바로 귀벌레 때문이다. 하루 종일 귓속에 자리할 벌레가 하루 중 가장 먼저 들은 음악일 확률이 높으니 말이다.

입소한 지 얼마 안 된 훈련병들은 대부분 늦잠 자는 습관을 가지고 있다. 그러나 군대에서는 모든 사람들이 새벽 6시에 기상해서 잠이 덜 깬 몸으로 체조와 구보까지 하게 된다. 얼마 전까지 아침에 일찍 일어나는 것은 상상도 못하던 이들이 매일 아침마다 예외 없이 새벽 6시에 기상한 것도 모자라 "왼바~알, 왼바~알" 하는 거친 목소리의 구호를 들으며 3킬로미터씩 달린다. 아무리 추워도, 아무리 더워도, 매일 아침 다른 전우들과 함께 호각 소리에 발을 맞춘다. 낙오된 훈련병들도 뒤에서 걸으며 끝까지 함께 완주한다. 깊은 잠에 든 아버지에게 기상나팔 소리를 들려드려도 번개처럼 잠자리에서 일어난다는 우스갯소리도 있다. 한번 몸 안에 들어온 패턴을 몸이 너무 오래도록 기억하고 있다. 오랜 세월 사용하지 않은 리듬인데도 뼛속 깊이 새겨져 있는 모양이다.

제대 후 군복을 벗고 사회의 리듬으로 살아가던 멀쩡한 남자들도 다시 군복을 입게 되면 말투와 걸음걸이가 금세 바뀐다. 마치 옷이 아니라 다른 사람을 입은 듯이 변한다. 불량 군인 놀이를 재미있어하다가도 특정 훈련에서는 절도 있는 '경직된 태도'가 '자연스럽게' 흘러나온다.

몸에 불편하고 마음이 원하지 않는 리듬이지만 몸에 착 달라붙는 이런 부자연스러운 현상은 어떻게 생기는 걸까?

하나의 목표를 위한 모두의 단합

이는 리듬이 반복된 훈련을 통해 만들어진다는 걸 보여주는 사례다. 기준이 되는 정확한 리듬패턴을 주축으로 서로 다른 여러 개인들의 리듬을 똑같이 맞추는 '훈련'이 가능하다는 것이다.

개인적으로 움직이는 리듬은 그만의 개성이 되지만, 같은 리듬을 함께 만들어 공유한 집단의 리듬은 문화가 된다. 몸에 흐르는 리듬이 곧 문화라는 말이다. 미국에서 좀 살다 온 한국 사람이 난처하거나 잘 모르겠다는 표현으로 손바닥을 보이며 어깨를 들썩이면 거부감을 느끼는 사람이 꽤 있다. 한국적인 리듬이 아니기 때문이다. 이렇듯 문화적인 리듬의 흐름은 내가 본래 갖고 있던 성질과 맞든 맞지 않든 상관없이 반복을 통해 몸에 남는다. 자주 활용되지 않더라도 어느 구석엔가 저장되어 있다가 기억 소환 단추가 눌리면 바로 작동된다.

의외로 이런 문화리듬을 생각보다 많이 가지고 있다. 같은 학교, 같은 동아리, 같은 부대, 같은 직장 등등, 속하게 되는 많은 공동체가 모두 리듬패턴을 가지고 있다. 그 안에서 개인은 개인으로서의 적응 시간도 경험하고 개인 대 공동체라는 다층적인 문화의 관계도 만들어나간다. 하나의 공동체가 같은 리듬을 경험할 때마다 문화를 하나씩 만들어가는 것이다. 혼자 하는 것은 문화가 아니다. 교가를 혼자 중얼거릴 때는 문화라고 하지 않지만, 아침 조회 시간 운동장에서 다 같이 교가를 부르는 현장은 문화가 된다.

학창 시절 불렀던 교가는 학교마다 모두 비슷하다. 학교 주변의 산, 지리적 명칭, 역사적 유적지 등이 등장하며 '기운'과 '정기' '충과 효' 등을 강조하는 것이 대부분이다. 교가의 주요 리듬은 일사불란한 4분의 4박자다. 물론 점4분음표와 8분음표로 이루어진 부점(음표의 머리 오른쪽에 점이 있는 음표)도 포함된다. 여러 사람의 리듬을 통솔하기에 좋은 형식이다. 수업의 시작과 마침을 알려주는 시그널 음악부터 급식실 식판 부딪히는 소리까지, 리듬이 들어 있는 다양한 경험들이 그들만의 문화를 만들어낸다. 그리고 하나의 리듬을 경험하게 하기 위한 다양한 시도들이 포함된다. 교복, 두발 단속, 시간표, 조회, 체육대회, 수학여행, 조별 과제 등 공동체가 공유하는 리듬이 만들어지는 과정은 이렇듯 일상의 반복되는 소리들로 이루어진다. 말이나 이론으로 되는 일이 아니다. 함께하는 신체 활동이 많을수록 더 강력한 통일성을 만들어낸다. 왜냐하면 리듬은 몸으로 익혀야 하기 때문이다.

자유로운 춤사위가 가능한 21세기 젊은이들도 군에 입대하면 4분의 4박자 강박 박수를 치며 군가를 부른다. 그들의 입대 전 생활을 상상하면 도저히 어울릴 것 같지 않은 그 리듬을 힘겹게 몸에 익힌다. 처음 군에 입대해서 5주간의 혹독한 신병 교육을 받는 것도 개별적으로 만들어 살아온 개개인의 리듬을 버리고, 통일된 군인다운 리듬을 함께 익히기 위함이다. 훈련을 받은 군인들은 정해진 규칙을 잘 지키고, 지시받은 명령에 의문을 품지 않고 신속 정확하게 처리한다. 군대는 결국 이 신속 정확한 리듬을 잘 활용하기 위해 4분의 4박자 정박의 박수 리듬을 그토록 과장되게 쳐대는 거다.

확고한 명령 체계와 빈틈없는 정보 보안이 생명인 군대의 특수성을 위해 강박 박수 리듬이 필요하다. 말랑말랑한 꽃미남을 멋진 군인으로 만드는 과정이 단지 강도 높은 훈련만이 아니라는 이야기다. 말투 교정도 리듬훈련의 하나다. '이랬어요, 저랬어요' 하던 말랑말랑한 말투를 '이렇습니다. 저렇습니다'라며 각을 잡는 것이다. 딱딱하고 뻣뻣하기 이를 데 없는 이러한 '다나까' 말투가 군 생활에 적합한 리듬을 익히는 데 도움이 된다. 온몸에 확고하게, 뼛속까지 익혀야 하는 리듬이다. 정확한 리듬으로 통일감을 익히고, 자유로운 생각을 떨쳐내야만 한다. 자유로운 생각이 사고로 이어지면 위험 상황이 될 수도 있기 때문이다. 그래서 훈련소 조교들은 그토록 강력하게 꽥꽥 외쳐대는 거다.

"왼바~알, 왼바~알!"

조직이 **단체리듬**을 갖는 것은 함께 달성할 목표를 얻기 위해서다. 눈물 나도록 어렵고 힘든 완전 무장의 구보도 같이 뛰니까 완주할 수 있다. 단체리듬은 군대나 학교에만 한정되지 않는다. 학교를 졸업하고 군을 제대해도 조직의 일원이 된다. 회사에 입사하면 회사원으로서 기업이 추구하는 주요 가치에 맞는 리듬을 익혀야 한다. 고객 감동, 수익 창출, 가치 창조, 헌신, 사회공헌 같은, 함께하는 목표들이 있다. 이런 가치들을 구성원들이 항상 마음에 새기기 좋은 방식으로는 무엇이 있을까? 보이는 곳곳에 현수막과 액자로 만들어 걸어두고 입사 시험 문제로 출제하면 될까?

기업이 기업 가치를 정해두는 이유는 더 큰 성장의 길로 함께 가기 위해서일 것이다. 목적지를 알고 가는 사람이 더 빨리 길을 찾는 것처럼, 다 함께 가기 위해서는 함께 의미를 아는 것이 중요하다. 음악과 리듬이 포함된 기억 방식을 취하면 전 사원이 한마음으로 움직이기에 효율적이다. 예를 들면 회사 노래, 즉 사가를 만들어 기회가 있을 때마다 들려준다거나, 몇 번 들으면 흥얼거릴 만한 음악이 있는 홍보 영상을 만들어 보여준다. 입에 잘 붙는 브랜드 슬로건을 만들어 말하고 구호로 활용하거나 리듬에 맞춰 읽으며 사용하면 귀벌레 증후군 효과를 톡톡히 볼 수 있다. 광고의 음악과 카피 문구가 오래도록 기억되는 것도 바로 같은 원리다. 지루한 연설이나 한 권의 책을 읽는 것보다 더 명확하고 실체적으로 전달할 수 있다.

2016년 말, 한 증권회사로부터 독특한 요청을 받았다. 송년회 행사로 합창 대회를 해보고 싶다는 거였다. 한 해 동안 훌륭한 영업 성과를 보여준 전 직원을 격려하는 동시에 각 부서의 팀워크를 다지며 오래도록 기억될 만한 추억을 만드는 행사로 합창 대회를 구상하고 있다는 기획실장의 이야기를 들으며, 우리나라 기업 문화가 무척 다양하고 세련되게 발전했다는 사실을 깨달았다. 그러나 난관은 무척 많았다.

음악을 전공했거나 지휘, 반주가 가능한 직원이 없는 상황인데 각 부서별로 30여 명 안팎의 합창 단원을 구성하고 열 개 팀이 경합을 벌이는 방식의 행사를 하기 원했다. 결국 후배들을 동원해서 각 부서에 성악가 한 명과 피아니스트 한 명을 파견했다. 성악가는 연습 과정을 지도하고 연습 기간 중 적합한 직원을 뽑아 지휘자로 훈련시키는 일을 맡았고, 피아니스트는 연주 당일까지 반주를 해주었다. 다음 난관은 연습 시간 확보였다. 송년회 행사를 준비한다고 기존의 업무를 소홀히 하거나 줄일 수 없는 것은 당연한 일이다. 그러다 보니 업무를 마치고 모여 연습을 해야 하는데 직원들의 불만이 만만치 않았다. 연습 초기에는 투덜거리며 마지못해 참석하던 직원들이 회를 거듭할수록 자발적으로 열심히 참석했다. 음악에 어울리는 소품과 안무를 제안하는 아이디어 맨들이 팀마다 생겨났다. 합창을 소재로 한 대부분의 영화에서 보이는 감동적인 장면이 실제 삶에서 연출되는 것을 경험하며 모두 신기해했다.

당일 행사 장소는 흔히 상상하는 기업의 송년회 장소가 아니었다. 호텔 컨벤션 홀에 무대를 설치하고, 조명과 카메라가 오고, 부서별로 맞춘 단체복을 입고, 헤어스타일과 메이크업에 공을 들인 예쁜 여자 사원들과 그 어느 때보다 멋진 남자 사원들이 분주히 움직였다. 가히 작은 방송국 하나를 옮겨놓은 듯했다. 누가 이런 행사를 기획한 거냐며 투덜거리던 그들이 하나가 되어 최선을 다하는 모습은 영화보다 더 영화 같은 감동을 선사했다.

각 부서의 팀워크가 좋아진 것은 말할 필요도 없다. 한 번의 송년회로 회사가 두고두고 활용할 열 개의 구호와 열 곡의 노래가 생겼다. 회사의 경영 가치를 음악으로, 노래로, 리듬으로 전 사원이 흥얼거릴 수 있게 되었다.

리듬이 정체성이다

함께 공유하는 리듬을 이야기하면서 종교음악을 다루지 않을 수 없다. 문화예술의 발달에는 오래도록 종교의 힘이 작용했다. 나의 유학 초기, 그러니까 1980년대 말, 해외여행 자유화가 시행되면서 유럽으로 패키지 여행을 온 사람들은 한결같이 이야기했다. 가는 도시마다 성당이 유명하다 해서 사진을 찍었는데, 너무 많은 성당 앞에서 사진을 찍어서 어디가 어딘지 구별이 안 간다는 거다. 건축은 물론이고 회화, 조각, 음악에 이르기까지 종교를 빼고 이야기하기 어렵다. 유럽의 경우만이 아니다. 우리나라도 산 좋고 물 좋은 아름다운 곳에는 절과 암자가 있다. 종교적 건축물들은 모두 공간의 리듬(278쪽 참고)과 깊은 연관이 있다. 그리고 종교적 행위는 대부분 음악적인 것들로 구체화된다.

　유명 사찰의 경내에 들어섰을 때 들려오는 풍경 소리와 스님들의 염불 소리는 속세에서 방금 달려온 세인들의 마음을 가라앉히기에 충분하다. 어디가 끝인지 고개가 아프도록 울려다봐야 하는 천장을 가진 성당에 들어섰을 때 소년 성가대의 무반주 합창 음악 소리가 들리면 자신의 종교와 무관하게 마음가짐을 가지런히 하게 된다. 종교적 리듬이 이처럼 차분한 마음을 갖게 하기만 하는 것은 아니다. 아프리카 원주민들의 기우제는 보는 이도 겅중겅중 튀어오르게 하는 탄력 있는 움직임을 보여준다. 또 예배 의례의 초반에 함께 찬송 부르는 시간을 많이 할애한 것은 공유하는 리듬의 효과를 정확히 아는 이들에 의한 기획임에 분명하다. 음악은 침체되어 있는 기운을 북돋는 힘을 가지고 있고, 음악은 모든 메시지의 전달자가 될 수 있다. 리듬의 흐름 위에 올라탄 메시지는 더 멀리, 더 깊숙이 전달된다.

만일 음악적 의례를 뺀 예배가 있다면 어떨까? 한 시간 정도 걸릴 예배를, 예를 들어 오늘은 바쁜 성도들을 위해 음악을 다 빼고 40분으로 줄여 목사님 설교 중심으로 짧게 진행한다고 가정해보자. 짧아진 시간만큼 더 쉽게 집중할 수 있을까? 형식적인 것 같아 보였던 모든 음악 활동에는 순간순간 주어진 역할이 있다. 예배를 시작하며 마음을 가다듬는 음악도 있고, 일주일 동안의 어수선함을 잊게 하는 음악도 있으며, 목사님의 설교를 가슴에 새기기 위한 준비 음악도 있다. 예배의 순서는 모두 이러한 음악의 기능을 활용한 철저한 기승전결로 구성되어 있다. 예배의 흐름은 곧 음악의 흐름이다. 마지막 축복의 기도를 받고 음악 소리를 들으며 집으로 향할 때, 같은 정서를 공감하며 나서게 된다. 함께 나눈 음악의 양만큼 한마음이 된다.

다민족 국가인 미국이 공식 행사에서 국가를 자주 부르는 것도 '우리는 하나'라는 메시지를 리듬에 실어 전달하는 방법이다. 우리는 언젠가부터 국민의례에서 애국가 제창은 생략하거나 1절만 부르는 것이 세련된 행사처럼 되었다. 물론 애국심이 과하면 잘못된 군국주의를 낳을 수 있다. 애국가는 아니더라도 함께 부를 노래가 많아지면 그만큼 정서적 연대감이 생긴다. 해외에 나가면 그런 노래가 그리워진다. 〈아리랑〉이 그렇고, 〈고향의 봄〉이 그렇다.

우리가 같은 리듬을 갖는 것으로 일상에서 어떤 효과를 얻을 수 있을까? 대표적인 예로 노동요를 들 수 있다. 상여를 옮기는 상여꾼들은 상엿소리를 냈다. 망자를 보내는 슬픔의 소리만이 아니다. 무거운 관을 메고 발 맞춰 깊은 산속으로 올라가는 여정에 같은 리듬을 노래하는 것으로 고단함을 덜었던 것이다. 무거운 짐을 둘 이상의 사람이 함께 들 때 누구나 외친다. "하나, 둘, 셋!" 어느 누구도 "하나, 둘!" 하거나 "하나, 둘, 셋, 넷!" 하지 않는다. 누군가 이렇게 외치는 상상만 해도 힘이 빠진다. 물건을 들다가 놓칠 것만 같다. 우리는 이렇듯 소소한 일상에서부터 온 국민을 하나로 묶는 거국적 행사에 이르기까지 매 순간 리듬을 공유하고 살고 있다.

기억하자! 리듬을 공유한 양만큼 한편이다.

TIP

내청이란?

실제 소리가 없는데 소리가 들리는 착각을 일으키는 현상이다. 청각 자극에 노출되었던 경험이 내면화된 후에 자발적으로 반복 재생 가능한 특별한 현상이다. 내청이 있어서 인간은 소리를 기억할 수 있다. 그것이 음의 높이일 수도 있고, 리듬일 수도 있으며, 단순한 음색일 수도 있다. 얼굴은 기억나지 않는데 목소리가 기억나는 첫사랑, 사찰의 풍경 소리에 마음이 잔잔해지는 경험들도 큰 의미에서는 모두 내청의 영향이다. 우리가 노래를 부를 수 있는 것도 내청으로 입력되어 있는 멜로디와 재생하고자 하는 멜로디가 일치했을 때 가능하다.

따라서 내청이 발달한 사람은 음악성이 있다고 말할 수 있다. 내청의 발달은 다양한 청각 자극의 노출에 의해 형성된다. 다양한 청각 자극이 합리적으로 가능한 것이 음악이기에 내청의 발달은 결국 음악에 노출된 양과 비례한다고 할 수 있다. 영유아기에 음악 활동을 권장하는 이유도 여기에 있다.

가족리듬 만들기

- 부부가 산책하며 이어폰으로 함께 음악 듣기
- 아이와 산책할 때 맞잡은 손 흔들며 동요 부르기: "산골짝의 다람쥐 아기 다람쥐"
- 아빠가 퇴근하면 현관 앞에서 응원하기: "짝짝─짝짝짝─짝짝짝짝─아빠!"
  (한때 "아빠 힘내세요" 노래를 많이 불렀던 것처럼)
- 주말에 온 가족이 모여 식사할 때 〈즐거운 나의 집〉 부르기: "즐거운 곳에서는 날 오라 하여도 내 쉴 곳은 작은 집 내 집뿐이리"

흐르는 리듬 위에
슬쩍 올라타라

~~~~~~~~~~

처음 신입 사원으로 입사했을 때 누구나 겪어봤을 법한 상황을 이야기하려 한다. 구성원이 많든 적든 상관없이 신입 사원들의 초기 생활은 힘들고, 두렵고, 고단하다. 우선 업무 파악이 되어야 한다. 자신이 해야 하는 일이 어떤 일이고, 이 일은 전체 흐름의 어느 부분쯤이며, 이 일의 상하좌우전후에는 어떤 일들이 있는지 자신의 좌표를 정확히 파악하는 것이 중요하다. 하지만 이를 정확하게 구체적으로 알려줄 수 있는 사람은 대개의 경우 없다. 스스로 알아가야 한다. 업무 파악과 동시에 구성원들의 성격과 업무 특성을 파악해야 한다. 본래 성격이 까칠한 사람도 있지만 일의 성격상 예민하고 정확한 결과물을 위해 한없이 까탈을 부리는 사람도 있으니, 이 둘을 구별해가며 파악해야 한다.

그리고 가장 중요한 것은 기존 구성원의 템포에 맞춰 그들의 흐름에 사뿐이 올라타야 한다는 사실이다. 초보 운전자들이 제일 어려워하는 것이 도로의 흐름이다. 엄청난 속도로 달리는 차들 틈에 자신의 차를 끼워 넣는 첫 시도는 대단한 용기가 필요하다. 경부고속도로에서 만난 한 초보 운전자가 붙인 스티커를 보고 혼자 엄청 재미있어했던 기억이 있다.

'세 시간째 직진 중'

그렇다. 초보는 작은 도로에서 큰 도로로 진입할 때, 또 차선을 바꿀 때, 다시 도로에서 빠져나가려 할 때, 그때마다 두렵다. 이미 구성되어 있는 조직에 나중에 편승하는 사람들은 바로 초보 운전자가 느끼던 것과 똑같은 두려움을 느끼게 된다. 그런데 잘 생각해보면 우리가 어린 시절 하던 놀이 중에 이걸 연습시켜주는 놀이가 있었다. 바로 단체 줄넘기다.

똑~똑~ 누구십니까 (꼬마입니다) 들어오세요
꼬마야 꼬마야 뒤로 돌아라
꼬마야 꼬마야 땅을 짚어라
꼬마야 꼬마야 만세를 불러라
꼬마야 꼬마야 잘 가거라

기억나는가? 키가 큰 친구들이 돌려주는 묵직한 줄넘기 틈새로 날쌔게 들어가 줄을 넘어야 했던 놀이. 사실 이 놀이만큼 흐르는 리듬에 올라타는 좋은 훈련 방법을 나는 아직 찾지 못했다. 최고의 놀이다. 어른, 아이 할 것 없이 세 명 이상이 모이는 곳에서 했으면 하는 놀이다. 놀이기구 중에 리듬의 흐름 위에 올라타야 하는 것들이 있다. 동네마다 달리 불러서 정확한 이름이 분명치 않은 소위 '씽씽이' '뺑뺑이'라는 놀이기구가 대표적이다. 동그란 판에 손잡이 파이프로 칸이 나뉘어 있다. 친구들이 원심력을 이길 수 있을 듯한 비교적 안전한 자리에 앉고 나면 한 친구가 씽씽, 뱅글뱅글 돌린다. 그리고 어느 정도 속도가 붙으면 돌리던 친구도 기구에 올라탄다. 그 상황을 과학적으로 설명하려면 굉장히 다양한 능력들이 필요할 거다. 또 씽씽카를 탈 때 한 발은 보드 위에 올리고, 다른 한 발로 약간 속도를 낸 후에 발을 마저 올려놓는다. 속도감에 맞춰 몸을 제대로 가누지 않으면 두 발의 위치가 멀어지면서 넘어지게 된다.

아인슈타이겐 지 비테(Einsteigen Sie Bitte)!

독일어로 탈것에 오르고 내리는 것을 뜻하는 단어는 '아인슈타이겐(einsteigen)'과 '아우스슈타이겐(aussteigen)'이다. '슈타이겐(steigen)'은 '오르다' '올라가다'라는 뜻인데, 여기에 'ein-'을 붙여 '안으로', 'aus-'를 붙여 '밖으로' 올라간다고 표현한다. 우리말에서 탈것에 오르고 내린다는 표현과 비교된다. 승하차 개념의 이 단어가 음악에서도 사용된다. 다른 파트가 이미 노래하고 있을 때 중간에 함께 노래하게 되는 경우에 아인슈타이겐 한다고 하고, 내가 노래를 하고 난 후에도 다른 파트의 노래가 계속될 때 아우스슈타이겐 한다고 한다. 결국 사뿐히 안으로 올라왔다가 다시 사뿐히 밖으로 올라가라는 뜻이다. 단어의 뉘앙스에는 드나들면서 기존의 음악에 방해가 되면 안 된다는 의미가 숨어 있다. 들어오며 존재감을 너무 드러내서도 안 되고, 나가면서 남은 음악에 허전한 느낌이 생겨서도 안 된다. 이 느낌을 지휘로 표현하려면 일반적인 지휘와 달라진다. 일반적인 지휘는 음악의 시작과 끝을 알릴 때 적극적으로 사인을 준다. 하지만 아인슈타이겐과 아우스슈타이겐의 경우에는 지휘의 사인조차도 음악에 방해가 될까 조심스러워진다. 흐르는 리듬에 올라타는 행위는 이렇듯 매사에 조심스러운 일이다.

합창 음악은 너무 매력적이다. 들을 때도 인간의 목소리가 저렇게 아름다운가 싶지만, 합창단원으로서 함께 노래를 부르면 더욱 짜릿한 경험을 하게 된다. 합창 음악을 제대로 느껴보려면 100명 이상으로 구성된 대형 합창단과 푸가(Fuge) 형식의 곡을 연주해봐야 한다. 음량도 음량이지만 각자가 시끌벅적 떠들어대는 듯한 소리 가운데 나와 같은 목소리를 내는 사람이 있다는 경험은 아주 독특하다. 군중 속에서 외로움과 협력을 동시에 느끼게 해준다. 그런데 푸가 형식의 음악은 각 성부가 주체적으로 선율을 진행시키기 때문에 순식간에 자신의 리듬을 놓칠 수 있다는 어려움이 있다. 한번 리듬을 놓치면 다시 아인슈타이겐 하기가 쉽지 않다.

한 성부가 멜로디를 노래하고 다른 성부가 화음을 보충해주는 형태의 합창 음악을 주로 부르던 사람들에게는 충격적인 경험이다. 하지만 우리의 지혜로운 작곡가들은 끝까지 이렇게 혼란스러운 상태로 두지는 않았다. 곡의 말미에 가서 어느새 모여들었는지 차츰 같은 가사로 노래 부르게 되고 리듬이 같아지면, 지금까지 같지 않았던 리듬의 반작용으로 가사의 내용이 훨씬 잘 들린다. 마치 한마음, 한뜻으로 다짐하는 것 같은 느낌을 받는다. 결과적으로 가사 내용의 전달력이 훨씬 좋아진다.

봄이면 많은 사람들이 새로운 생활에 아인슈타이겐 해야 한다. 새 학년이 시작되는 3월이 되면 모두들 새로운 선생님과 새로운 친구들을 만나게 된다. 신입 사원들도 막 새로운 직장에서 열심히 일을 하기 시작한다. 대부분의 경우 100미터 경주의 출발선에서 있다고 표현한다. 나는 그 표현이 어울리지 않는다고 생각한다. 출발선에서 옆의 경쟁자만을 신경 쓰며 1등을 해야 하는 100미터 달리기의 출발선은 너무 부담스럽다. 그저 어릴 적 단체 줄넘기처럼 모두들 놀고 있는 운동장에 나가서 한 발을 줄넘기 안으로 들여놓는 거라 말하고 싶다. 나의 몸에 줄이 닿지 않도록 조심하면서, 또 아인슈타이겐 하기 좋도록 누군가가 차분하게 줄을 돌리고 있을 거라 믿고 싶다. 세상은 그렇게 늘 어디선가 돌아가고 있다.

오블리가토(Obbligato)와 데스칸트(Descant)

어떤 음악에 얹혀져서 더 아름답고 화려하게 들리도록 하는 성부의 이름이다. 흐르는 음악에 올라탄 음악인 셈이다.

오블리가토는 악기로 연주되고, 데스칸트는 성악적으로 노래 부른다. 오블리가토는 기악곡과 성악곡 모두를 위해 쓰일 수 있는 반면, 데스칸트는 성악곡에 쓰인다.

'오블리가토'의 가장 유명한 예로 슈베르트(Franz Schubert)의 〈바위 위의 목동 (Der Hirt auf dem Felsen D.965)〉이 있다. 성악 독창곡에 피아노 반주와 클라리넷이 함께 연주하는 곡이다. 클라리넷의 소리가 목가적인 분위기를 물씬 풍긴다. 바로 이럴 때 '클라리넷 오블리가토'라는 표현을 쓴다.

'데스칸트'는 합창곡에서 멜로디 성부보다 높은 성부를 두어 멜로디를 화려하게 꾸며주는 역할을 한다. 교회에서 회중이 찬송가 멜로디를 노래할 때 성가대가 그보다 높고 화려한 음을 노래하는 경우를 볼 수 있는데, 그게 바로 데스칸트다.

이 두 개의 단어는 어떻게 보면 비슷한 뜻이 있고 같은 역할을 하는 것으로 보이지만, 이렇듯 약간의 차이가 있다.

〈흐르는 리듬에 올라타자〉

시대와 세대의 리듬을
잇는 배려의 소통법

〰〰〰〰〰〰

자연스러운 일이지만 세대마다 선호하는 음악이 다르다. 아나운서 손범수 씨가 오랜 시간 진행했던 〈가요톱10〉이라는 프로그램이 있었다. 〈가요톱10〉에서는 주간 인기 가요를 소개하며 세대별 인기 차트를 따로 보여주곤 했다. 그때는 젊은 댄스 가수의 무대와 중년의 트로트 가수의 무대가 한 프로그램에서 방송되었다. 선호하는 연령대의 가수가 아니라도 꾹 참고 프로그램을 끝까지 다 보았다. 방송국에서 전파를 보내주는 본 방송과 재방송이 아니고서는 다시 프로그램을 볼 수 있는 수단이 거의 전무했기 때문이다.

지금은 세상이 좋아져서 원하는 방송은 언제든 '다시보기' 할 수 있고, 원하는 부분만 몇 번이고 다시 볼 수도 있게 되었다. 좋아하지 않는 가수의 부분은 클릭 한 번으로 간단히 건너뛸 수 있다. 스마트폰과 컴퓨터는 우리에게 이러한 편리함과 즐거움을 줬지만 왠지 중요한 장면이 사라져버린 듯한 느낌이다.

아빠가 보시는 뉴스, 〈동물의 왕국〉이나 〈전국노래자랑〉, 야구 중계처럼 아이들이 크게 재미를 느끼지 못하는 프로그램도 옆에 앉아서 함께 보던 저녁 시간의 풍경이 사라졌다. 사실 이 장면은 스마트폰의 등장 이전에 일찌감치 사라졌다. 거실에만 TV가 있던 시절에나 가능했던 장면이다. 언젠가부터 거실 이외의 방에도 제2, 제3의 TV를 두게 되면서 각자의 방에서 각자의 취향대로 시청하게 되었다. 결국 문명의 발달이 서로 부대끼며 함께하는 시간을 빼앗아 간 거다.

예전 세대의 모든 것이 낡고 지루하기만 한 것은 아니다. 구닥다리인 듯한 옛것이 어떤 맥락으로 노출되느냐에 따라 색다른 매력을 발산한다. 2004년 전인권이 불렀던 〈걱정 말아요 그대〉는 2015년 최고의 인기를 끈 드라마 〈응답하라 1988〉의 OST로 이적이 다시 불러 당시보다 더 큰 사랑을 받았다. 1980년대의 감수성을 가져오기 위해 편곡도 2015년에 맞는 세련된 화법보다는 향수를 불러일으키는 복고풍이었다. 드라마 〈응답하라〉 시리즈는 시청자를 과거의 시간으로 데려다 놓는 데 성공했다. 1997년과 1994년, 1988년까지. 그리 멀지 않아서 시청자가 충분히 기억할 수 있을 만한 과거의 시간으로 돌아가 추억을 소환시킨다. 줄 끝에 동그랗게 매달린 전등 스위치, 다이얼 전화기, 카세트 플레이어, 전화번호부, 교련복, 동시 상영관, 연탄 보일러, 플로피 디스켓, 마이마이 등, 지금은 잘 볼 수 없는 시대의 아이템들은 드라마를 함께 시청하는 사람들에게 이야깃거리를 만들어주었다. 드라마 자체의 스토리를 따라가면서도, '그때 저런 게 있었지' '우리 집에도 있었지' '지금처럼 핸드폰 하나로 다 되는 시대는 상상도 못했지'와 같은 참여의 공간을 성공적으로 만들어낸 것이 〈응답하라〉 드라마 시리즈의 성공 요인이라고 볼 수 있다. 그 시대를 어린이로, 10대로, 20대로, 30대로 제각기 살아온 사람들의 수다는 단순한 추억 소환을 넘어서 소통의 즐거움을 주었다.

상대의 속도를 배려한다는 것

세대마다 갖고 있는 평균의 리듬이 있다는 것은 주변을 잠시 둘러보면 쉽게 알 수 있다. 10대에는 인생이 10킬로미터로 달리고 20대에는 20킬로미터, 40대에는 40킬로미터, 70대에는 70킬로미터로 달린다고 말한다. 이 체감 속도는 실제 몸의 리듬과 반비례한다. 물론 예외는 있다. 인생의 딱 한 주기, 바로 아기들이다. 이제 막 기어 다니기 시작한 아기의 리듬은 어떨까? 빠를까? 조그만 아기들이 얼마나 빠를까?

몸을 뒤집어 기어 다닐 수 있게 된 아기의 리듬은 실제로 굉장히 빠르다. 순식간이다. 세상에 대한 호기심만으로 아기들은 무한대로 움직일 수 있는 동력을 장착한 듯 순식간에 사고를 친다. 하지만 "아기의 속도가 빠를까?" 하고 질문했을 때 곧장 아기가 얼마나 빠른지 판단해서 대답이 튀어나오지는 않는다. '아기가 빨랐나? 아기는 조그만데? 힘이 약한데?' 하며 확신할 수 없기 때문이다. 왜 그럴까? 그건 그만큼 아기의 리듬이 빠르다는 것을 특별한 상황으로 인지하지 못했다는 이야기다. 아기가 갖고 있는 속도를 당연하게 여기고 그 리듬에 맞추는 것에 익숙해져 있기 때문이다.

방금 옆에서 누워 있었던 아기가 금방 저쪽 서랍을 향한다. 물이 끓고 있는 주전자의 곁으로 거리낌 없이 돌진한다. 그러면 아기 곁의 어른은 "안 돼!" 하고 소리 지르거나, 아기와 주전자가 있는 공간을 완전히 격리시킨다. 그쪽으로 가면 뜨거운 주전자가 있으니 아기가 알아서 접근하지 않을 것이라는 기대는 절대 하지 않는다. 오히려 환경의 리듬을 아기에게 맞춰 바꾸려고 한다. 아기가 본래 갖고 있는 템포에 대해 의문의 여지가 없기 때문이다. 무조건 맞춰 준다. 이제 막 기어 다니기 시작한 아기는 100퍼센트 약자이기 때문에 그렇다.

그러나 이러한 특수한 상황 외의 템포에서는 모든 사람들이 '나'에게 상대방이 맞춰주길 바란다. 자신의 리듬에 대해 부부, 친구, 동료, 가족 모두 '내 리듬이 가장 편한 리듬이야!'라고 생각한다는 게 맹점이다.

황혼의 배낭여행을 표방하는 예능 프로그램 〈꽃보다 할배〉에 나오는 이순재 선생님은 마음과 말만 빠른 게 아니라 고령의 나이에도 불구하고 실제의 행동이 대단히 빠르다는 걸 여행 기간 동안

전 국민에게 충분히 증명했다.

60대와 70대, 80대의 차이는 크다. 그 연령대가 갖고 있는 평균의 리듬과 속도라는 것이 있는데, 이순재 선생님의 캐릭터는 굉장히 특별하게 빠르고 강한 악센트가 있어서 함께 여행하는 '할배'들 사이에서도 유독 눈에 띄었다. 이처럼 최고 빠른 속도와 가장 느린 속도, 평균의 속도가 제각기 다른 가운데 모두가 상대방에게 자신의 속도에 맞춰주기만 바랄 때 발생하는 것이 소통의 문제다.

발걸음이 잰 이순재 선생님이 가장 여유만만한 막내 백일섭 선생님의 속도를 이해하지 못하고 무리하게 스피드를 요구했을 경우 〈꽃보다 할배〉는 즐겁게 여행을 마치고 모두 함께 돌아올 수 없었을 거다. 이미 긴 세월을 통해 자신의 속도를 확고히 갖고 있는 '할배'들은 권위를 내려놓고 각자의 속도를 비슷하게 맞춰 기다리거나 찾아가며 목적지에 함께 도착한다. 숙소에서 함께 피로를 풀며 하루 동안 있었던 이야기를 나눈다. 서로에게 짐이 되지는 않았을지 마음을 쓴다.

이렇게 마음을 쓰는 과정이 소통의 문제를 해결하는 열쇠가 된다. 흔히 볼 수 있는 지하철 엘리베이터의 속도는 답답할 만큼 굉장히 느리다. 아주 아주 천천히 열린 문이 아주 아주 천천히 닫히고, 닫힌 뒤에도 아주 아주 느린 속도로 한 층 한 층 올라간다. 빨리 가기를 원한다면 절대 지하철 엘리베이터를 타서는 안 된다. 이것은 누구의 속도일까? 계단을 이용하기에 몸이 불편한 장애인과 노약자를 배려하는 속도다. 지하철은 장애인의 속도와 비장애인의 속도

사이의 문제를 천천히 움직이는 엘리베이터를 이용해 연결시켜놓
았다.

소통의 여백은 단절이 아니라 가능성이다

"무척 곤란하군."
"퍽 난감하군."

한바탕 인기를 휩쓸고 간 드라마 〈도깨비〉에 등장하는 '도깨비'
가 쓰는 이 예스러운 고려인의 어투에 뭇 여성들이 설레는 이유는
기럭지가 길어 어떤 자세를 취해도 멋지고 어딘지 서글픈 눈매를
가진 배우가 말했기 때문일까? 만약 그렇다면 너무 슬픈 일이다.
　이 예스러운 말투의 유행은 말투가 가진 유머러스한 리듬의 중
독성에서 온다. 자꾸만 따라서 말하고 싶어지는 코드가 있다. 드라
마는 종영했지만 한동안 고려인 어투의 유행은 계속될 듯싶다. 정
확히 말하자면 드라마에서 활용된 고려인 김신의 어투가 코미디 프
로그램, 광고, 일상생활에서 반복될 것이다. 무게감 있고 진중한,
그러면서도 유머 있는 어투. 몇 백 년 전 사람이 등장한다고 해서
지금껏 들어왔던 고리타분한 사극 톤이 아니다. 시대를 오가는 설
정으로 옛것도 옛것으로만 남지 않아야 했는데, 이 부분을 완성한
것은 주인공들이 주고받는 언어리듬의 변형이다.
　만약 "무척 곤란하군"이라고 하는 남자의 말에 여자가 "그러

시면 아니 되옵니다"라고 한다면 이미 흔하게 알고 있는 옛것이 된다. 언어리듬으로 인해 극의 전개도 예상 가능해지고, 그러면 흥미가 떨어진다. 하지만 이때 들은 체 만 체하는 귀여운 여자가 "아저씨, 이리 와봐요" "그쪽은 말투가 왜 그래요?"라고 하면 참 희한하게 조화를 이룬다. 잘 어울리지 않는 듯한 리듬이 서로 엮이며 새로운 조화를 만들어내 흥미롭다. 어설프고 어색한 분위기는 유쾌한 유머로 받아들여진다. 세대 간 호흡의 새로운 활용이다.

아마도 요즘 드라마에 몇 백 년 전 인물들이 자꾸 현대로 튀쳐나오는 이유가 여기에 있지 않을까 싶다. 과거와 현재의 시대차를 이용해 조금씩 변주된 리듬이 인물에 활력을 넣어준다.

남편의 퇴근을 맞을 때 한번 시도해보자. 남편의 유머 감각을 확인할 수 있다. 그다지 유머 감각 없는 남편도 싫어하지는 않을 거다.

"서방님, 퇴청하셨사옵니까?"

물론 이와 같은 재미도 드라마의 열기가 식고 나면 얼마 지나지 않아 심드렁해진다. 무슨 흉내를 내는 건지도 모르게 된다. 말하기 방식의 리듬에는 생명이 있다. 시간의 흐름에 따라 성장하고 변화한다. 시들해져 없어지기도 하니, 생로병사의 과정을 모두 거친다.

언제나 새로운 음악 형식은 너무 세속적이라는 비판을 받았다. 베르디(Verdi)가 죽은 자를 위한 미사곡인 〈레퀴엠(Requem)〉을 처음 연주했을 당시에는 종교곡인데 너무 세속적인 오페라 분위기가 난다는 비평을 들어야 했다. 테크노와 신시사이저가 처음 등장했을 때도 비슷한 반응이었다. 악기의 음색이 다분히 품격이 떨어진다며 하류 음악의 대우를 받았다. 그러나 지금은 음악을 표현하는 악기로 자리 잡고 자연스럽게 활용되고 있다. 모든 문화예술 분야에서 이런 예는 무수히 많다. 형식이 새로워지거나 도구가 새로워졌을 때 느껴지는 불편한 이질감과 새로운 호기심은 시간이 지나면서 즐거운 재미를 만들어내는 활력이 된다. 말하기 방식의 변형도 마찬가지다. 새로운 말하기 방식이 세대 차이를 느끼게 하는 부정적 의미보다는 소통과 공감의 즐거움이 될 수 있다.

"할머니, 저 이거 먹어도 돼요?"
"당근이지!"

처음 이 표현을 들었을때는 '당연하지'라는 말을 왜 '당근이지'라고 하는지 물으시며 어휘 발생 과정을 알고 싶어하시던 할머니가 어느 날 이렇게 반응해주시자, 손자는 '우리 할머니 멋쟁이'라며 엄청 좋아했다. 언어의 생명력을 인정하고 활용하는 예다. 한국어를 손상시키는 몰상식한 짓이라며 꾸중만 할 일이 아니다.

세대 간의 공감은 세대 차이의 빈 공간을 어떻게 읽느냐에 따라 달라진다. 한 사람, 한 사람의 삶을 하나의 작품으로 볼 수 있다면 오히려 세대 차이에서 오는 여백이 서로에게 호감을 가질 수 있는 여력의 공간이 될 수도 있다.

예술 작품은 감상자에게 해석의 공간을 적당히 남겨주는 것으로 작품 이상의 감동을 만든다. 예술 작품과 감상자 사이의 빈틈을 아주 적당히 남겨두어야 한다. 이해하고 말고 할 것 없이 다 보여주면 따분하고, 무슨 의미인지 도저히 해석이 안 되면 이상하다. 따분한 것도, 이상한 것도 재미없기는 마찬가지다. 현대 음악 감상을 좋아하는 사람이 많지 않은 이유가 여기에 있다. 특히 음악을 좋아하는 사람들은 문학작품이나 미술작품을 좋아하는 사람들에 비해 이러한 부분에서 좀 더 보수적이다. 아주 오래된 양식의 음악을 '클래식'하다는 이유로 좋아하는 사람들이기 때문이다.

먼 나라 알 수 없는 작가의 예술 작품을 보며 우리는 그가 무엇을 표현하려 했는지 이해하려 애쓴다. 그의 정서, 상징적 의미, 전달하고자 하는 메시지들을 말도 안 되는 소설을 써가면서 이해하려 한다. 그런데 정작 주변 사람을 이해하려는 노력은 그에 미치지 못한다.

사진기의 발명으로 더 이상 실물과 똑같이 그리는 그림으로는 경쟁력이 없다고 생각한 인상파 화가들은 순간의 인상을 화폭에 담기 위해 실제 대상에 대한 과감한 생략과 독특한 터치로 작품을 완성시켰다. 지배적인 색채와 붓질, 인상적인 분위기를 통해 작품을 만나면서 생략된 영역과 해석된 화가의 의도에 우리가 끼어들 공간이 생겼다. 이는 나와 다른 대상을 이해하는 데 도움이 된다. 나와 똑같은 사람이 있다면 그 또한 짜증나는 일일 것이다. 자녀들에게서 나의 단점이 발견될 때 더 화가 났던 경험이 있다. 늘 나와 달라서 화가 나는 것 같지만, 같아도 싫증난다. 인상파 화가의 그림처럼 어느 정도 이해가 되는 비슷한 부분도 있고 왜 그러는 건지 이해가 안 되는 다른 면도 있어야 아름다운 관계다.

　이때 마련되는 빈 공간, 감상의 공간은 작품과 감상자 사이의 상호작용을 의도한 연출이다. 공간이 메워질 때 비로소 마음에 가득 들어차는 것이 바로 감상의 즐거움이다. 상호작용이 실재하고 있는 모습을 확인할 수 있는 단서가 될 수 있다.

　대화와 소통을 떼어놓는 것은 의미가 없다. 말이 처음 시작되었을 때는 지금처럼 음절과 문법의 체계가 없었겠지만, 의미와 신호를 전달하고자 하는 욕망은 같았을 것이다.

　"저기로 가자!"
　"오른쪽으로 가면 나무 열매가 있어!"
　"오늘은 여기서 자자."

　이와 같은 메시지를 전달하려는 욕구가 맨 처음의 신호를 만들었을 것이다. "빽!" 하고 소릴 지르고 "이끼이끼" 하는 식으로 알 수 없는 말들을 내뱉는 것에 불과했을 테지만 말이다. 두 명 이상의 사람이 공존하면서부터 상호작용은 시작되었을 것이 분명하다. 한쪽에서 말을 하면 한쪽에서 듣는다. 소통의 리듬이 흐르는 방향이다. 나의 말과 상대의 말의 빈 공간은 상호작용의 가능성을 탄생시키고, 이 공간의 해석은 소통을 가능하게 한다.

세대의 장벽은 말을 걸려고 하지 않으면서, 그러니까 신호가 끊기면서 발생한다. 신호를 주고받으려는 감지 레이더의 스위치가 켜져 있다면 언어가 없이도 소통의 흐름이 만들어진다. 영어를 할 줄 모르는 프랑스인에게 서울 한복판에서 길을 알려주려고 할 때, 서로 통하는 언어가 없어도 길 안내를 성공적으로 전달할 수 있다. 시대가 달라도, 세대가 달라도, 리듬을 발견하면 소통이 가능하다.

시대에 따른 리듬 발견하기(세대별 애창곡 리스트)

각 세대가 좋아하는 노래가 무엇인지 주변 사람들에게 물어보고 그 음악을 찾아
들어보자.

	남성	여성
70대가 좋아하는 노래	예: 장미화 〈어떻게 말할까〉	예: 김국환 〈타타타〉 노사연 〈만남〉
60대가 좋아하는 노래		
50대가 좋아하는 노래		
40대가 좋아하는 노래		
30대가 좋아하는 노래		
20대가 좋아하는 노래		
10대가 좋아하는 노래		

조직의 리듬을
조화시키는
팀워크 리더십

~~~~~~~~~~

리듬과 소통은 서로 통하는 구석이 있다. 리듬이 음과 동작의 흐름이라면 소통은 대상과 대상 사이의 막힘 없는 흐름을 말한다. 자주 사용하는 말일수록 본래의 뜻을 확인하지 않는 경우가 많다. '소통'은 막히지 않고 잘 통함, 뜻이 서로 통하여 오해가 없음을 뜻한다. 이곳저곳에서 소통을 부르짖는다. 정치인은 국민과 소통하고 싶다고 말하고, 기업은 소비자와, 예술은 대중과 매일매일 소통하고 싶어한다. 대체 소통이 뭐길래 다들 간절할까? 왜 다들 원한다고 말하는데, 안 되고 있다고 하는 걸까?

P은행 지역 분점에 새로운 지점장이 발령되었을 때, 지점의 모든 직원은 긴장했다. 새로운 지점장은 어떤 사람인지 아무런 정보가 없었기 때문에, 지점장이 첫 출근하기 전날까지 여러 자료를 준비하고 정리했다. 직원들이 야근을 감수하며 지점장에게 보여주기

위한 여러 문서들을 다시 검토할 때 행복했을까? 새로운 지점장과의 새로운 소통에 대한 기대감으로? 아마도 새로운 지점장에게 맞추어야 한다는 번거로움과 꺼리는 마음이 컸을 것이다.

대망의 첫 출근날. 직원들은 여느 때와 다름없이 출근했다. 직원들이 모두 출근을 마친 시각에야 지점장이 출근할 거라고 으레 짐작했다. 그러나 밝게 불이 켜진 은행 로비 한복판에는 언제부터 와 있었는지, 새로운 지점장이 환한 얼굴로 서 있었다. 그것도 프릴이 달린 귀여운 앞치마를 두르고 샌드위치가 산처럼 쌓인 테이블을 앞에 두고 말이다.

새로운 지점장은 출근하는 직원 한 명 한 명의 손을 잡고 악수를 하며 눈을 맞추고, 샌드위치와 모닝커피로 아침 식사를 대접했다. 악수를 할 때마다, "오늘부터 출근하는 김ㅇㅇ 이사입니다. 잘 부탁드립니다"라고 쾌활한 목소리로 자신을 먼저 소개했다. 직원들이 지점장을 보좌하고 눈에 들도록 잘 보여야 하는 상하복종 관계가 금융계의 보수적인 직장 내 분위기다. 기존의 분위기를 와장창 깨부수는 깜짝 놀랄 만한 이벤트였다. 직원들은 모두 엉거주춤하며 샌드위치와 커피를 받고 '잘 부탁한다'는 지점장의 인사를 어색하게 받았다.

세련되게 첫인사를 했던 지점장의 파격은 일회성으로 끝나지 않았다. 가장 막내 직원까지 빠짐없이 한 달에 한 번씩 지점장과 일대일 점심 식사를 하게 된 것이다. 메뉴는 함께 식사하는 직원이 좋아하는 것으로, 비싼 음식으로 정하게 했다. 스스로 일개 직원에 불과하다고 생각했던 사람들에게는 상상도 못했던 초유의 '접대'였다. 함께 식사를 하는 한 시간 남짓 동안, 지점장은 최대한 말을 아껴 함께 식사하는 직원의 말을 들었다. 연봉은 적절하다고 생각하는지, 얼마나 일했는지, 어떤 업무가 가장 힘든지, 진상 고객과의 에피소드, 바로 위 상사에 대한 소회까지, 대화 주제는 광범위하게 뻗어나갔다.

"차장님도 아니고 내가 거기 가서 무슨 말을 해?" 하고 생각했던 직원들은 편안하고 위트 있는 지점장의 태도에 무장해제되어 자신의 입이 술술 풀리는 걸 보고 뭐에 홀렸던 것은 아닌지 깜짝 놀랐다. 우리는 사람을 처음 볼 때 '간을 본다'는 표현을 쓴다. 이 말은 '감을 느낀다'는 말과 통한다. 그 사람이 어떤 마음으로 말을 거는지, 식탁에 마주 앉은 짧은 시간 동안 느껴졌을 거다. 악의를 느끼지 못한 직원들은 경계심을 풀고 말을 시작할 수 있었다. 물론 모든 것을 말할 수는 없었겠지만, 리더가 자신의 말을 듣기 위해 자리를 만들고 시간을 내고 귀를 기울이는 경험은 직장에 대한 인식을 송두리째 바꿔버리는 큰 사건이 된다. 활력을 주는 좋은 자극이다. 앞으로 직장에서 벌어지는 불만 혹은 부당한 처사에 직원들은 말을 걸 수 있는 든든한 백을 얻었다고 생각했다.

나의 리더와 내가 직접 소통할 수 있다는 가능성은, 업무를 수행하는 직원들의 책임감과 애사심을 북돋는다. 둘만의 식사 시간과 눈 맞춤, 이 두 가지의 제스처가 리더의 자세와 소통의 출구를 마련하게 된 것이다. 연단에 서서 아침 조회 하듯 마이크에 대고 자기 소개와 포부를 아무리 멋진 말로 길게 설명한들 샌드위치 첫인사를 뛰어넘을 수 있을까? 직원 간 업무 효율성을 위한 프로그램에 쓰는 돈과 직원들과의 점심 식사에 쓰는 돈의 비용 대비 만족도는? 소통의 리듬을 이해하고 있는 것은 여러 면에서 조직의 시간과 비용을 아끼게 하여 이익이 된다. 자연스러운 리듬은 굳이 멀리 돌아가지 않아도 되는 흐름의 길을 낸다. 이것이 자연스럽게 굴러가는 조직의 원동력이 된다.

그 뒤로도 이 지점에는 몇 가지 변화가 생겼다. 회식은 점심시간을 이용해 팀별로 한다. 여의치 않을 경우 저녁 회식도 하지만, 메뉴는 대다수의 행원들이 여성인 만큼 여직원들에게 선택권을 주었다. 그러자 삼겹살, 소고기에 소주 일색이던 회식 메뉴가 뷔페, 초밥, 스테이크 등으로 바뀌었다. 딱히 술안주로 활용되지 않는 메뉴들이 주를 이루게 된 것이다. 자연히 술을 덜 마시는 분위기가 만들어졌다. 아무리 회식이 길어져도 예전 회식에 쓰던 시간의 반으로 줄었다. 술을 마시지 않는 회식은 부장님의 일장 연설을 막는다. 2차까지 이어진다면 모두가 자연스럽게 카페로 가서 커피를 한 잔씩 마셨다. 가벼운 티타임은 가벼운 화제의 이야기를 꺼내게 한다. 회식이 더 이상 스트레스를 주는 업무의 연장이 아닌, 쉬어 가는 쉼표 문화가 된 것이다.

테크닉보다 이해가 먼저다

세계적인 소프라노 바바라 보니는 한국을 좋아한다. 한국에서 독창회를 할 때면 꼭 한국 가곡을 우리말로 부른다. 너무나도 아름다운 목소리로 몰토 레가토(Molto Legatto, 아주 매끄럽게 이어서)로 노래하는 그녀의 테크닉에 감동한다. 정확하지는 않지만 충분히 알아들을 수 있는 수준의 한국어 구사에도 감탄한다. 하지만 그녀가 우리 정서를 잘 이해하고 부른다는 느낌을 받을 수는 없다. 그녀의 한국 가곡을 들을 때마다 나는 생각한다. 내가 불렀던 독일 가곡은 어땠을까?

아무리 음악성이 뛰어난 사람도 그 문화를 제대로 알지 못하면 표현에 한계가 있다. 문화를 모르는 상태에서의 음악은 그저 악보를 해석하는 수준이다. 악보는 그저 악보일 뿐이다. 기억과 전달을 위한 도구에 불과하다. 음악가가 전달해야 하는 부분은 악보가 가르쳐주는 것 이상이다. 악보 뒤에 숨어 보이지는 않지만, 뭐라 설명하기도 힘들지만, 음악에는 문화가 반드시 포함되어 있다.

유학 시절, 한인회 모임 주최 행사에서 가곡과 민요를 부를 일이 있었다. 반주자로 같이 공부하는 독일 친구를 데리고 갔다. 문제는 〈경복궁 타령〉을 연습하면서 드러났다. 이 친구는 피아노 연주 실력도 최고이고, 초견(악보를 처음 보고 연주하는 능력)도 엄청 좋다. 한마디로 뛰어난 음악성을 가진 친구다. 그런데 〈경복궁 타령〉 반

주는 영 어설펐다. 악보만으로는 아무래도 설명이 어려울 것 같아 내가 처음 시작 부분을 연주하며 노래를 들려줬다. 그제야 감이 온다는 표정으로 열심히 다시 반주를 했다. 하지만 끝내 내가 원하는 반주는 하지 못했다.

위의 〈경복궁 타령〉에 나오는 리듬을 악보로 보면 현대 음악에 가깝다. 전체적으로는 8분의 12박자 노래인데, 중간에 4분음표 여섯 개가 등장해 강박을 당겨놓는다. **싱코페이션**(Syncopation, 당김음)의 일종이다.

'남. 문. 을. 열고'라고 노래하는 순간이 바로 그때다. 거기다 〈경복궁 타령〉은 자진모리장단이다. 독일 피아니스트가 연주하기에는 너무나 복잡한 리듬구조를 가지고 있는 곡이다. 현대곡에나 등장하는 3-3박자와 2-2-2박자의 혼합이 그녀를 혼미하게 했다. 그런데 한국에서 나고 자란 한국인 피아니스트들은 한 번만 들으면 대부분 연주할 수 있다. 음정의 미스 터치는 있을 수 있어도 리듬을 이해하지 못하는 일은 많지 않다. 우리의 몸에 문화적 리듬이 흐르기 때문이다. 문화적 리듬은 공부하고 연습하고 노력해서 얻어지는 것이 아니다. 부지불식간에 끊임없이 노출되고 다양한 경험이 누적된 결과물이다.

조직의 리더도 마찬가지다. 오로지 실적만 보고 달려갈 뿐 조직 내의 흐름을 간파하지 못하는 리더는 원하는 실적 이상을 결코 얻을 수 없다. 조직은 1+1=2라는 도식에 맞춰 움직일 수 없기 때문이다. 도식대로 움직일 수 없는 것은 도식의 답만 찾는다고 문제가 해결되지 않는다는 말과 같다. 비타민 D가 부족할 때 몸은 골다공증을 유발하기 쉽고, 철분이 부족하면 빈혈과 피로감을 몰고 온다. 이때는 부족한 성분을 보충하는 것으로 해결책을 찾을 수 있겠지만, 자율신경계가 망가진 신체는 뚜렷한 해결 방법이 없어 질병을 해결하기에 긴 시간과 어려움이 따른다. 조직에서 흐름이 갖고 있는 역할은 자율신경계와 비슷하다.

리더는 조직을 바꿀 수 없다. 리더는 조직의 부족한 성분을 보충하는 사람이 아니다. 조직원은 레고 블록이 아니기 때문에 리더가 설정한 자리에 기계처럼 딱딱하게 서 있지 못한다. 그리고 가장 중요한 것은 레고 블록은 스스로 움직이지 못한다. 조직이 굴러가는 리듬은 어디서 가져올까? 전체적인 흐름을, 그 보이지 않는 것을 어떻게 떼어 올 수 있을까?

팀워크는 리더십에서 나온다

가을 운동회의 백미를 말한다면 역시 청군, 백군의 승패다. 콩 주머니 던지기와 이어달리기, 줄다리기로 이어지는 한판 승부. 그중에서도 운동장 안의 모두가 같은 박자로 응원 구호를 외치며 힘을 모으는 줄다리기를 빼놓고 말하면 아쉽다. 발 구르기가 일으키는 모래 바람을 뚫고 "영~차! 어영차! 영~차! 어영차!" 일동 구호에 맞춰 줄다리기를 할 때, 기수는 줄을 당기는 사람들 편에 서서 구호를 맞추기 쉽게 정확하고 커다란 몸짓으로 기를 흔든다.

줄다리기 승부에서 승리의 비결은 사람 수나 힘의 대결이 아니다. 여러 사람이 힘을 합치기 위해 외치는 구호의 리듬이 어느 순간 괴물 같은 힘을 만들어낸다. 구호가 흐트러지는 순간 한쪽 힘의 리듬이 무너지고 사람들의 몸뚱이가 앞으로 쏠리며 승패가 갈리게 된다. 리듬이 무너진 쪽이 만들어낸 찰나의 틈이 긴 줄을 타고 순식간에 패배로 끌려간다. 힘이 한쪽으로 쏠리기 시작했을 때, 끌려가는 편의 어수선해진 리듬을 다시 살려내기란 거의 불가능하다.

가만히 기억을 떠올려보자. 줄다리기의 승리는 언제나 응원 구호를 잘 맞춘 팀에게 돌아갔다. 응원 상을 타는 팀이 승리하는 것과 비슷한 맥락이다. 합을 잘 맞출 때의 단체리듬이 가장 눈에 띄는 예다.

줄다리기의 '영차' 하는 구호는 팀원들을 같은 리듬으로 단결시킨다. 이 단결된 리듬이 바로 조직력이다. 그리고 이때 팀원들에게

영차, 하는 구호를 함께 외치자고 제안하는 것이 리더의 역할이다. 조직력은 조직을 구성하고 있는 구성원 개인들의 리듬을 맞춘 합으로 볼 수 있다. 앞의 사례처럼 여럿이 몸으로 활동하는 힘이 중요한 운동회의 경우라면 개개인의 흥과 리듬이 필수 요소다. 작은 별들이 모여 폭발하듯 빛을 내는 은하의 모습처럼 조직력도 모여야 힘을 발휘한다. 이때 힘을 발휘하는 수많은 작은 별들의 빛이 바로 개인이 갖고 있는 리듬의 힘이다.

그렇다면 별처럼 반짝이는 개인이 갖고 있는 힘에는 어떤 것들이 있을까? 대표적으로 타고난 신체적 특징과 성격을 들 수 있다. 팔이 긴 사람이 있는가 하면 키가 작은 사람, 몸집이 큰 사람, 키에 비해 발이 매우 작은 사람, 손이 큰 사람, 성격이 급한 사람, 목소리가 큰 사람과 작은 사람 등, 모든 사람에게는 서로 다른 신체 조건과 리듬이 존재한다. 이처럼 갖고 있는 신체의 조건에 따라 개인 특유의 리듬을 만들어 움직이게 되고, 한 사람의 생활리듬으로 정착된다. 예를 들어 팔이 긴 사람은 보통 움직임이 조금 느린 경우가 많다. 걸을 때 땅을 보고 걷는 습관이 있는 사람은 종종걸음을 놓는 경우가 많고, 시야를 멀리 두고 걷는 사람은 보폭이 크다.

조직의 리듬은 개별적인 여러 사람의 리듬을 하나의 동일한 커다란 흐름 안으로 옮겨놓는 것이다. 개인의 리듬이 조직 리듬의 흐름 안으로 들어오지 못하는 경우에 조직력은 약해질 수밖에 없다. 줄다리기에서 리듬을 잃고 앞으로 넘어지는 팀이 되는 것이다.

말하자면 리더는 넓은 시야로 조직원의 특장점을 살펴보는 안목이 있는 사람이다. 조직의 큰 흐름에 대한 작은 제안으로 조직원을 변화시키는 사람이다. '영차, 영차'라는 구호를 제시하는 것이 리더라면 이 구호만으로는 줄다리기의 승부를 쉽게 예감할 수 없다. 훌륭한 리더 한 사람으로 인해 세상이 변하지 않는 것과 같은 이치다. 하지만 훌륭한 리더가 제시한 변화와 대안의 첫 단추로 세상은 발전의 가능성을 연다. 분위기를 바꾸기 위해 주도하는 역량이 그만큼 절묘하다. 그 후의 변화는 전적으로 조직원이 만들어내는 영역이다. 조직이 어느 누구의 것도 아닌 모두의 것이라는 증거다.

관계의 리듬을 바꾸는
밀당의 기술

〜〜〜〜〜〜〜〜〜〜〜

루바토(Rubato), 템포 루바토(Tempo Rubato)!

얼핏 검정 망토를 쓰고 흰 장갑을 낀 '괴도 뤼팽'을 떠오르게 하는 이 단어는, 이탈리아어로 '도둑맞다, 잃어버리다'라는 뜻이다. 이 단어가 음악으로 와서는 '템포 루바토'라는 용어로 쓰이게 되었다. 연주자나 지휘자가 임의로 템포를 바꾸어도 된다는 뜻이다.

본래의 템포를 잃어버리는 현상이라 할 수 있는데, 지정된 템포에서 박자를 훔쳐내는 방식으로 연주자의 감정과 연주 해석이 돋보일 수 있는 방법이다. 18세기 이후 특히 쇼팽이 많이 사용했다. 쇼팽의 피아노 연주곡을 좋아하는 사람들은 피아노의 영롱한 울림을 좋아하기도 하지만, 다른 한편으로는 분명 템포의 자유로움이 주는 연주 공간의 여유를 좋아하는 걸 거다.

하지만 그렇다고 템포 루바토가 무한대로 전혀 다른 곡을 만들

만큼 자유로운 것은 아니다. 너무 과한 템포 변화로 인해 곡의 흐름이 어색해지거나 화음이 흐트러지면 안 된다. 과! 유! 불! 급! 뭐든 적당히 해야 한다. 넘치면 자연스럽게 흘러가지 않고 궤도를 이탈하여 쏟아지기 마련이니까.

템포에서 박자를 훔쳐낸다는 이 낭만적인 연주의 변화는 정해진 악보 안에서 어떤 모습으로 실행되는 걸까?

연주자들은 템포의 변화를 상의할 때 "거기 좀 당기자"라는 표현을 흔히 쓴다. 물론 감으로 알 수 있듯이 이 말의 뜻은 이전보다 조금 빠르게 해보자는 이야기다. '당기자'는 말의 반대말은 자연히 '민다' '늘인다'쯤이 된다. 연주되던 박자를 당겼다가 밀었다가, 또 조금 당긴다. 생각이 이쯤 달려가면 바로 남녀 간의 연애가 떠오른다. 연애의 기술에서 가장 중요한 것도 역시 '밀당(밀고 당기기의 줄임말)'이다.

아무리 서로 좋아한다 해도 시종일관 좋아하는 티를 많이 내며 상대에게 호감의 신호만 정신없이 보내다 보면, 그 또한 연애의 재미를 반감시킨다. 그래서 적당히 밀고 당기며 심리전을 벌인다. 연락이 오기를 학수고대하고 언제 내 메시지를 읽었는지 마음이 종종거렸어도, 정작 걸려 온 전화에 데면데면하게 반응해야 한다.

"내가 이 전화를 얼마나 기다렸는지 몰라!"가 아니라 "왜?" 하고 한 박자 튕겨야 한다. 내 이야기가 아니고 밀당의 고수들의 이야기다. 그들은 한목소리로 아무리 좋아도 좋아라 마냥 달려 나가면 안 된다고 충고한다. 상대가 당길 때는 못 이기는 척 따라가주기도 하고, 바짝 들이대면 좋아도 슬쩍 뒤로 빠져주기도 하는 심리전이 필요하다. 상당히 음악적이고 매우 감각적이다.

앞서 이야기한 것처럼 탱고를 배워본 사람들은 말한다. 남성의 '리드'도 중요하지만 여성의 '리드당함'도 매우 중요하다고. 남성이 리드하며 끌었다 밀었다 하는 것이 원칙이긴 하지만, 남성의 몸이 어디로, 어느 만큼 가려고 하는지 감각적으로 느낀 여성이 끌려가 듯 움직여줘야 아름다운 탱고가 완성된다.

연애도 탱고도 밀고 당기는 원리에 어떤 원칙이 존재하는 것이 아니고, 그저 당사자들의 감각과 템포에 따라 달라진다. 사랑하는 사람, 춤추는 사람에 따라 다양한 방식으로 변주된다는 이야기다. 계속 좋아라 하는 여성보다 가끔씩 튕기는 도도한 여성이, 자상하고 배려심 많은 남성보다 나쁜 남자가 더 매력적인 듯 착각을 일으키는 아이러니가 여기서 생긴다.

전략적으로 컨트롤하는 밀당의 기술

'박자를 도둑맞는다'는 의미의 템포 루바토는 기존의 박자를 놓치면 서 박자의 틈을 만들어낸다. 이 틈 안에서 더 빠르거나 더 느리게, 기존의 질서를 변주하는 방식의 새로운 박자가 만들어진다. 놓친 박자가 가고 새로운 박자가 돌아오는 제로의 상태가 아니라 도망간 박자 위에 새로운 박자가 덮어씌워져 연주의 결을 풍성하게 만든다. 템포 루바토는 1+α(알파)다.

말하자면 이 밀당의 자유로운 춤사위는 연인 사이에서만 필요한 게 아니다. 대인관계의 상호 교환 리듬도 똑같은 원리로 작동된다. 어찌 보면 밀당은 모든 대인관계의 기술이다. 시어머니와 며느리, 교사와 학생, 상인과 소비자, 여당과 야당 모두 밀고 당긴다. 너무 당겨 다시 밀 수 없어도 안 되고, 너무 밀어 뒤로 자빠져도 안 된다. 넘어지지 않을 만한 한계점이 어디인지, 어디까지 최대한 밀고 당길 수 있는지 끊임없는 신경전이 벌어진다.

곡의 흐름이 어색해지거나 화음이 흐트러지지 않는 최대한의 템포 루바토를 시도하는 연주자처럼 말이다. 이 모든 흐름의 전체적인 시도와 결정, 조율이 바로 지휘자의 고유 권한 중 하나다.

아마추어 합창단이나 어린이 합창단을 지도하는 지휘자는 리허설 과정에서 굉장히 피곤하다. 악보를 잘 읽지 못하는 단원들을 위해 시범을 보이느라 노래를 많이 부르기 때문이다. 단원의 수준이 향상될수록 노래 부르는 시간이 줄어들긴 하지만, 그래도 말로 열 번 설명하는 것보다 한 번 노래 불러주는 것이 효과적인 경우가 많다.

문제는 노래만 부르며 리허설을 할 수 없다는 데 있다. "130페이지 둘째 단 셋째 마디부터 라라라~ 라라라라~ 이렇게 되어 있는 그 부분을 디디디~ 디디디디~ 이렇게 딱딱하게 부르시면 안 되고, 부드럽게 뤼뤼뤼~ 뤼뤼뤼뤼~ 요렇게 하셔야 해요." 합창 지휘자의 멘트는 매번 이런 식이다. 한두 마디 말하고, 한두 마디 노래하기를 무수히 반복한다. '노래하기'와 '말하기'의 반복은 성대에 무리가 간다.

　교실이나 대형 강의실에서 학생들에게 목소리가 잘 전달되기 위해 확성기나 마이크를 사용하는 선생님들을 볼 수 있다. 열정적으로 강의하기 위한 도구의 활용을 나쁘다 할 수는 없지만, 초등학교 교실에서 허리에 확성기를 차고 수업하는 선생님의 모습은 안쓰럽다. 자신의 목소리가 너무 작아 학생들이 집중하지 못하는 게 아닐까 걱정하는 선생님이거나, 목소리만으로 수업을 진행하면 목이 쉬어 다음 날 수업에 지장을 줄까 염려하는 선생님이 그렇다. 두 경우 모두 발성의 문제다. 교사를 위한 발성법 강연을 해보면 왜 지금껏 이런 걸 가르쳐주는 곳이 없었는지 모른다며 매우 흡족해한다.
　계속해서 목청껏 노래를 하거나 소리를 지르듯 말을 해서 목이 쉬는 것이 아니다. 발성적으로 호흡을 활용하지 못하는 경우에도 쉽게 목이 쉬고, 발성을 바꿔가며 성대를 피곤하게 했을 때도 목이 쉰다.
　사실 나도 목이 잘 쉬는 합창 지휘자였다. 어린이 합창단 연습이 있는 날이면 저녁에 목이 잠기곤 했다. 목이 안 쉬게 하려면 어떻게 해야 할까, 고민 끝에 말하는 톤을 바꾸기 시작했다. 노래하고, 말하고, 노래하고, 말하고의 끊임없는 반복 때문에 생기는 현상이니 말만 하거나 노래만 한다면 원인 제거가 되지만 직업상 그럴 수는 없고, 또 노래를 말처럼 할 수는 없으니 자연스레 말하기를 노래처럼 하게 되었다. 말을 할 때도 음역을 조금 높이고 얼굴의 앞쪽을 울리며 노래 부르듯이 말했다. 노래를 잘하려면 발성을 배우는 게 좋다는 것을 아는 사람은 많지만, 말을 잘하기 위해서도 올바른 발성법이 필요하다는 사실을 아는 사람은 드물다.

목소리를 통제하는 것은 내 몸을 쓸 줄 안다는 것이다. 내가 가진 성대, 귀, 신체와 마음의 컨디션을 때에 따라 하나의 흐름으로 지휘할 수 있다는 뜻이다. 그러니까 목소리가 바뀌는 것은 단순히 목이 잘 쉬지 않는 성대를 갖게 되는 것이 아니고, 화자와 청자의 관계를 조율하는 훌륭한 훈련이 된다. 진정한 상호작용의 시작인 셈이다.

세기의 지휘자들 중 극과 극의 입장을 취하는 지휘자 둘을 소개하고자 한다. 정확하고 엄격한 스타일의 아르투로 토스카니니(Arturo Toscanini)와 악보에 구애받지 않는 자유로운 해석으로 정평이 나 있는 빌헬름 푸르트벵글러(Wilhelm Furtwängler)다.

토스카니니는 훌륭한 지휘란 원작자의 의도를 치밀하고 정확하게 구현하는 일이라고 생각해 악보에서 벗어나는 연주를 용납하지 않았다. 연습 시간 동안 매우 고압적이고 엄한 것으로도 유명했다. 원작의 틀에 엄격한 토스카니니의 지휘는 스케일이 크고 압도적인 분위기가 지배한다. 세기의 디바 마리아 칼라스가 그의 지휘하에 노래하기를 좋아했던 것도 자신의 음량이나 음색과 토스카니니의 음악이 잘 어울린다고 생각했기 때문일 것이다.

반면 푸르트뱅글러의 스타일은 그와 정반대로 곡에 의미를 입히는 재창조가 후대 음악가의 소명이라고 생각했다. 악보 뒤에 숨은 의미들을 찾아 모험을 하는 듯한 해석을 내놓곤 했다. 토스카니니의 연주 시간은 매번 거의 같았던 반면, 푸르트뱅글러의 경우는 연주가 있을 때마다 공연 시간이 달라졌다.

오케스트라 연주자들이 여러 번 연주했던 곡을 자주 연주하면서도 끊임없이 즐겁게 연주할 수 있는 것은 이렇듯 지휘자들의 해석의 차이로 인해 같은 곡이지만 전혀 다른 느낌으로 연주할 수 있기 때문이다. 물론 이런 차이를 불편해하는 연주자들도 있고 각자마다 선호하는 해석 방식이 있기도 하지만, 전문 연주자들은 지휘자의 어떤 요구와 해석도 훌륭하게 연주해낸다. 훌륭한 연주자는 이런 **유연성**을 가지고 있다.

관계에도 음악에도, 유연성이 필요하다

회사에서는 각 팀마다 분위기가 다르다. 업무의 특성이 갖는 차이점도 있겠지만 팀장의 성격, 팀원과의 소통 방식에서 팀의 분위기가 상당 부분 결정된다.

회의실에서 매주 수요일 오후 정기적으로 미팅을 할 때, A팀장은 주로 혼자 말한다. 팀원들은 열심히 받아 적기만 한다. 미팅 분위기는 경직되고 긴장감이 흐른다. 팀원들은 팀장과 눈이 마주치지 않으려고 고개를 숙이고 노트만 본다. 형식상 미팅 말미에 의견을 내보라고 하지만 쉽게 입을 여는 사람은 없다. 수직적이고 딱딱한 리듬을 갖고 있는 팀장의 성격상 무슨 말을 해도 부정적인 반응으로 되돌아올 것을 알기 때문이다. 이건 이래서 안 되고 저건 저래서 안 된다는 결론을 그 자리에서 내리고 애초 본인의 생각대로 일처리 하기를 독려한다.

팀원들은 팀 미팅에 대해 마음의 부담을 갖게 된다. 부담은 다시 다음 미팅의 시작부터 긴장된 분위기를 만들어낸다. 팀원 개개인은 팀 전체 분위기가 갖고 있는 리듬에 끼어들 틈이 없다. 분위기를 바꾸기 위한 노력은 언감생심 생각도 할 수 없다. 팀의 리듬은 상호 교환적이기 때문에 지나치게 경직된 소통은 또 다른 경직된 리듬을 만들어낸다. 여러 사람의 다양한 의견이 제시되기에 적절하지 않다. 이 경우의 지휘는 구성원이 참여하는 지휘가 아니라 권위적으로 휘두르는 통솔에 불과하다. 분명 음악적인 지휘는 아니다.

'성악은 몸이 악기다'라는 말을 흔히들 한다. 합창단은 그런 몸이 모여 있는 악기다. 그래서 지휘자의 말 한마디, 몸짓 하나가 음악에 영향을 미친다. 예를 들면 합창단의 음정이 플랫된다(기본 음정보다 낮아졌다는 뜻)는 사인을 자주 하는 지휘자들이 있다. 미간을 찌푸리고 검지손가락을 위로 향하는 사인을 준다. 이 신호가 어떤 의미인지 깨달은 단원들은 긴장하고 음정을 맞추려 노력한다. 그러나 대부분의 합창단은 이런 사인 후에 점점 더 음정이 흔들린다. 심리적으로 위축되기 때문이다.

지혜로운 지휘자는 음정이 플랫되는 이유를 파악한다. 너무 긴장한 나머지 다른 파트나 다른 단원의 소리가 잘 들리지 않아 낮아지는 경우라면 아름다운 소리를 들으며 느껴보자는 듯한 사인을 준다. 혹은 열심히 익힌 발성법을 잊고 습관대로 노래해서 생긴 문제라면 호흡을 받치거나 발음을 정확하게 하라는 신호를 보낸다. 물론 절대 인상 쓰지 않는다. 단원들이 주눅 들어 소리를 제대로 내지 못하면 그때부터의 음악은 음정이 맞고 틀리고의 문제가 아니기 때문이다.

일단 제대로 자신의 목소리를 낼 수 있어야 조율이 가능하다. 각자의 소리의 특성과 평상시 볼륨을 알아야 조절할 수 있다. 그래서 지휘자들은 연습 리허설 시간에는 깐깐하고 디테일하게 지적하지만, 연주가 다가올수록 지적을 삼가고 자신감을 북돋워주려 애쓴다.

B팀장은 일상적인 공간에서 시시때때로 미팅을 시작한다. 간단히 커피 한잔 마시는 정도의 짧은 미팅을 수시로 한다. 일을 진행하는 팀원들의 의견을 묻고, 갑자기 떠오른 아이디어를 공유한다. 여럿이 함께 다양한 방면으로 생각하고 대비하기 때문에 업무 진행의 위험도가 낮아진다. 의견이 수시로 오가기 때문에 쉽게 증발해 버리는 아이디어도 많지만, 많이 말할수록 좋은 의견이 나올 확률

이 높아진다고 생각하는 B팀의 팀원들은 의견을 말하는 데 주저하지 않는다. 좋은 아이디어가 떠오른 팀원은 팀장에게 먼저 다가와 의견을 이야기할 수도 있게 된다.

미팅을 통해 팀원들의 성향과 생각, 강점과 약점을 파악한 팀장은 적재적소에 팀원을 배치하기가 수월해진다. 강점을 살려 소신껏 일할 수 있는 기회를 줄 수 있고, 약점을 보완할 대안을 제시할 때도 팀원을 주눅 들게 만들지는 않는다. 업무를 지휘할 수 있는 지휘자 고유의 역량이 이때 발휘된다. 개개인의 특성과 재능이 충분히 발현될 때 지휘자의 기능도 살아나기 때문이다.

지휘자는 단순히 자신의 음악 세계를 연주자에게 요구하는 사람이 아니다. 연주자들이 최상의 컨디션으로 자신의 재능을 마음껏 발휘할 수 있도록 돕는 사람이기도 하다. 솔리스트로 혼자 연주할 때 만들어내기 어려운 음악적 표현을 여러 사람이 함께 연주하며 가능하게 만들고, 그 표현이 극대화되는 기쁨을 누리게 해주는 사람이다. 동시에 여러 사람이 같은 일을 한다는 것이 어떤 것인지 알게 해주는 사람이다. 나 이외의 소리가, 나와 다른 소리가, 나를 방해하는 것이 아니라 나를 돕는 게 어떤 느낌인지 깨닫게 해주는 사람이다. 그 개별적인 리듬들이 하나의 흐름이 되어 물 흐르듯 흘러갔을 때 함께 행복해하는 청중의 리듬은 배처럼 두둥실 함께 흘러간다.

유연성

런던 비즈니스 스쿨의 린다 그래튼 교수는 100세 시대에 성공적인 삶을 위해 갖춰야 하는 요건으로 돈과 같은 유형자산은 물론, 기술, 지식, 건강, 우정, 변화에 대한 적응력과 같은 무형자산이 중요하다고 강조한다. 나는 이것들 중 '변화에 대한 적응력', 즉 '유연성'이 가장 중요하다고 생각한다. 이 유연성은 어떻게 가질 수 있는 것일까?

흔히 유연성이라는 단어를 들으면 신체적 유연성이 떠오른다. 우리는 모든 관절의 가동 범위를 최대한 활용할 수 있고, 부드럽고 우아하게 움직일 수 있는 근육이 필요하다는 것을 안다. 그래서 자신의 가동 범위보다 조금 더 많이, 약간의 통증을 동반할 만큼 스트레칭을 한다. 신기한 점은 이 통증은 후에 시원하고 개운한 쾌감을 가져다준다는 것이다. 고통의 쾌감이라고나 할까.

급변하는 세상에 적응할 수 있는 정서적 유연성도 훈련할 수 있는 방법이 있었으면 좋겠다고 생각한다. 나이가 들어갈수록 몸이 뻣뻣한 것 이상으로 마음도 뻣뻣해진다. 고약한 노인네 소리 듣고 싶지 않은 어르신들이 젊은이들의 문화에 관심도 갖고 그들의 이야기를 경청하려 노력도 한다. 문제는 그런다고 마음이 말랑말랑해지지는 않는다는 거다. 경우에 따라서는 알면 알수록 거리감이 느껴지고 마음의 문이 닫히는 경우도 있다.

음악을 전혀 듣지 않는 사람과 음악을 많이 듣는 사람은 정서적 유연성의 차이가 있다. 음악은 애초에 만들어질 때부터 작곡가가 전달하고자 하는 정서, 공감하고 싶은 정서가 존재한다. 모든 작곡가들이 사랑하는 연인이 생기면 아름다운 노래를 작곡했고, 경제적·정신적으로 힘든 사건이 생기고 나면 무겁고 힘든 마음을 표현할 수 있는 곡을 작곡했다.

그래서 우리는 그들의 음악을 들으면서 작곡 당시 그의 마음을 유추해보기도 하고, 내 상황에 대입해보기도 하며 음악을 감상한다. 좋은 음악일수록 음악사적 사전 지식 없이도 정서 전달에 성공한다. 결국 귀에 들려온 음악이 가슴을 울려 나의 정서도, 작곡가의 정서도, 그리고 연주자의 정서도 알게 된다. 음악 감상은 이런 정서 감지 연습이다. 스트레칭이 중요하다고 느끼는 것 이상으로 음악 듣기를 적극적으로 해야 하는 이유다.

매일 같은 강도의 스트레칭은 유연성을 키우는 데 도움이 되지 않는다. 감수할 수 있을 만큼 약간의 고통이 있는 상태로, 매일 조금씩 강도를 올려야 한다. 음악도 '원래 좋아하던 장르의 음악' '원래 좋아하는 가수의 노래'를 고집하며 들으면 정서적 유연성이 성장하지 않는다.

조금은 마음에 들지 않아도, 이해가 잘되지 않아도 다양하게 들어보기를 권한다. 특히 젊은이들이 좋아하는 음악을 억지로라도 조금씩 들어보기를 권한다. '삼촌팬'을 자처한 중년 남성들의 걸그룹 사랑도 그런 차원에서 칭찬받을 만한 일이다. 다만 소녀들의 외모나 안무만이 아닌 전체적인 음악의 흐름과 리듬을 좋아하길 바란다.

매혹적인 연설에는
리듬이 있다

～～～～～～～

　회사만 직원을 면접할까? 입사하려는 지원자도 회사를 판단한다. 쌍방 면접이라 할 수 있다. 회사의 근무 분위기가 어떨지, 회사가 갖고 있는 비전을 얼마나 신뢰할 수 있는지, 기업을 이끄는 리더의 화법에서 힌트를 얻을 수 있기 때문이다. 우스갯소리로 '가족 같은 분위기'를 내세우는 회사는 가족처럼 공사 구분 없이 직원을 부리니 피하라는 충고도 한다.

　사내 규정이나 기업의 목표, 직원 복지 등과 관련한 뚜렷한 내용 없이 '친목'이나 '분위기'를 말하는 기업은 업무의 영역과 목표도 명확하지 않고 두루뭉술하기 쉽다. 리더의 말은 곧 그 그룹의 정체성을 표현한다.

　대중을 아우르는 힘을 가진 리더의 리듬은 어떤 것이 있을까? 리더의 리듬과 대중의 리듬이 어떻게 다른지 생각해보면 두 리듬 사이를 엮고 있는 매듭이 보이지 않을까?

연주회가 끝나고 나면 음악회장을 가득 채운 2,000여 명 청중이 박수를 친다. 처음에는 각자 열심히 치기 때문에 굉장히 크고 무질서하게 박수 소리가 난다. 하지만 연주자가 두 번째 커튼콜을 받고도 앙코르 연주를 하지 않고 무대 뒤로 사라질 즈음부터는 약속이나 한 듯 일정한 박자의 박수 소리가 난다.

짝! 짝! 짝! 짝!

그러다 연주자의 모습이 나타나면 다시 각자의 리듬대로 마구 박수를 친다. 우리 일상에서 흔히 일어나는 일이라 그다지 신기하게 생각해본 적이 없었을 수도 있다. 하지만 왜 어느 순간 일제히 같은 리듬의 박수를 치는지 궁금하지 않은가? 이것을 음악에서는 리듬이 가지고 있는 자력 때문이라고 설명한다.

리트미셔 마그네티스무스(Rhythmischer Magnetismus). 음악의 리듬은 서로 끌어당기는 힘이 있어 같은 템포의 같은 리듬으로 연주되는 것을 좋아한다는 의미다. 리듬의 자력에 관한 연구 중 가장 오래된 것은 음악가가 아닌 물리학자에 의한 것이다. 네덜란드의 물리학자이자 천문학자인 하위헌스(Huygens)의 시계추 이야기다.

1665년, 하위헌스는 몸이 아파 며칠째 침대에 누워 있었다. 하루 종일 누워 있다 보니 시계추 소리가 자꾸 신경에 거슬렸던 모양이다(잠이 잘 오지 않는 야심한 밤에 시계추 소리가 크게 들리는 경험은 누구에게나 있다). 이때 하위헌스는 시계 두 대의 추가 서로 정확히 동시에 흔들리고 있고, 서로 거울처럼 마주 보고 움직인다는 사실을 발견했다.

그래서 추의 흔들림을 억지로 바꿔놓는 실험을 시도했다. 아무리 두 개의 추가 따로 움직이도록 조절해도 결국에는 같은 박자에 같은 방향으로 움직였다. 억지로 둘을 달리 움직이도록 조절해놓으면 진동이 생겨 주변에 있던 의자가 흔들리기까지 했다. 그러다가도 시간이 흐르면 두 개의 추가 다시 같이 움직였다.

이 현상을 **리듬동화**(Synchronization) 현상이라 한다. 물리학에서는 좀 더 심도 있게 다루는 개념이지만, 우리는 음악회장에서의 박수 소리 정도로 이해하고 대중의 리듬에 대한 힌트를 얻어보자. 청중들의 박수 소리가 어느 순간 똑같아지는 바로 그 현상이 리듬의 자력 혹은 리듬동화 현상이다.

사실 이러한 리듬동화 현상이 있기 때문에 100여 명 오케스트라 단원의 연주가 가능한 것이다. 보통 사람들은 오케스트라 단원들이 지휘자의 지휘를 보기 때문에 함께 연주하는 것이 가능하다고 생각한다. 하지만 오늘날처럼 지휘대에서 지휘하기 시작한 것은 얼마 되지 않았다. 지휘자가 등장하기 이전부터 대규모 앙상블이 있었던 것은 물론이다.

그렇다면 그 시대에는 지휘자도 없이 어떻게 많은 사람들이 함께 연주할 수 있었을까? 음악이 시작될 때 악장이 호흡을 들이마시고, 활을 들어 올리면서 연주의 시작을 알렸다. 그 이후에는 대부분 특별한 사인 없이도 함께 연주할 수 있다. 왜냐하면 서로 들으면서 맞출 수 있기 때문이다. 이렇게 듣고 함께 연주하는 순간을 과학적으로 설명하려면 굉장히 복잡할 것이다. 어디서 먼저 소리가 나고, 그 소리를 듣고 뇌의 한 부분이 템포를 인식한 후, 연주자의 손을 움직여 또 다른 소리를 내고…. 이렇게 끝도 없이 상호작용하며 일어나는 현상이기 때문이다.

하지만 막상 그 자리에 앉아 연주해보면 그다지 어렵지 않다. 다른 연주자의 연주 모습을 볼 수 있어서 가능한 것이라는 생각이 들 수도 있지만, 눈을 감아도 상황은 많이 달라지지 않는다. 리허설 테크닉으로 눈을 감고 연주하는 훈련을 시키는 지휘자들도 종종 있다. 서로의 소리를 들으면서 함께 연주하는 것을 느껴보라는 의도에서다.

만약 리듬의 동화 현상이 없다면 눈을 감은 상태에서 함께 연주한다는 것은 매우 어려운 일이다. 하지만 실제로 연주자들은 오히려 가끔 눈을 감고 연주할 때 편안함을 느낀다. 다양한 시각적 인지가 청각적 집중을 방해하기도 하기 때문이다. 이 상황이 바로 상호작용 속에서 자연스럽게 형성되는 다수의 리듬, 즉 대중의 리듬이 만들어지는 과정과 닮아 있다.

오바마의 연설에는 음악적인 리더십이 있다

지루하기 짝이 없고 동어반복 일색인, 딱딱한 주장만 가득한 연설은 직선적이다. 이런 연설을 들을 때 청중은 끊임없이 이런 생각을 한다.

"늘 똑같은 말이지, 뭐."
"빨리 끝났으면 좋겠다."
"뻔한 이야기는 복사해서 종이로 나눠주면 좋겠어."
"그래서 하고 싶은 말이 뭐지?"

소통에 실패하는 리더의 말은 계속해서 청중을 향해 쏟아지지만, 리더의 마음처럼 청중의 귀에 쏙쏙 박히기란 쉽지 않다. 청중의 반응이 다시 연설자에게로 돌아오는 상호작용이 말처럼 쉬운 일이 아니다. 손바닥도 마주쳐야 소리가 나는 법이라는데, 아무리 손을 펼쳐 내밀어도 도무지 마주쳐주는 청중이 없다.

첫 문장을 듣자마자 마지막 문장을 예상할 수 있는 뻔한 연설, 정확하게 말하지 않는 모호한 표현의 연설, 자신감 없이 준비된 대본만 보고 줄줄 읽어 청중을 답답하게 하는 연설, 누구나 할 수 있는 생각으로 어떤 감동도 주지 않는 연설은 청중을 집중시키는 데 실패한다. 일단 집중시키는 데 실패하면 원하는 메시지를 전달하는 것은 이미 저 멀리 안드로메다로 날아가버린 후일 것이다. 상호작용이라는 리듬의 화학반응을 일으키지 못한다.

하지만 오바마의 연설은 리드미컬하다. "그의 연설은 한 곡의 교향곡 같다"며 많은 이들이 미국 전 대통령 버락 오바마의 연설을 음악과 연결 지어 표현한다. 오바마의 연설을 듣고 보고 있으면 어쩐지 음악적인 리듬을 떠올리게 하기 때문이다. 대중을 쥐락펴락할 수 있는 성공적인 연설의 핵심 원인을 리듬의 차원에서 한번 생각해보자.

청중은 리더가 입을 열 때 무엇을 기대할까? 다음이 궁금한 이야기, 미래를 기대하게 하는 청사진, 문제에 대한 속 시원한 대안, 나를 위로하는 한마디 같은 것이다. 말하자면 청중은 자신에게 지금 당장 필요한 이야기를 듣고 싶어한다. 리더가 하고자 하는 이야기에 청중이 귀 기울여 들을 수 있도록 하려면 예측 불가능한 무언가가 필요하다. 그것이 획기적인 민생 해결 방법일 수도 있지만, 그보다는 청중의 마음을 움직일 만한 비장의 무기일 것이다.

사실 성공적 연설의 사례들을 살펴보면 시대가 원하는 연설의 방식이 있다는 생각이 든다. 요즘은 바야흐로 감성의 시대다. 감성을 자극하고 함께 공감할 수 있는 연설을 듣고 싶어한다는 이야기다.

버락 오바마의 연설은 두고두고 회자되는 일이 많다. 그의 마지막 연설은 비록 자신이 지지하는 후보자가 대통령이 되지 않았지만 중요한 것은 미국의 발전과 변화이며, 우리는 그것을 위해 선거를 했던 것이라는 본래 목적의 의미를 환기시켰다. 그리고 변화를 이끌어왔던 것도, 이끌어나갈 것도 대통령 한 사람이 아니라 미국 국민 전체의 능력이라는 자부심을 선물하는 것으로 성숙한 리더의 의식이 만드는 감동을 이끌어냈다.

"변화는, 보통 사람들이 참여하고 그것을 요구하기 위해 함께 뭉칠 때 일어난다는 것을 배웠습니다."

물론 버락 오바마뿐만이 아니라 모든 사람은 말할 때 자신만의 악센트와 자기 방식의 리듬이 있다. 그렇다면 유독 오바마의 연설이 음악처럼 느껴지는 이유는 무엇일까?

말의 리듬은 그 사람의 환경, 문화, 성격, 심지어 순간의 정서까지도 내포한다. 오바마가 속한 흑인 사회의 역사와 문화에는 음악이 있다. 흑인 목사들의 설교나 흑인들이 즐겨 부르는 가스펠송의 리듬과 음악적인 요소가 연설 구석구석에 묻어 있다.

오바마가 연설할 때 특정 단어들을 늘어뜨리기도 하고 빠르게 말하는 방식, 연설 중간에 강하게 감정을 토해내기도 하고 차분히 설명하는 방식, 갑자기 말을 끊고 공백을 두는 등의 전달 방식은 흑인 음악 문화가 바탕이 된 흑인 목사들의 설교가 그렇듯 노래에 가깝다. 호흡, 템포, 강약, 박자, 장단, 고저의 적절한 활용이 그의 연설을 음악에 가깝게 느끼도록 하는 것이다.

리더의 말이 음악적이면 대중을 이끄는 힘이 부드럽다. 경직되지 않은 리듬이 더 큰 에너지를 발휘한다. 왜냐하면 음악 자체가 곧 에너지의 흐름이기 때문이다.

리더는 리듬을 통제하는 사람이다

말은 때로 상대에게 문장 이상의 메시지를 전달한다. 말하는 과정에서 밖으로 표현되는 리듬은 '말'로 묘사되는 '문장의 의미'에만 제한되지 않기 때문이다. 말하는 사람의 눈빛, 입꼬리, 시선의 변화, 손짓, 서 있거나 앉아 있는 자세, 모든 제스처가 눈으로 그 사람의 말을 듣게 한다. 비언어적인 신체의 리듬도 그 사람의 말, 그 사람의 언어가 되는 것이다.

출근해서 아침 인사를 나눌 때 "안녕하세요!" 하며 활기찬 음성으로 눈을 맞추며 웃는 사람의 인사와, 상대방이 듣든 말든 상관없이 중얼거리듯 "안녕하세요…"라며 지나쳐가는 사람의 인사 중 누구의 인사에 화답하게 될까? 둘 모두 똑같이 '안녕하세요'라는 다섯 글자의 말로 인사했지만, 그때 사용된 비언어적인 표현 방식에는 커다란 차이가 있다. 표현 방식의 차이는 전달되는 감정에도 판이한 차이를 만들어낸다. 이것 또한 말이 갖는 리듬의 힘이다.

"오바마의 연설을 텍스트로 읽어보라. 그 감동은 반으로 줄어들 것이다."

미국 보스턴 대학 정치학과 버지니아 사피로(Virginia Sapiro) 교수의 말이다. 많은 이를 상대로 하는 리더의 말하기에는 단순히 말을 잘하거나, 글을 쓰는 솜씨가 빼어난 것과 같은 언어적 리듬 외에 또 다른 리듬이 존재한다는 이야기다.

토니 블레어(Tony Blair) 전 영국 총리의 연설문 작성을 맡았던 필립 콜린스(Philip Collins)는 오바마의 연설을 두고 "가사보다는 선율이 좋다"고 했다. 그의 연설이 전달하는 언어적 내용보다는 전달하는 방식에 특별함이 있다는 표현이다. 오바마가 쉽고 일상적인 단어로 많은 사람들의 공감을 이끌어내고 감동을 부르는 연설을 하는 것만 보아도 그가 가진 리듬이 비단 언어적 리듬에 국한되어 있지 않다는 것을 증명한다.

신뢰받는 리더의 연설에는 언어적 리듬이 아닌 비언어적 리듬이 존재한다. 자신이 전달하고자 하는 이야기의 중요도나 청자의 이해를 돕는 손과 몸의 움직임, 표정의 변화 등 제스처를 사용한다. 이 모든 것이 앞서 말한 비언어적 리듬, 즉 신체의 리듬에 속한다.

오바마는 연설 중에 사람들과 눈을 맞추기 위해 천천히 고개를 돌리기도 하고, 마치 일대일 대화를 하듯 시선은 항상 청중을 향한다. 대개 많은 사람들 앞에서 연설을 할 때에는 철저히 원고를 준비하고 전달하고자 하는 메시지를 잊지 않기 위해 신경을 쓸 수밖에 없는데도 불구하고, 그는 단상을 오가며 자유로운 리듬을 보여준다. 이는 그가 선천적인 리듬뿐만 아니라 반복된 연습과 충분한 훈련으로 터득한 리듬을 활용하기에 가능한 것이다. 리드미컬한 연설이 주는 감동은 마치 잘 짜인 일인극을 보는 느낌이다.

또 신뢰받는 리더의 시선은 청중을 향해 있기 때문에 자신과 청중들이 주고받는 간격과 타이밍을 읽고 조절할 줄 아는 **리듬통제** 능력을 지닌다. 그들은 상황과 장소에 따라, 대상에 따라, 전달하고자 하는 메시지의 내용에 따라, 자신의 리듬을 조절할 수 있는 리듬통제력이 뛰어나다.

합주곡이나 합창곡에서 돌연히 악곡의 흐름이 멈추고 모든 악기가 일제히 쉬는 것을 '게네랄파우제(Generalpause)'라고 한다. 오바마는 마치 대규모 오케스트라의 지휘자인 양 청중과 함께 게네랄파우제를 연출한다. 그가 연설 도중 아무 말도 하지 않는 그 순간에 청중 또한 숨조차 맘대로 쉬기 힘들 만큼 격렬한 통제를 당한다.

그는 연설에 바로 이 음악적 흐름의 멈춤과 쉼표를 적재적소에 활용한다. 쉼표로써 연설의 집중도를 더 높이고, 쉼표 후에 이어지는 내용을 궁금하게 만들고, 청중이 말하는 자의 감정을 느끼며 참여할 수 있도록 호흡을 이끈다.

오바마의 경우 이러한 능숙한 리듬통제를 활용해 청중과의 소통을 시도한다. 그는 자신이 힘주어 말한 것에 뒤따르는 청중의 박수갈채를 절대로 끊는 법이 없다. 청중과 충분한 주고받기를 한 후에 다시 이야기를 시작한다. 즉, 리듬을 통제한다는 것은 단순히 연주하거나 말하는 것을 멈추는 것이 아니라, 통제를 활용해 더욱 활발한 주고받기, 즉 상호교환의 리듬을 또다시 유발하는 것이다.

이렇듯 주고받는 연설 리듬의 사이클은 일반적인 대화에서의 원리와 달리 청중이 일방적으로 리더의 연설을 장시간 듣고 있어야 하는 말하기-듣기의 방식이다. 리드미컬한 소통은 순서 주고받기의 균형이 깨진 상태의 연설임에도 불구하고 지루하지 않으며 듣는 재미를 풍족하게 느끼게 해준다.

오바마는 유독 연설 중 질문을 던지는 횟수가 많다. 누구나 질문에는 답을 하고 싶어진다. 연설을 듣는 청중이 이 질문에 직접 답을 할 수는 없지만, 정서적 상호작용을 요청하는 큰 그림을 밑바탕에 그려두었다고 볼 수 있다. 질문을 하는 방식으로 청중의 집중도를 높인 후 다양한 리듬으로 청중의 반응을 이끌어내는 매력적인 연설을 구사한다.

그러나 지금까지의 분석도 결국 그의 연설이 성공적이라는 것을 충분히 경험한 후에 나온 것이다. 지금까지 이야기한 그의 연설 방식을 흉내 낸다 해서 누구나 성공적인 연설을 할 수 있는 것은 아니다. 앞에서도 강조했듯이 누구에게나 자신만의 리듬이 있기 때문이다.

결국 자신이 갖고 있는 리듬을 알고, 자신의 리듬의 장점을 살려 충분히 훈련해야 한다는 전제 조건이 있다. 그리고 난 후 청중의 리듬을 통제할 방법을 고민해야 한다. 아무나 연설 도중 침묵한다고 해서 청중의 리듬을 통제할 수는 없다는 이야기다. 게네랄파우제가 강력한 리듬통제 기능이 있다는 것을 너무도 잘 아는 작곡가들이 실제 그들의 작품에서 자주 활용하지 못했던 것을 보면 잘 알 수 있다. 강력한 효과가 있는 도구일수록 사용 빈도가 낮아지는 것은 어떤 원리에나 적용된다.

리듬통제력이 밑받침이 되어 대중의 공감과 신뢰를 얻는 리더를 곧 다시 만날 수 있기를 기대해본다.

TIP

게네랄파우제(Generalpause)

'모두 쉼'이라는 뜻이다. 곡의 마지막 마무리를 앞두고 극적인 결말을 위해 휘몰아치던 음악이 순식간에 모두 중단되는 상태다. 연주자도 청중도 모두 숨죽인다. 갑자기 찾아온 침묵에 청중은 순간 혼란스럽지만, 지금까지의 연주가 어떤 의미였는지, 이제 어떤 마무리가 찾아올지 생각하고 기대하게 하는 순간이다.

악보상으로는 한 마디를 모든 악기가 쉬라고 되어 있지만, 이 한 마디의 시간을 얼마만큼으로 할지는 전적으로 지휘자가 결정한다. 아니, 연주장에 있는 모든 사람이 결정한다. 연주장의 음향과 청중의 반응이 반영된 결정이기 때문이다. 연주자와 청중의 상호작용을 경험할 수 있는 시간이기도 하다.

반전의 리듬,
의외성이 주는 매력

～～～～～～～

한국 최고의 진행자가 유재석이라는 점에 이견은 없을 거다. 대중의 호감 지수로 보자면 근 10여 년간 명실상부 일인자다. 유재석의 호감은 배려와 익살스러움 가운데서도 관계의 조화를 해치지 않는 유머러스함에서 비롯된다. 유재석이 진행하는 프로그램의 제작진은 일이 수월하다고 말한다. 섭외하기 어려운 국내외 스타들이 '유재석'이라는 진행자 이름만으로도 진행의 방향을 신뢰하며, 프로그램 섭외를 비교적 쉽게 수락하기 때문이란다. 섭외된 그들은 하나같이 유재석과 함께하는 프로그램 출연의 장점으로 편안한 소통을 꼽는다.

유재석은 자신이 진행하는 프로그램의 진행자이면서 출연진을 아우르는 리더다. 리더의 리듬이 상호 교환에 적극적인 캐릭터가 되었을 때, 함께하는 모든 이는 그 리듬에 편안함을 느껴 평소보다 다양한 모습을 노출한다.

여기서 기존의 캐릭터를 전복시키는 반전 묘미가 있다. 그래서 그가 진행하는 프로그램에 등장하는 스타들은 어디서도 본 적 없는 개인기와 매력을 보여준다. 시청자는 기존에 알고 있던 멋지기만 한 스타들의 엉뚱하고 황당한 의외성에 환호한다. 리더와 구성원 간의 좋은 리듬의 합은 완성된 연주 안에서 악기의 조화로움과 닮아 있다.

신비주의로 대중의 사랑을 받은 다수의 연예인들은 대중에게 자신을 내보이길 꺼린다. 감춰진 부분이 드러날 경우 매력이 반감될 수 있는 위험을 감수해야 하기 때문이다. 그래서 돌발 상황이 많이 발생하고 많은 말을 해야 하는 예능 프로그램에 출연을 꺼리는 결과를 낳는다. 대중은 신비주의 스타의 다양한 얼굴이 궁금한데, 스타는 자신을 어디까지 보여줘야 하는지, 어떤 점을 대중이 좋아하거나 싫어할지, 막연한 두려움에 소통을 주저한다.

대중에 노출이 적은 스타들이 유재석의 진행 프로그램에 좀 더 흔쾌히 출연하기로 결정하는 것은 좋은 리듬의 합이 이루어질 것이라는 신뢰를 갖고 있기 때문이다. 흔히 말하는 '깨는 모습'을 들켜버리기도 하지만, 그 점을 호감을 이끌어낼 수 있는 매력으로 만들어줄 것이라는 진행의 능력을 믿는다. 실제로 많은 시청자들은 그들의 그런 모습에 더욱 환호한다. 여기서 또 한 가지의 리듬을 찾을 수 있다. 바로 상호 관계에서 만들어지는 맥락의 리듬이다.

반전이 만드는 호감의 효과

우리는 어떠한 일들과 자기 자신이 연결된 고리를 발견할 때, 다시 말해 어떤 관계를 발견할 때 다음을 기대하고 관심을 갖게 된다. 앞서 말한 정치인, 연예인 등의 이야기만 봐도 그렇다.

우리와는 전혀 상관없을 것 같던, 우리와는 전혀 다른 삶을 살 것만 같던 그들이 나와 같은 리듬을 보일 때, 우리는 더 몰입하고 집중한다.

한 나라의 대통령이 바람에 날리는 부인의 치맛자락을 잡아줄 때, 비싼 양주만 먹을 것 같은 톱스타가 가장 좋아하는 술은 소주라고 말할 때, 힘든 일이라곤 전혀 모르고 살았을 것만 같던 억대 연봉의 운동선수가 가난하고 힘든 유년 시절을 보낸 이야기를 들었을 때, 우리는 나의 가족과 어려웠던 시절을 떠올리고, 톱스타도 힘든 하루 끝에 소주를 마시고 지인들과 이야기를 하는 것으로 위로를 얻는다는 것에 묘한 동질감을 얻는다. 인물에 대한 애정도가 높아진다.

정치인들이 선거철마다 재래시장을 방문해서 어묵이나 국밥을 먹고, 장바구니 물가를 확인하듯 좌판에 깔린 야채나 수산물의 값을 물어보는 것도 같은 맥락의 전략이라고 볼 수 있다. 공감과 이해를 추구하고 있다는 것을 말로 설명하는 데는 한계가 있기에 이미 지화된 언어로 대중에게 다가서는 것이다.

연인 사이에 사랑한다고 고백할 때, 우리는 상대가 나를 얼마나 사랑하는지 확인하고 싶어한다. 얼마나 많이? 헬륨 풍선을 불고 초를 밝히고 서툴지만 로맨틱한 노래로 정성껏 프러포즈하는 것은, 말로는 다 전하지 못하는 사랑의 감동을 한 장면의 이미지로 강렬하게 전달하는 방식이다. 공감과 이해라는 키워드는 상호 간에 이루어지는 소통에서 빠질 수 없는 핵심이다.

리더에게서 나와 겹치는 공감대를 발견할 때 이와 마찬가지로 반응한다. 리더가 나와 같은 리듬으로 이야기할 때 우리는 리더의 리듬에 더 강하게 동의하게 된다. 같은 마음을 느꼈을 때 마치 그 일이 내 일인 양 집중하게 되고 최선을 다해 이해하려고 한다. 이해가 되는 순간부터는 그의 행보에 관심과 기대가 생기고, 나아가 응원하는 마음까지 들게 된다. 우리는 이런 식으로 나와 같은 리듬에 점점 압도당한다.

그런데 유독 유명인 등 나와 거리가 먼 사람이 나와 같은 리듬을 갖고 있다는 것을 확인했을 때 끌리는 이유는 무엇일까? 같이 자란 형제자매 또는 친한 친구와는 같은 추억을 공유하고 그들의 리듬에 익숙한 경우가 많다. 전혀 교차점이 없어 보이는 유명인과의 공감대를 발견하는 것은 예상을 뒤집기 때문이다. 이미지를 반전시키는 소통의 흐름이 새로운 몰입과 즐거운 호의를 갖게 만든다.

웃음은 힘이 세다

고정관념을 벗어나는 예외와 의외성은 유머를 유발하기도 하고, 사람들은 그 리듬에 매료된다. 영화 〈문라이즈 킹덤〉을 관통하는 코드는 어른들은 바보스럽고 철부지 같아서 웃기고, 아이들은 지나치게 진지하고 어른스러워서 웃기다는 것이다. 이렇게 고정관념에서 벗어난 의외의 리듬이 영화 전체를 관통하고 있기 때문에 영화를 관람하는 관객들은 처음부터 끝까지 즐겁다고 느낀다.

리듬의 고정관념은 규칙적인 4분음표의 진행이라 할 수 있다. 리듬이 고정관념을 벗어나는 상황을 싱코페이션(Synchpation, 당김음)에서 찾을 수 있다. 악센트가 들어가는 부분이 당겨지거나 밀려서 그 의외성으로 인해 리듬이 생동감을 갖게 된다. 유머는 바로 리듬의 싱코페이션과 같다.

영화 〈설리 허드슨 강의 기적〉의 마지막 장면도 떠오른다. 이 영화는 2009년 1월 15일에 벌어졌던 실화를 바탕으로 했다. 비행기 추락 사고에서 1,200여 명의 구조대원과 일곱 척의 출근 보트가 1549편 승객과 승무원 155명을 전원 구조했다. 모두 하나로 뭉쳐 기적을 이루는 데 걸린 시간은 단 24분이었다.

그러나 영화 내내 비행기의 기장과 부기장을 맡았던 두 사람은 사건에 대한 책임과 질책으로 언론과 정부로부터 끝없는 추궁을 당하며 고통의 시간을 보낸다. 결과는 좋았지만, 그것이 정말 승객을 위한 최선의 옳은 선택이었는지, 구조가 실패했다면 더 큰 위험을 유발할 수 있었던 것은 아닌지에 대해 설전이 벌어진다. 다음은 이 영화의 마지막 공청회 장면이다.

공청회 위원: 왼쪽 엔진을 회수했고 검사를 완료했습니다. 안내 날개와 팬 날개 모두 극심한 손상을 입었으며 압축기 블레이드 다섯 개가 파열됐고 가변 안내 날개 여덟 개가 유실됐습니다.

스카일스 부기장: 추진력이 없었단 거죠?

공청회 위원: 증언하신 대로 완전히 망가진 상태였습니다. 운항정보 교신 데이터가 잘못된 겁니다. 제 사견을 덧붙이고 싶습니다. 확실히 말씀드릴 수 있는 것은 승무원들을 비롯해 새 전문가, 항공 엔지니어를 면담하고 모든 시나리오를 검토하고 모든 관계자를 만나본 결과, 여전히 미지수가 있다는 겁니다. 바로 당신입니다. 셀렌버거 기장님, 기장님이 없었으면 실패했을 겁니다.

셀렌버거 기장: 그렇지 않습니다. 저 혼자가 아니라 우리 모두였습니다. 제프와 도나, 쉴라, 도린… 승객 모두와 구조대원들, 관제사들, 출근 보트 선원들과 스쿠버 경찰들, 모두 같이 해낸 겁니다. 우리 모두가 살았어요.

공청회 위원: 스카일스 부기장님, 덧붙일 말씀 있나요? 또 이런 일이 발생한다면 다른 선택을 하실까요?

스카일스 부기장: 네. 저라면 (따뜻한) 7월에 하겠습니다.

(얼어붙듯 긴장되어 있던 일동 웃음)

리더의 리듬에도 이러한 예외성과 의외성이 존재한다. 오바마는 어린아이와 우스꽝스러운 사진을 찍고 청소부와 하이파이브를 하고, 재임 마지막 연설에서 자신을 향해 "오바마 아웃"이라 말하며 마이크를 바닥으로 떨어뜨려버린다. 이처럼 예상을 뒤엎고 보이지 않는 계급을 전복시키는 행동에 많은 사람들은 환호한다.

대통령이라는 단어 자체가 풍기는 묵직한 분위기와 위엄 있는 이미지를 산산조각 내는, 즉 고정관념에서 벗어난 의외적, 예외적인 리더의 리듬에 많은 이들이 매료되는 것이다. 평상시에 노출되는 이미지 또한 타인으로 하여금 오바마의 리듬에 대한 몰입도를 높이는 데 영향을 끼친다. 이렇듯 예외적인 리듬 안에 유머가 숨어 있다는 것을 눈치챘을 것이다.

유머적 리듬의 힘은 소통의 리듬을 유연하게 하는 데 아주 큰 몫을 한다. 말을 하는 장소와 분위기, 전달하고자 하는 내용, 청자의 상태와 반응 등을 고려하지 않고 시도 때도 없이 유머를 남용하는 것은 문제가 되기도 한다. 그 정도를 알아채고 통제하는 것까지를 모두 포함해 리듬이라 말한다면, 적당한 유머는 상대방을 즐겁게 하고 분위기를 환기시켜 편안함을 유발할 수 있다. 유머의 리듬을 잘 활용한다면 상대와의 소통에 윤활유로 작용한다는 뜻이다.

오마바나 유재석은 중심의 자리에서 맥락을 주도하면서도 유머러스함을 잃지 않는다. 오바마는 재임 마지막 연설에서, 그의 퇴임을 아쉬워하며 연임을 외치는 청중을 향해 자신의 아내가 좋아하지 않을 것이라며, 돌연 대통령이 아닌 가정적인 남편의 목소리를 얼핏 내보인다. 자리에 있던 모두는 그 순간 퇴임의 아쉬움을 잊고 오바마의 멋진 유머에 환호를 터트린다. 바로 오바마의 유머러스한 리듬의 힘에 또 한 번 이끌린다.

유머러스한 사람들은 어느 정도 타고나는 면이 있다. 특유의 센스로 적재적소에 유머를 활용해 모두의 이목을 집중시키는 사람들을 보았을 것이다. 그런 이들의 주변에는 항상 많은 사람들이 있다. 유머의 리듬이 사람을 끌어들이는 강한 힘을 갖고 있기 때문이다. 그래서 우리는 이 시대가 원하는 인재가 되기 위해 유머를 배우기도 하고, 훈련하기도 한다. 지금 바로 인터넷 창을 열고 유머 배우기를 입력해보아도 좋다. 유머와 스피치, 유머와 인기, 유머와 관계 등 유머의 중요성을 알리고, 유머를 활용한 스피치를 배우는 강좌도 적지 않게 눈에 띈다.

리더의 유머는 상호작용을 원활하게 하는 리듬을 만들어낸다. 리더가 하는 말은 지시 사항이나 질책이 포함한 경직된 리듬이기 쉽다. 이런 내용들 사이에 유머 있는 한마디는 듣는 이의 마음을 편안하게 한다. 그렇다면 커뮤니케이션에서 유머가 갖는 효과는 어떤 것들이 있을까?

1. 웃을 수 있는 시간이 생긴다

이 시간적 여유는 리더의 이야기에 어떻게 대처하는 것이 현명한지 생각할 여유를 준다. 그저 당하기만 했다는 느낌은 들지 않는다.

2. 웃을 수 있는 순서를 준다

리더의 말 사이사이에 하고 싶은 말이 있을 수 있다. 변명일 수도 있고 반박일 수도 있는 많은 생각들이 스치지만, 감히 리더의 말을 끊고 이야기할 수 있는 용기는 없다. 그때 리더의 유머에 한번 웃고 나면 이야기를 한 게 아닌데도 어느새 답답했던 마음이 부드러워지면서 닫혔던 마음이 열린다.

3. 웃음으로 리액션한다

리더도 사실 혼자 이야기를 많이 하다 보니 그 말을 듣고 있는 사람들의 반응이 궁금해진다. 내 말을 제대로 이해하고 있는 건지, 동의는 하는지 궁금해진다. 이 궁금증이 쌓이면 살짝 불안해지기도 한다. 이때 던진 유머에 웃어주면 리더는 무언의 동의를 느낄 수 있다. 더불어 자신의 유머에 웃어주는 상대에게 호의를 갖게 되는 것은 물론이다.

4. 서로 호감을 갖게 한다

일방적으로 이야기를 듣기만 해야 하는 입장은 답답하다. 그래서 들으며 끊임없이 생각한다. 지금 하고 있는 이야기의 옳고 그름 또는 좋고 싫음을 판단한다. 유머는 이 판단과 상관없이 상대에게 호감을 갖게 한다. 유머가 없는 사람은 맞는 말만 하는데도 비호감일 수 있고, 유머가 있는 사람은 간혹 맞지 않는 말을 해도 호감이 간다. 우리가 어떤 판단을 할 때 이성적 사고 체계만 작동하는 것이 아니고 감성적 센서도 함께 작동하기 때문이다.

유머 있는 리더가 되고 싶지만 전혀 유머 감각이 없는 사람이 연설 도중에 자기가 코를 만지면 그저 박장대소해달라고 부탁했다고 가정해보자. 이야기 맥락과 전혀 상관없는 웃음이었지만 그 웃음은 위의 네 가지 효과를 만들어낼 것이고, 결과적으로 훨씬 부드럽고 편안하게 연설을 할 수 있을 것이다.

결국 유머의 문제가 아니고 리듬의 문제다. 리듬이 바뀌면 관계가 바뀐다. 되도 않는 아재 개그라도 시도해볼 만한 이유가 여기에 있다.

TIP

싱코페이션(Synchopation)

우리말로 '당김음'이라 한다. 4분음표 한 박자의 보편적인 진행에서는 리듬의 악센트가 규칙적이다. 규칙은 안정감은 주지만 즐거움을 주기에는 부족하다. 이럴 때 싱코페이션 리듬을 사용하면 리듬이 바로 생기 있어진다. 리듬의 액센트가 당겨지거나 밀려나 불규칙한 악센트가 생성되고, 이 불규칙은 불안하지만 즐겁고 에너지가 생긴다. 춤을 추기에 적합한 리듬은 이렇듯 약박에 악센트가 있는 음악들이다. 예측하지 못했던 곳에 악센트가 들어가면 지루하던 진행에 반전이 생긴다. 1장의 약박 박수의 업그레이드 버전이라고 생각하면 된다. 대화의 유머는 마치 음악의 싱코페이션 같은 것이다.

공간의 리듬이
생활의 방식을
결정한다

〜〜〜〜〜〜〜〜〜〜

걸음걸이만 보아도 그 사람의 성격을 짐작해볼 수 있다. 카페에 앉아 있는 사람들마다 앉은 자세가 다르다. 마주 앉은 커플이라면 상체를 더 앞으로 내밀고 앉은 쪽이 상대방을 더욱 사랑하고 있을 가능성이 크다. 사람마다 다른 걸음걸이, 다른 속도의 걸음을 갖고 산다.

우주도 자신의 박자가 있다. 우주의 리듬은 스케일이 너무 커서 한 달을 1초쯤으로 조절해야 우리가 체감할 수 있는 리듬이 된다. 우리가 지금 느끼지 못하고 있다고 해서 리듬이 없는 것은 아니다. 물론 반대로 우리가 감지할 수 있는 범위를 초월하는 초미세리듬도 있을 것이다.

태양계부터 도시, 갤러리, 학교, 나의 방, 나의 책상, 모든 공간에는 리듬이 있다.

갤러리에 들어서면 어쩐지 누가 시키지 않아도 알아서 말수를 줄이고 느리게 걷게 된다. 반면 학교 복도는 100미터 달리기하듯 뛰고 싶은 질주 본능(?)을 일깨우기에 딱 좋은 공간이다. 혈기왕성한 학생들이 쉬는 시간마다 학교 복도에서 도대체 왜 그러는지 알 수 없을 만큼 계속 뛰어다니는 것은 어쩌면 너무도 당연하다.

만일 복도에서 학생들이 뛰지 않길 바란다면, 복도에 무서운 선도부를 세우거나 뛰는 학생에게 벌점을 주는 것으로 해결하려 하면 안된다. 아이들의 리듬 자체를 차분하게 바꾸고 싶다면 어둡고 좁은 터널처럼 삭막하게 뻗어 있기만 한 복도를 예술 작품을 감상하는 갤러리처럼 우아하게 만들어주면 된다. 할 수만 있다면 건축 당시부터 공간의 리듬을 생각하며 설계하는 것이 좋겠다.

　아이들을 하나로 모으고 복종시켜 다스리기만 하는 것이 목적이 아니라면 아이들의 정서적 안정감과 창의적인 자극을 줄 수 있는 공간으로 복도 설계의 방향을 고쳐볼 수 있다. 줄을 맞춰 걷고, 교실에서 쫓겨나 벌을 서는 어두컴컴한 복도. 밤에는 꼭 귀신이 나온다는 괴담 하나 정도는 갖고 있는, 한국의 회색빛이 난무하는 복도, 화장실, 교실.

　공간의 색과 구조가 학교라는 공간이 주는 정서적인 부분에 상당한 영향을 줄 수 있다. 아직 대부분의 학교에 적용되기에는 현실적인 어려움이 있겠지만, 이미 많은 건축가들이 이 사실을 잘 알고 시도하고 있기도 하다. 알록달록한 빛깔과 몸에 맞는 작은 책상과 의자로 구성된 유치원에 다니던 아이들이 처음 초등학교에 입학해서 겪는 일반적인 몸살들, 말하자면 화장실에 가기 두려워한다거나 등교를 거부한다거나 작은 자극에도 금방 눈물을 쏟는 이유는 급격

다 리듬 때문이었어

하게 어두워진 공간에 대한 인상이 큰 몫을 한다고 볼 수 있다. 삭막해 보일 수 있는 학교의 인상이 아이들의 정서적인 눈높이에 맞춰지지 않아 공포심을 만들 수 있는 것이다.

어른들은 낯가림을 이유로 울지 않지만, 아이들은 낯가림 때문에 울 수 있다. 그만큼 공간과 분위기의 영향에 더 직접적으로 반응한다. 유치원이라는 다정한 돌봄의 공간에서 초등학교라는 배움의 공동체적 공간으로 발을 딛을 때의 첫 번째 이미지가 아이 마음속에 새겨지는 학교의 이미지다.

놀이동산에 처음 도착한 아이는 이 공간이 무엇을 위한 공간인지 알기 전부터 곧장 환호하며 좋아한다. 신나는 일이 시작될 거라는 설렘을 곧장 눈치챈다. 거대한 스케일의 동화를 현실에서 목격할 수 있기 때문이다. 실내화 가방을 들고 처음 학교 복도에 서 있는 아이의 기분은 어떨까? 앞으로의 일들이 왠지 무겁게 느껴지진 않을까?

까마득히 길고 차갑고 무거운 회색빛이 학교 복도가 갖고 있는 공간의 리듬이다. 공간에는 표정이 없는데 어떻게 공간의 인상을 느끼게 된다는 말일까?

로봇은 기계지만 눈을 만들어놓는다. 실제로는 상태를 표시하는 램프나 카메라를 눈처럼 디자인한 경우가 많다. 로봇의 머리가 크면 아기나 어린 동물을 연상케 해 귀엽다는 인상을 준다. 사람들과 감정을 나눠야 할 소셜 로봇(Social Robot)이라면 머리가 큰 편이

유리하다. 이는 디즈니의 대표적 만화 캐릭터인 미키마우스가 입증했다.

1928년, 탄생 당시의 미키마우스는 주둥이가 뾰족하고 팔다리가 길어서 진짜 생쥐와 비슷한 모습이었다. 이때는 별로 인기를 얻지 못했다. 그러다가 사람들의 사랑을 받기 시작한 것은 머리가 크고 팔다리가 짧은 아기 같은 모습으로 바뀌면서부터다. 로봇도 애완동물 같은 친근함을 줄 수 있는 모습으로 디자인의 변화를 겪게 된다.

소셜 로봇들은 얼굴에 눈만 있고 코나 입, 귀가 없다. 팔다리도 없다. 이같이 실제 사람과 다른 디자인은 오히려 로봇에 대한 거부감이 생기지 않도록 하기 위해서다. 1970년 일본의 로봇 과학자 모리 마사히로는 로봇의 외형과 호감도에 관해 연구했다. 그는 로봇이 사람의 모습과 비슷해질수록 호감도가 증가하지만 어느 순간 갑자기 강한 거부감으로 바뀐다고 주장했다. 이때를 '불쾌한 계곡(Uncanny Valley)'이라고 부른다. 소셜 로봇들은 단순한 눈 모양으로 자신의 상태를 표시해 불쾌한 계곡을 피하면서 사람과 감정을 나눌 수 있도록 디자인되는 것이다. 호감과 안정을 이끄는 정서적인 흐름이 시각적인 요소에 굉장한 영향을 받고 있음을 확인할 수 있는 사례라고 볼 수 있다.

우리는 공간리듬의 지배를 받는다

"뻐꾹, 뻐꾹!"

식탁에 앉아 글을 쓰고 있는데 멀리서 뻐꾸기 소리가 들려왔다. 우리 집은 행정구역으로는 분당에 속해 있지만 택배 배달원 아저씨들도 찾아오기 어려운, 이상한 위치에 있다. 피자 가게에서는 우리 집 일대를 '미관리 지역'으로 구분한다. 피자 배달을 하지 않는 구역이라는 뜻이다. 나지막한 산자락 아래에 있는 우리 집은 피자를 배달시켜 먹을 순 없지만 자연의 소리는 들을 수 있다. 까치, 딱따구리, 뻐꾸기들이 번갈아 찾아와 노래 부른다.

뻐꾸기는 일단 체격도 건장하고 목청이 좋은 새다. 그래서 공명도 참 좋다. 공명은 소리의 울림을 말한다. 음악적이고 청각적인 개념이다. 공명은 반드시 소리가 울릴 공간이 있어야 한다. 뻐꾸기의 공명은 뻐꾸기 몸의 공간을 울려 소리를 내는 것이다.

좋은 음악회장은 공명이 좋은 곳을 뜻한다. 리듬을 만들어내는 데 시간의 개념만이 아니고 공간의 개념도 개입된다는 이야기다.

그날 우리 집 근처에서 노래하던 뻐꾸기도 그랬다. 그런데 "솔미솔미" 하고 정확한 음정에 맞춰 노래를 부르던 이 녀석의 목소리가 슬슬 흔들리기 시작했다. 직업병일까? 나는 뻐꾸기의 음정이 흔들리며 노래할 때부터 하던 일을 멈추고 온 신경을 쏟았다. 그랬는

데 잠시 후 뻐꾸기는 "빠빠빠바빠박!" 하고 생전 처음 들어보는 희한한 소리를 내질렀다.

저녁 식탁에서 낮에 있었던 이 이야기를 꺼냈더니 아이들은 제각각 뻐꾸기의 유별난 소리에 대한 자신의 해석을 내놓았다. 큰아이는 길고양이나 산짐승한테 위협을 느껴 쫓아버리느라 그런 게 아니겠느냐고 하고, 작은아이는 누군가 자신의 식량을 뺏어 먹어서 야단친 거라고 했다.

급기야는 뻐꾸기에 대한 생물학적 상식까지 등장한다. 뻐꾸기는 원래 남의 둥지에 알을 낳기 때문에 다른 새가 부화시켜주는 새란다. 그래서 얌체 같고 못된 새란다. 그러니 특별한 이유가 없어도 그런 못된 소리를 낼 수 있을 거란다. 사실 나는 뻐꾸기의 생태에 대해 아는 게 없다. 하지만 내게 그런 상식은 중요하지 않다. 뻐꾸기 소리 하나로 아이들과 많은 이야기를 나눌 수 있었다는 사실이 더 즐거웠다.

우리 주변에도 잘 찾아보면 이런 재미있는 소리들이 많다. 귀에 들리는 대로, 혹은 들리는 것과는 상관없이 말을 붙여서 이야기를 만들 수도 있다. 예전에 큰아이가 즐겨 보던 〈핑구〉라는 애니메이션이 있다. 〈핑구〉는 주인공인 꼬마 펭귄 핑구의 일상생활을 수수하게 그린 작품이다.

이 작품의 아주 뛰어난 점은 전 세계 모든 어린이들이 이해할 수 있는 '펭귄어'에 있다. 꼬마 펭귄 핑구는 한국어도, 영어도 아닌

국적 불명의 언어로 줄곧 말하지만, 아이들이라면 누구나 상황과 맥락에 맞춰 핑구의 말을 이해할 수 있다. 또 아이들은 이 애니메이션에 등장하는 펭귄들의 마음을 읽으려고 열심히 노력한다.

우리는 종종 언어가 자신의 마음이나 의사를 표현하는 최고의 수단이라고 생각한다. 그래서 상대방의 말을 들리는 곧이곧대로 해석하기도 한다. 하지만 그로 인해 내용을 잘못 이해하거나 심지어 전달자의 의도와는 전혀 다른 내용으로 오해하는 일도 생긴다.

생각해보면 언어는 굉장히 한정된 표현 방식이다. 그래서 우리는 섬세한 표현을 위해 간혹 언어 이외의 몸짓과 같은 또 다른 수단을 동원하기도 한다.

언어 표현이 아직 미숙한 아이들은 언어 이외의 표현에 더욱 민감하다. 이 아이들은 자신의 마음을 갖가지 방법으로 표현한다. 아이들은 〈핑구〉를 보며 깔깔거린다. 옆에서 가만 지켜보면 어른들보다 아이들이 핑구의 말을 훨씬 잘 이해한다. 핑구라는 캐릭터를 통해 아이들과 핑구 사이의 세계가 만들어지기 때문이다. 아이들은 마음과 생각을 모두 다 말로 표현하지 못한다. 그 마음과 표현의 공백의 공간을 핑구의 펭귄어가 채워준다.

뻐꾸기가 자신의 몸을 통해 내는 공명은 내뱉어진 공간을 통해 다시 울린다. 이렇듯 공간이 있을 때 가능한 공명은 정서적으로 치환되기도 한다. 공간과 정서가 새로운 공간의 리듬을 만들어내는 것이다. 나의 방은 나의 리듬이 된다. 가구의 배치, 방 안의 소품,

책이나 장식품 등의 선택과 배열은 모두 내가 만든 질서가 된다. 어지럽혀진 방과 깔끔한 방 모두에 자신에게 편한 질서가 담겨 있다. 여러분 각자의 방은 어떤 방일까?

프랑스 철학자 앙리 르페브르(Henri Lefebvre)는 발코니에 서서 내려다보며 길을 가는 사람들의 리듬을 읽었다고 한다. 나도 노천카페에 앉아 지나가는 사람의 리듬을 읽는 것을 재미있어했는데, 르페브르와 같은 행동이었다는 것을 그의 책을 읽고 알았다. 보이는 모든 것의 리듬을 분석하는 리듬분석가가 되는 것은 대상의 리듬에 개입하기도 하고, 대상의 리듬을 변화시키기도 한다.

르페브르의 유작 《리듬분석》에 리듬과 공간에 관한 여러 가지 분석들이 있다. 그는 자연 친화적인 환경에서 나고 자란 사람과 도시에서 나고 자란 사람의 리듬은 다를 수밖에 없다고 말한다. 먼 곳까지 가시거리가 확보된 환경과 건물과 건물 사이의 가까운 곳만 볼 수 있는 환경의 차이이기도 하고, 소음과 활동량의 차이일 수도 있다.

현대인이 대부분 인내심 없고 쉽게 분노하는 성품을 지니게 된 것은 도시리듬의 특성이 갖는 취약점 때문이다. 바로 앞의 건물 벽을 보는 것이 가장 흔한 시야인 도시에서는 '감상'의 미덕을 경험하기 어렵다.

공간 이동은 가장 좋은 재충전법이 된다. 휴가철에 모든 사람들이 최대한 도시와 멀리, 산과 바다에 가까이 가려고 하는 이유다. 풍경이 다른 곳으로 떠나면 특별한 영양제를 고용량으로 섭취하는 것처럼 금세 정서적인 환기와 활력을 느끼게 된다.

도시에는 수없이 많은 맛집이 가득해서 없는 것이 없는데도 여행지에서 마시는 커피 한 잔, 평범한 칼국수 한 그릇이 더 맛있다. 쨍한 햇살, 바다내음 물씬 풍기는 파도의 냄새, 평소에 닫혔던 감각들이 조금 더 예민해진다. 누구라도 이 특별한 기분에 대해 일기 한 장쯤 쓰고 싶어지는 마음이 든다.

워터파크의 워터슬라이드는 닫혀진 원통의 긴 터널을 지나 불현듯 세상의 끝에 나를 던져놓는다. 맨몸으로 미끄러져 내려오는 터널을 통과할 때 둥둥, 터널을 울리는 물소리와 미끄러지는 재빠른 속도, 튀기는 물방울, 캄캄한 시야는 이 터널이 언제 끝날지 모르는(그러나 분명히 끝이 온다는) 스릴을 준다. 그 끝에 팡! 하고 폭죽이 터지듯 공중에 맨몸이 튕겨져 나온다.

그때 갑자기 펼쳐지는 햇살 쨍한 하늘과 광활한 워터파크의 전경이 주는 짜릿함은 속도 끝에 닥쳐오는 시각적인 변화에 대한 쾌감이다. 굳이 더 비용을 주더라도 아이맥스 3D 입체 영화관에서 전용 안경을 쓰고 영화를 보는 이유도 시각적인 효과의 힘 때문이다.

여행은 리듬을 송두리째 바꿀 수 있다

드라마 〈공항 가는 길〉에 등장하는 여주인공은 스튜어디스라는 직업과 가정에서의 엄마, 부인 역할을 모두 완벽히 병행하는 것에 과부하가 왔다. 아이는 아파서 눕고, 아픈 자신을 두고 엄마가 출근을 한다는 사실을 원망한다. 남편과도 사이가 좋지 않다.

커다란 트렁크를 끌고 공항 가는 리무진 버스를 타고 직장으로 향하던 여주인공은 속상한 마음에 하염없이 창밖만 바라보다가 다급히 버스를 세워 내린다. 그때 여주인공이 본 것은 무엇일까? 맑게 갠 아침, 아파트 베란다에서 또래의 여성이 햇살에 이불을 탁탁 털어 너는 광경이었다. 베란다 창문으로 상체가 보이는 정도의 그 조그만 모습이 버스를 타고 지나가는 여주인공에게 한눈에 밟혀 들어온 것이다.

그 한정된 공간에서 날 좋은 오전에 빨래를 너는 행위는 아픈 아이를 두고 출근을 강행한 여주인공의 마음에 종을 울렸다. 무엇을 위해서, 어떻게 사는 게 행복해지는 것인지에 대한 질문이 울림을 만들어낸 것이다.

이전까지 여주인공에게 베란다라는 공간은 퇴근하고 밀린 집안일을 마치고 난 깊은 밤, 어두운 달빛에 의지해 불도 켜지 않고 혼자 앉아 맥주 한 캔을 마시는, 하루 중 유일한 휴식의 장소였다. 그 공간에서 평범한 주중 낮 시간에 무슨 일이 일어날 수 있는지, 빨래 사건 이전까지 여주인공은 생각해본 적이 없었을 것이다.

공간이 이전과 다르게 보이는 이 리듬의 환기는 여주인공의 인생을 바꿔버린다. 회사에 사표를 내고, 의견이 자주 부딪치는 남편과 거리를 두기로 결정하고, 초등학생 딸과 함께 훌쩍 제주도로 이사를 감행한다. 도시보다는 작은 집에서 가구도 제대로 갖추지 못한 채 새로운 일상을 시작하지만, 여주인공과 딸에게는 이 공간이 주는 활력이 고맙기만 하다.

때때로 부는 바람, 처마 밑에 흔들리는 풍경, 길고 낮은 돌담, 바다, 햇살, 마당. 보는 리듬의 변화는 아이도 변화시켰다. 학교에 가기 싫어 매일 울고 방문을 잠근 채 잠들던 아이는 섬의 느긋한 풍경과 넓은 자연에서 뛰어놀 수 있게 되자, 이윽고 엄마에게 고백한다.

"엄마, 나 여기 오니까 착해진 것 같아."

이 함축적인 한마디에서, 멀리까지 탁 트인 시선과 건물의 벽으로 차단된 시선이 정서적으로 얼마나 큰 영향을 미치는지 가늠해 볼 수 있다.

우리가 호텔을 선택할 때 창문 밖의 풍경을 중요하게 여기는 것과 같다. 멀리 볼 수 있게 되면 느긋해지는 리듬이 휴식에 가까운 리듬이라고 본능적으로 느끼기 때문이다. 좁은 시야의 리듬은 마음을 조급하게 한다. 시선으로 공간에 보낸 신호가 바로 부딪쳐 곧장 내게로 돌아오기 때문이다.

우리는 때로 별도의 안내문이 없이도 공간이 주는 리듬에 맞쳐 움직인다. 공간 안에서 만들어지는 무언의 리듬을 그 공간에 들어간 사람이 본능적으로 감지할 수 있기 때문이다. 높은 책장에 고서적이 즐비한 도서관, 성당이나 절에 들어가면 자연스레 말소리를 줄이게 된다. 잔향이 길기 때문에 우리는 자연스레 목소리의 크기와 말수를 줄인다.

잔향은 소리가 울리다가 그친 뒤 공간을 치고 되돌아오는 시간의 소리다. 아까 이야기한 것이 지금 돌아오는 잔향을 경험하는 순간부터 말을 조심하게 된다. 공간의 리듬에 따르는 것이다.

그러나 관광지가 되어버린 성당이나 절에서는 이 잔향의 힘이 깨진다. 너 나 할 것 없이 다 떠들기 때문에 어느 순간 잔향이 사라진 것처럼 느껴진다. 그 순간부터는 이미 이 공간이 갖고 있는 평화로운 시간이 깨졌기 때문에, 더 이상 조심하고 잔향을 신경 쓸 필요가 없다고 느낀다.

사람은 이렇듯 보이지 않는 공간의 표정, 공간의 리듬을 감지할 수 있다. 공간의 리듬을 인지하는 것은 타인과 공간에 대한 관심이라고 말할 수 있다. 앙리 르페브르가 사회를 대상으로 리듬을 연구한 것은 공간과 사람, 그리고 공간과 사람이 만들어내는 사회가리듬의 결을 확장시킨다고 보았기 때문이다.

아내, 남편, 아들과 딸 모두 가족의 리듬에 관여할 수 있다. 나는 오지랖이 넓은 사람이 많은 사회가 한국적이라고 생각한다. 사랑방을 따로 둘 정도로 손님과 공유하는 공간을 구조적으로 만들어두고, 마루와 마당 등 곳곳에서 가족이 함께했다. 의도적으로 펼쳐진 공간이 마음을 열게 만들고 소통할 수 있게 한다는 것을 우리 선조들은 알고 있었던 것 같다.

공간리듬을 인지하라. 마음과 관계를 어디에 담을지 볼 수 있는 감각의 눈이 생긴다.

TIP

잔향(殘響)

한정된 공간에서 한 번 소리가 발생되고 그친 후, 남아서 들리는 소리를 뜻한다. 공간의 리듬을 결정하는 중요한 지표다. 보통 음악은 1.5∼2.5초가 적당하다고 하고, 강연에서는 1∼1.5초가 적당하다고 한다.

잔향이 길게 남는 공간에서는 느리고 안정적인 리듬이 어울리고, 잔향이 짧게 남는 공간에서는 빠르고 역동적인 리듬이 어울린다. 잔향이 짧은 공간을 건조한 음향을 가진 공간이라고 표현한다. 정서적으로도 메마른 공간이 될 것 같은 표현이다.

잔향을 결정하는 요인으로는 실내 인테리어 마감재의 소재가 가장 큰 영향을 미치지만, 실제로는 온도, 습도, 가구 배치, 그 공간에 머무는 사람의 수, 그들이 입은 옷 등 너무나 다양한 요인의 영향을 받는다.

삶이 아름다워지는
리듬 활용법

〰〰〰〰〰〰

"그 사람, 정말 알수록 매력 있어."

이 말은 '예쁘다, 잘생겼다, 귀엽다'는 말과 사뭇 다르다. 단순히 외모 차원의 이야기가 아니기 때문이다. 상대방의 마음을 사로잡아 매력을 발산시키는 사람들의 힘은 자존감과 자신감에서 나온다. 자신의 매력을 알고 있는 사람이 자신의 매력을 발산할 확률이 더 높다.

외딴 여행지에서 게스트하우스에 묵었던 적이 있다. 그곳에는 게스트하우스를 방문하는 게스트들의 이른 아침 조식을 책임지는 조식 먹보, 조식 엔젤, 지영 씨가 있었다. 지영 씨는 빼어나게 예쁜 얼굴도 아니고 모델처럼 한눈에 끌리는 몸매도 아니었지만, 항상 주변을 밝게 만드는 굉장한 쾌활함이 있었다. 그 쾌활함이 지영 씨 주변에 정말 빛이 나는 것처럼 보이게 했다. 잠이 덜 깬 이른 아침에 조식을 먹으러 휴게실에 들어온 게스트들은 멍한 표정으로 별생각 없이 앉아 있다가, 이내 조식 엔젤의 쾌활한 기운을 받아 깔깔대며 웃고 떠들었다. 그리고 그 활력을 그대로 가지고 그날의 여행을 다시 시작했다.

지영 씨의 특이한 점은 자신의 이름 앞에 붙는 조식 먹보, 조식 엔젤이라는 별명을 지영 씨 스스로 만들어 쓰고 있다는 점이었다. 그녀는 매일 새롭게 만나는 게스트들에게 친근함이 느껴지는 활짝 웃는 밝은 얼굴로 수시로 자신을 소개했다.

"안녕하세요, 조식 먹보 지영이에요. 조식 엔젤입니다!"

아침을 깨우는 이 높은 톤의 장난기 어린 인사에는 무뚝뚝하게 지나치기 어려운 친근함이 있었다. 익숙하지 않은 공간이 주는 낯선 분위기에 다소 어색해하고 있던 게스트들은 이 인사 한 번이면 모두 다 무장해제되어 웃기 바빴다. 자기 자신의 이미지를 스스로 만들어서 적극적으로 어필하는 것으로 자신이 갖고 있는 기분 좋은 에너지, 쾌활한 매력을 발산하는 모습이다.

모든 사람들이 그녀의 매력에 첫눈에 반하는 것은 아니었지만, 활짝 웃으며 스스로를 엔젤이라 말하고 맛있게 잘 먹는 먹보라 칭하는 그녀의 너스레에 대부분은 웃음을 터트리고 인간적인 호감을 느꼈다. 사람들은 정말 그녀에게 매력을 느꼈다. 지영 씨의 한 키

높은 말투와 호의로 무장한 친근한 말투는 여행자들의 마음의 문을 사뿐히 열게 만드는 마법 같은 구석이 있었다.

지영 씨는 인사만 잘하는 게 아니었다. 그녀는 매일 아침 그날의 날씨에 어울리는 노래를 나름대로 선곡했다. 잠에서 막 깬 여행자들이 전날의 피로를 기억하는 몸을 이끌고 휴게실에 들어섰을 때, 잔잔하게 아침을 여는 노래는 마음을 편안하게 하고 남은 잠을 깨우기에 충분했다.

따뜻한 미역국, 알록달록한 야채로 만들어진 카레, 식빵 굽는 냄새, 바삭한 시리얼이 그릇 안으로 쏟아지는 소리, 처음 만난 여행자들끼리의 어색하지만 호기심 가득한 대화. 그 사이를 비집고 울려 퍼지는 매일 아침의 선곡은 여행자들이 이 공간에 초대받은 안정감을 느끼게 하고, 이때 얻은 힘으로 또 다른 여정을 떠날 준비를 시작하게 했다.

사실 그녀의 일련의 노력들은 그녀가 오로지 여행자를 위해 준비한 것처럼 보일 수도 있지만, 그녀 자신의 행복한 일상의 리듬을 위한 일이기도 했다. 그날 아침 조식 공간에 여러 사람이 채우는 즐거운 표정과 풍경은 고스란히 다시 그녀에게 전달되어 즐거운 에너지를 만들어냈다. 지영 씨는 즐거움을 상호 교환하는 리듬을 알고 있는 '매력녀'였다.

지영 씨의 조식 시간은 리듬이 전파되고 다시 돌아오는 패턴이 압축된 공간이다. 여행자들은 여행을 통해 새로운 공간이 주는 새로운 리듬을 얻고 싶어하는 동시에, 안정감과 편안함도 원한다. 지영 씨는 이 중에서 안정감과 편안함의 시간을 여행자들에게 선물한 것이다.

나는 나의 리듬을 컨트롤할 수 있는가

여행지가 늘 새롭고 아름답고 즐거운 이유는 기대와 설렘을 두 손 가득히 들고 시작하기 때문이기도 하지만, 가장 중요한 것은 평소와 달리 관찰하기 때문이다. 그 지역의 카페, 맛집, 풍경을 찾아 담는다. 여행자들은 여행지를 궁금해한다. 어디에 어떤 매력적인 것이 숨어 있는지 찾고 싶어한다. 시선의 리듬이 가져오는 환기 효과다. 내가 사는 동네도 여행지로 방문한 낯선 외국인에게는 아름다운 공간, 새로운 리듬으로 다가간다.

매력을 만드는 것은 매력을 발견하는 눈이다! 사실 이 시선을 장착한다면 어떤 마을도 여행지가 될 수 있다. 현지인들에게는 익숙하기만 한 일상의 공간이 여행자들의 카메라에는 특별한 공간과 풍경이 되어 늘 새롭게 포착된다.

공간은 이처럼 전시되거나 발견되기도 하고, 공간을 이용하는 사람을 표현하기도 한다. 어떤 사람의 책상 위를 보면 그 사람을 대략 알 수 있다는 말에 대부분 공감할 수 있을 것이다. 일렬로 각이 맞춰져 정리된 책상, 정신없이 책이 쌓여 있는 책상, 볼펜 한 자루

없이 말끔히 비워진 책상, 모든 책상에는 그 책상을 사용하는 사람의 성격과 자신만의 규칙이 있다. 서재에 꽂혀진 책의 종류와 배열은 더 적나라하게 그 사람의 가치관과 인생의 화두, 그것을 분리하는 기준까지 보여주는 것이다.

자신의 공간과 자신의 몸을 자신이 원하는 방식으로 컨트롤할 수 있는 사람은 자연스럽게 매력을 발산한다. 시대가 아무리 변해도 다이어트, 몸짱, 얼짱이라는 단어는 흔들림 없이 굳건하게 사람들의 관심사 상위권에 머문다. 외적으로 노출되는 매력은 자기 자신에 대한 만족감과 자신감을 높인다.

하지만 이때 충족되는 만족감의 기준은 자기 자신을 바라보는 긍정적이고 편안한 시선이어야 한다. 사회가 만든 기준인 연예인 몸무게와 몸매를 선망하는 것에는 아무 의미가 없다. 자신이 원하는 몸으로 자신을 가꾸고 관리하는 것이 기본이다. 리듬의 기초 자재라고 볼 수 있는 몸을 내가 좋아하는 몸으로, 내가 컨트롤하기에 최적화된 몸으로 만드는 것이 의미 있는 자기 관리와 자신감이다. 내가 만족하는 나는 나를 아끼고 사랑하는 마음을 끌어온다. 나를 사랑할 줄 아는 사람이 사랑을 주고받는 데에도 매력을 활용할 수 있는 것이다.

시험 기간에는 유독 방이 지저분하게 느껴진다. 창틀의 먼지는 언제 이렇게 뽀얗게 내려앉았는지, 공부하는데 자꾸 목에 먼지가 간질거리는 것 같아 신경 쓰인다. 책꽂이의 책은 왜 이리 너저분한지, 공부해야 하는 책만 당장 한눈에 알아보고 편히 빼 쓸 수 있도록 정리해야겠다고 생각한다. 이것은 시험 공부로부터 도피하려는 꼼수가 아니라, 내가 속한 환경을 정리하여 내게 지금 필요한 분위기를 만드는 주변 정리의 과정이라고 볼 수 있다.

주변 환경의 리듬을 정리하면 놀랍게도 내 기분도 환기된다. 물론 방을 정리한 날은 시험 공부를 시작도 못하고 청소에 시간과 체력을 다 쓰고 말 테지만 말이다.

그래서 평소의 나의 리듬과 공간을 컨트롤하는 것이 중요하다. 나의 공간을 정리하는 것은 나의 감정과 행동, 생각, 나 자신의 리듬을 정리해두는 것과 별반 다르지 않다. 청소의 재미를 아는 사람은 다소 과격하게 해석해서 리듬의 규칙을 찾는 즐거움을 아는 사람이라고 말할 수 있다.

내가 듣는 음악이 곧 나다

나의 공간, 나의 몸, 나를 둘러싼 것들이 모두 나 자신이 된다. 그리고 내가 듣는 음악도 바로 나다.

"교수님, 좋아하는 여학생이 생겼는데 어떻게 말을 걸어야 할지 모르겠어요!"

'어이쿠! 내가 연애 상담가도 아닌데… 이 친구, 왜 나한테 이런 질문을 하는 거지?' 싶은 난감함도 있었지만 나를 믿고 질문해준 학생에게 뭐라도 답을 해야 했다. 10여 년 전 대학 교수로 있던 시절 이야기다. 교양학부 수업에서 나는 학생들이 좋아할 만한 가벼운 클래식 곡들을 자주 소개했다. 사랑을 고백할 때 활용하면 좋을 거라는 말도 덧붙였던 모양이다.

이야기를 들어보니 학교 셔틀버스를 같이 타고 다니는 다른 과 학생을 마음에 두고 있었다. 그래서 나는 핸드백에서 Y잭을 찾아 건네주었다(당시는 Y잭이 흔하지 않았다). MP3에 좋아하는 음악을 많이 담아뒀다가 여학생 옆자리에 앉게 되는 날 같이 들으라고 조언했다. 말보다 그게 훨씬 가능성이 있을 거라고. 클래식 곡도 사이사이 담고, 가사가 아름다운 발라드 가요도 사이사이 담으라는 깨알 팁도 주었다.

우리는 내가 아름답다고 느끼는 것을 공유하고 싶어하는 본성이 있다. 대부분의 예술 영역은 바로 이 공감 본능 덕분에 발전해왔다. 아름다운 풍경을 보면 그림으로 그려 남기고 싶고, 사진으로 남기고 싶고, 영상으로 남기고 싶어한다. 그림, 사진, 영상은 내가 본 것을 공유하고 싶은 누군가를 위해 만드는 것이다.

좋아하는 것이 같으면, 할 이야기가 많아진다. 누구나 연애 초기에는 바로 이 공감 영역을 찾기 위해 부단히도 노력한다. 좋은 음악이 있으면 같이 듣고 싶은 건 당연하다.

내가 듣는 음악이 나다.

물론 내가 읽는 책도 나고, 내가 즐겨 보는 TV 프로그램도 나다. 더 기본적으로는 내가 즐겨 먹는 음식, 내 옷차림이 모두 나다. 하지만 음식이나 옷차림은 짧은 시간에 변화시킬 수 없을 뿐더러, 바뀌면 무척 불편하다.

반면 문화적인 것들은 비록 의도적으로 노력한 변화일지라도 시간이 지나면서 점차 내 것이 된다. 한번 향상된 문화적 감각은 마치 오래전부터 내 것이었던 양 나를 행복하게 해준다. 문화 학습 (Cultural Learning)이 중요한 이유다.

매일 아침 막장 드라마를 보는 사람에게는 신기하게 일상생활에서도 다른 이의 불편한 사생활 정보가 잘 들어온다. 매일 아침 식탁에 음악이 흐른다면 그 사람의 하루는 또 그만큼 음악적일 것이다. 그 음악이 굳이 클래식일 필요는 없다. 어떤 곡을 들으면 좋을지 모르겠다면 음악을 많이 들려주는 방송을 들으면 된다(아침 식사 시간에는 대부분 시사 프로그램이니, 클래식 채널의 라디오를 듣거나 다른 시간대의 음악 방송 다시듣기를 권한다).

앞서 이야기한 수줍음 많은 그 친구가 나의 조언대로 연애에 성공했다거나 하는 후일담은 전해 들은 바 없다. 다만, 내 조언대로 시도했다면 아름다운 추억 하나는 가지게 되었으리라는 믿음은 있다. 한 곡의 음악이 두고두고 가슴에 남을 추억의 한 페이지가 되었을 것이다. 어떤 음악을 들으면, 그 노래를 함께 들었던 사람과의 시간까지 저장되기 마련이다.

자! 오늘 우리도 아름다운 추억을 만들어보자. 내가 듣는 음악으로 표현되는 나는 어떤 사람인지 점검하는 게 먼저다. 만약 다른 사람이 이 곡을 듣고 있다면 그를 어떻게 생각할 것 같은지 입장을 바꿔 기록해보는 것도 인상을 풍부하게 만들 수 있는 이미지 자원이 될 수 있다.

살펴본 것처럼 나의 방, 나의 책상, 내가 듣는 음악, 내가 만나는 사람들, 내가 먹는 음식, 내 주변의 모든 요소는 나를 투영한다. 지금보다 조금 더 능숙하게 내가 갖고 있는 리듬을 내 뜻대로 컨트롤할 수 있기를 원한다면, 내가 나의 리듬과 요소를 선택할 수 있어야 한다. 그러기 위해서는 나의 몸과 기분을 내 의지로 움직일 수 있도록 리듬을 통제하는 평상시의 훈련이 중요하다.

리듬을 내 의지대로 통제할 수 있는 사람이 행복하다. 가수는 원하는 감정의 노래를 부르기 위해 연습한다. 외과 의사는 수없이 수술 시뮬레이션을 반복한다. 자신이 원하는 리듬을 확보하고 컨트롤하기 위한 노력이다.

리듬의 통제는 새로운 리듬을 만드는 것만이 아니라, 내게 주어지는 리듬들을 적절히 조율하고 활용하는 것을 포함한다. 팁 박스에서 설명하는 음악적 주사위놀이를 권한다. 우연히 내게 주어진 리듬들이 아름다운 음악으로 만들어지는 경험은 인생을 가르쳐준다. 아무리 미래를 계획하고 실천한다 해도 세상의 변화와 급작스러운 변수들이 곳곳에 도사리고 있는 것이 인생이다. 그래서 주어진 환경과 조건을 잘 활용하는 지혜가 필요하다. 이제 내 안에, 그리고 내 주변에, 나와 함께하는 모든 이에게 리듬이 존재함을 깨달았으니 그것들을 잘 활용해보자.

　내가 원하는 리듬, 내가 만들어내는 리듬, 내게 주어지는 리듬, 모두가 귀한 조각조각임을 알게 되면 삶이 달리 느껴진다. 이제 남은 일은 그 리듬에 맞춰 몸과 맘이 맘껏 춤추게 하는 거다.

Rhythm, Rhythm, Rhythm!

TIP

음악적 주사위놀이(Musikalisches Würfelspiel)

모차르트는 '음악적 주사위놀이(KV 294 d)'라는 기법을 창안했다. 이 기법은 모차르트가 미리 작곡해놓은 모티브를 주사위 두 개를 굴려 나온 수에 따라 배열 순서를 정하여 완성하는 음악이다. 모차르트 말고도 음악적 주사위놀이로 작곡한 음악가들이 많이 있다. 이는 18세기 유럽 사교계에서 인기 있는 놀이였다고 한다. 음악이 구조적으로 얼마나 탄탄한 논리를 가지고 있는지, 그리고 또한 수학적 계산이 동반된 것인지 알 수 있다.

아이들에게 이런 놀이가 가능하다는 것을 설명하면 아이들은 쉽고 재미있게 모티브를 만들어낸다. 모두 모차르트의 후예들이다. 듣기에 거북한 음악이 완성되면 모티브의 문제점을 찾으려 노력하기도 한다. 물론 어떻게 연결되어도 아름다운 음악이 될 만큼 완성도 있는 모티브를 만들지는 못할 것이다. 그래도 자신의 모티브가 주사위놀이를 통해 완성된 음악이 되었을 때 그 만족도는 매우 높다. '기획적 조각'과 '무작위 선택'이 이루어내는 아름다움을 경험하기 때문이다.

다 리듬
때문이었어

KI신서 6955
다 리듬 때문이었어

1판 1쇄 인쇄 2017년 4월 5일
1판 1쇄 발행 2017년 4월 15일

지은이 김성은
펴낸이 김영곤 **펴낸곳** (주)북이십일 21세기북스

출판사업본부장 신승철 **책임편집** 남연정
디자인 박선향
영업본부장 신우섭
출판영업팀 이경희 이은혜 권오권 홍태형
출판마케팅팀 김홍선 배상현 신혜진 박수미
프로모션팀 김한성 최성환 김주희 김선영 정지은
홍보팀 이혜연 최수아 박혜림 백세희 김솔이
제작팀 이영민

출판등록 2000년 5월 6일 제406-2003-061호
주소 (우 10881) 경기도 파주시 회동길 201(문발동)
대표전화 031-955-2100 **팩스** 031-955-2151 **이메일** book21@book21.co.kr

ⓒ 김성은, 2017

(주)북이십일 경계를 허무는 콘텐츠 리더

21세기북스 채널에서 도서 정보와 다양한 영상자료, 이벤트를 만나세요!
가수 요조, 김관 기자가 진행하는 팟캐스트 '[북팟21] 이게 뭐라고'
페이스북 facebook.com/21cbooks   블로그 b.book21.com
인스타그램 instagram.com/21cbooks   홈페이지 www.book21.com

ISBN 978-89-509-6955-4 03320